La pasión por el fútbol
en las calles de Montevideo.

Detrás del puerto de
Montevideo está la ciudad
vieja que dio origen a la actual.

La catedral monumental
de México DF se imagina
como el mayor sitio de la
religiosidad popular.

CROWNE PLAZA HOTEL
Belmon

En la plaza Italia de Santiago se festejan los grandes triunfos deportivos y políticos de Chile.

Bogotá moderna nace en 1948, cuando asesinan a su líder popular Jorge Eliécer Gaitán, de donde se imagina que nace la violencia endémica del país.

Las comunidades afro-caribeñas
trabajan el aspecto de su cabello
hasta hacerlo distintivo de su
apariencia personal.

El diseño urbano divide
Caracas por sectores sociales.

Sony Ericsson
GALERÍA CENTRAL
RESTAURANTE SORRENTO
Twix
E
Coca-Cola
Coca-Cola

La avenida Corrientes
de Buenos Aires, la calle de
América Latina más imaginada
como espacio nocturno.

anthony mason
NIKE

Los vendedores informales son actores principales de las calles en Caracas.

El río Mapocho pasa por la
ciudad de Santiago de Chile
como su calle principal.

La plaza de Mayo en Buenos Aires, escenario político de las madres y abuelas de los desaparecidos durante las dictaduras argentinas de los 70 y 80.

Mafalda pasa de las historietas
a los muros de la ciudad.

Disney

El anti-imperialismo de
varias ciudades de América
Latina concebido en esta
plantilla-graffiti donde el
conocido ratón de Disney
llama al "juego de la guerra"

São Paulo se imagina
como una selva de edificios.

Imaginarios urbanos en América Latina: urbanismos ciudadanos

**Imaginarios urbanos en América Latina:
urbanismos ciudadanos**

La presente publicación acompañó el seminario
Imaginarios urbanos en América Latina: archivos
que tuvo lugar en la Fundació Antoni Tàpies,
Barcelona (4 – 13 de mayo de 2007) bajo la dirección
de Armando Silva

PUBLICACIÓN

Coordinación editorial
Fundació Antoni Tàpies

Diseño
Nieves y Mario Berenguer Ros

Realización
Nieves y Mario Berenguer Ros
Fundació Antoni Tàpies

Traducciones
Vicente Campos (del inglés al castellano: texto de
Dean MacCannell)

Discobole (del castellano al inglés: texto de Jorge
Blasco Gallardo y Nuria Enguita Mayo)

Paul Hammond (del castellano al inglés: texto de
Armando Silva *Imaginarios urbanos en América
Latina: archivos*)

Maite Lorés (del castellano al inglés: textos, por
orden de aparición, de José Fuentes y Jorge Morales,
Lucrecia Escudero, M. Belén Sáez, Luz Mary Giraldo,
Mariluz Restrepo, Armando Silva (*Ciudades imaginadas
de América Latina*), Mónica Lacarrieu y Lyliam
Alburquerque, Tulio Hernández, Fernando Carrión,
y Miguel Ángel Aguilar)

Liz Russell (del castellano al inglés: textos, por orden
de aparición, de Alicia Lindón y Daniel Hiernaux,
y Manuel Delgado)

Correcciones
Alfabeth
Rosa Julve
Keith Patrick

Edición
© Fundació Antoni Tàpies, Barcelona, 2007

Textos
© los autores, 2007

Imágenes
Véanse págs. 248 y 249

La Fundació Antoni Tàpies ha hecho todo lo
posible para acreditar adecuadamente todas las
procedencias y copyrights de las ilustraciones.
En caso de error u omisión, les rogamos que
nos lo comuniquen

Ninguna parte de esta publicación puede ser
reproducida sin la autorización previa del editor

Fotomecánica e impresión
La Imprenta. Comunicación gráfica S.L.

ISBN
978-84-88786-28-9

Dep. Leg.
V-2157-2007

Distribución
ACTAR D
Roca i Batlle, 2
Barcelona, 08023
(t)+34934187759
(f)+34934186707

Generalitat de Catalunya
**Departament de Cultura
i Mitjans de Comunicació**

Con el patrocinio de:
Pioneer sound.vision.soul

La cuestión de la ciudad y lo urbano, la manera en que son practicados, la forma en que son representados y la medida en que esas representaciones construyen nuestra relación con las urbes son temas que han ocupado el trabajo de diferentes especialistas, estudiosos e investigadores a lo largo del tiempo. La antropología, la sociología y las artes, aunque también la psicología y la semiótica, no han sido ajenas a esa preocupación y han planteado interrogantes y respuestas diversas, siempre como consecuencia de una forma de habitar o de querer habitar las ciudades.

Imaginarios urbanos en América Latina: archivos propone un acercamiento a una de las formas en que se ha querido entender cómo los ciudadanos representan sus ciudades a la vez que construyen nuevas relaciones con ellas. Un ciclo de conferencias, un espacio de consulta y una publicación dan acceso al conjunto de intuiciones, registros, escritos, libros y análisis que componen y materializan el proyecto, con la intención de mostrar y debatir lo que sobre imaginarios urbanos se ha dicho, y utilizando una práctica concreta geográficamente localizada. Dirigido por Armando Silva y llevado a cabo por un gran número de colaboradores en las diversas ciudades estudiadas, el proyecto cuenta ya con una larga andadura y una gran cantidad de material recopilado en sus distintas fases, un material que en su diversidad y heterogeneidad ya da una idea cabal de los retos y dificultades de la tarea acometida. En cierto modo, se trata de sacar a la luz los archivos del proyecto con la intención de que nos hablen del problema que los ha hecho existir, ofreciéndonos la oportunidad de ver cómo esos archivos han sido destilados por Silva y sus colaboradores en la serie de libros sobre ciudades imaginadas, una de las líneas troncales de su trabajo.

La estructura de los grupos documentales que el proyecto ofrece es sintomática de la complejidad del mismo. No se trata de series ordenadas y categorizadas de material, y por ello está lejos de lo que habitualmente llamamos archivo en su sentido de depósito de información, con todo lo que de positivista tiene el término.

Tampoco tiene que ver con el archivo artístico que unifica y da sentido a series eclécticas de materiales de acuerdo con un programa estético. Este grueso documental es el rastro de una serie de reflexiones nacidas a partir del método de trabajo propuesto por su director, que desde la semiótica, la lógica y la psicología principalmente, y en colaboración con sectores académicos y grupos de investigación afines de buena parte del continente, plantea un corpus heterogéneo, con múltiples entradas, que a su vez define un marco teórico en proceso y en continuo desarrollo.

Reflexionar sobre los imaginarios urbanos a través del análisis pero también de la producción del registro fotográfico, cinematográfico, estadístico, sonoro, etcétera, permite que cada fragmento del archivo se convierta en una intuición crítica y compleja de lo que esos imaginarios son. Como algo en sí mismo inmaterial e irrepresentable, los imaginarios pueden rastrearse en los objetos, las arquitecturas y las formas urbanas, pueden sedimentarse en el habla o en los rituales ciudadanos, y aparecer en los graffiti, en las fotografías domésticas y familiares, en los escaparates o a través de los media; pero difícilmente se les puede asignar una imagen única, se resisten a ella y se modelan escapando a cualquier representación única y concluyente de sí mismos.

Frente a los relatos hegemónicos ofrecidos por los diversos gestores de lo urbano, que suelen materializarse en imágenes acabadas, maquetas de cartón piedra y cifras cerradas, este proyecto plantea la posibilidad de construir micro-relatos, a menudo conflictivos, a partir de residuos, rastros y restos, tanto físicos como virtuales, dejados por la vida intensa de la que se nutren los diversos modos de ser urbano. Porque los imaginarios, como base de un urbanismo de los ciudadanos, permiten estudiar los registros de la participación ciudadana en la construcción simbólica de la ciudad, con el fin de entender sus usos y definir otras formas posibles de habitar.

Jorge Blasco Gallardo y Nuria Enguita Mayo

Imaginarios urbanos en América Latina: archivos

Armando Silva

Director del proyecto *Imaginarios urbanos*

1 LOS ARCHIVOS URBANOS

La ciudad imaginada como paradigma cognitivo aparece cuando es posible hacer la distinción entre la ciudad y lo urbano, cuando ser urbano excede la visión de la ciudad y, por tanto, la nueva urbanidad pasa a ser más bien una condición de la civilización contemporánea antes que una referencia al hecho de vivir en un casco citadino. Si intentamos saber dónde y cómo se produce hoy la forma de la ciudad, muy posiblemente tendríamos que admitir que ya no son sólo la arquitectura ni las edificaciones o las calles los elementos que marcan esta circunstancia, sino que, cada día, aparecen objetos mucho más etéreos como anuncios, productos digitales o señales, y hasta otros invisibles desde el punto de vista icónico, como luces o *bits* del ciberespacio que impregnan las representaciones ciudadanas. De esta manera, la ciudad física debe compartir su territorio espacial con esa otra ciudad de la comunicación y del tiempo que marca sus entornos a la vez que se amplía al fenómeno de los suburbios y de la metropolización, lo que, justamente, ha empezado a denominarse "urbanismo sin ciudad".

A estos nuevos fenómenos de invisibilidad urbana apunta la ciudad imaginada, pero con una calificación especial: se denomina así al urbanismo ciudadano que no se define en un lugar, ni en la ciudad, ni en los suburbios, sino que es portado por los distintos habitantes en sus propias representaciones y en la misma medida de su propia urbanización; por esto la ciudad imaginada corresponde en estricto sentido a un renovado urbanismo ciudadano contemporáneo. Y si a lo anterior añadimos que nos acompañan como propósito de estudio las ciudades imaginadas de América Latina, querremos decir, entonces, que nos referimos a una urbanización ciudadana que tiende a particularizar a un sub-continente sin desconocer, claro está, ni los efectos mundiales sobre ellos ni las diferentes formas nacionales o locales de cada una de las urbes concebidas o intervenidas por nuestros estudios.

Cuando la Fundació Antoni Tàpies me invita a presentar un proyecto sobre mis propios registros urbanos basados en la construcción imaginaria mediante la cual los ciudadanos de hoy construyen sus urbanismos, se pone en evidencia una nueva dimensión de los archivos, en este caso de los imaginarios urbanos, que han de poseer unas condiciones propias y determinantes en su formación. Han de referirse particularmente a tres aspectos según la propia naturaleza del concepto: a la organización de ese material desde una lógica de la irrupción del deseo ciudadano, expresada en las fantasías colectivas como base de creaciones imaginarias, o bien en los mismos objetos donde aquéllas se encarnan; a las ciudades o lugares donde se hayan generado o producido, actuando como archivadores de las memorias, olvidos, temores y emociones sociales; y, por último, a la construcción de modos de ser urbanos en las culturas contemporáneas proyectadas al futuro, con los distintos sentimientos que ello conlleva, como es propio de toda producción imaginaria. Entonces, digámoslo así, el "archivo" representa hoy un poderoso imaginario urbano: la ciudad imaginada que sentimos y que por esta vía creemos guardar y proyectar hacia el futuro.

Se establecerán, sin duda alguna, relaciones profundas y complejas entre los imaginarios, sustentados en la energía psíquica y expresados en representaciones colectivas, con su capacidad de archivo y con lo *archivable* de sus inmaterialidades. Sin embargo, la "ciudad imaginada" se puede entender como un tipo particular de patrimonio inmaterial que caracteriza y pre-define el mismo uso de la otra física. En esa perspectiva, todo lo patrimonial es objeto de "archivo", entendiendo que esa misma condición —el archivo colectivo— es precisamente la que otorga la apertura de cada cual hacia el otro. De modo que mientras lo imaginario es inherente a la percepción grupal, el archivo lo es a su documentación, al objeto que la guarda y a su jerarquización y valoración cultural. Por ello, tanto los imaginarios sociales como los archivos urbanos ponen su mirada en el futuro. Pero habrá otra circunstancia que los convierte en interactuantes: los imaginarios no son sólo representaciones en abstracto y de naturaleza mental sino que se "encarnan" o se "in-corporan" en objetos ciudadanos que encontramos a la luz pública y de los cuales podemos deducir sentimientos sociales como miedo, amor, rabia o ilusiones. Y dichos sentimientos citadinos son archivables a manera de escritos, imágenes, sonidos, producciones de arte o textos de cualquier otra materia, donde lo imaginario impone su valor dominante sobre el objeto mismo. De ahí que todo objeto urbano no sólo tenga su función de utilidad cierta, sino que pueda sobrecargarse de una mayor valoración imaginaria que lo dota de otra sustancia representacional.

Una breve explicación de la evolución etimológica del vocablo "archivo", comparada con la de "urbano", podrá ayudarnos a esclarecer las inherencias semánticas que lo definen. "Archivo" proviene del griego *arkheion*, "edificio del gobierno", y por lo tanto en su origen se refería a una realidad material donde cabían objetos públicos. Pasa luego al latín tardío como *archivium*, donde empieza a significar "conjunto organizado de documentos", pero conservando todavía su significado de "sitio o mueble donde se custodian esos documentos", a saber, "el archivador". En su acepción moderna, "archivo" fue adquiriendo el sentido de existencia y ser, y debido a la recurrencia del tema en nuevas corrientes filosóficas y de pensamiento, la palabra cuenta hoy con dos parentescos determinantes en su condición semántica que nos interesa destacar. Primero, la afinidad con "memoria" en su co-existencia con el olvido, entendiendo por ello un principio de la filosofía de la percepción: no es porque la memoria sea débil que el olvido se hace posible; también olvidamos "por la fuerza del olvido" (Bertrand, 1977: 39), lo que permite entender que el olvido es el pasado y que por su naturaleza no alcanza la memoria, pero también que es el futuro. Recordamos para el por-venir del ser, de ahí que la memoria se convierta en archivo concluyente de la producción social de imaginarios. Y, segundo, este parentesco también se da con los objetos de estudio de disciplinas hermenéuticas como el psicoanálisis en su designación de lo inconsciente como "un saber del que yo no sé" (Lacan, 1960: 163), que afecta y compromete mi destino, lo cual abre un complejo campo de relaciones entre los deseos y las pasiones humanas como sustentos reactivadores de imaginarios sociales.

No obstante, en nuestra era de la información digital, la palabra "archivo" reaparece al mismo tiempo con otras dos acepciones: lo que se guarda y se almacena ya no en un espacio físico sino en uno virtual que desmaterializa su contenido, a la vez que con la misma palabra se marca el temor a perder lo archivado. Destacaba Derrida que aquello amenazado con ser destruido introduce a priori el olvido y que "por esto *archivo* es a la vez el mismo antídoto a la pérdida de la memoria y el temor mismo a la destrucción" (Derrida, 1995). En esta línea de reflexión, puede reconocerse que quizá no exista, desde la perspectiva de la productividad de las sociedades del conocimiento, un imaginario más poderoso hoy en el siglo XXI que el temor a perder la información, lo que se traduce no sólo en el miedo a la amnesia ante el funcionamiento y las experiencias del pasado, sino especialmente en el terror ante un futuro borrado, cuando se reconoce que la memoria de la sociedad productiva ya no está en la mente humana ni en los escritos sino almacenada en poderosas bases de datos que conforman la tecnología cognitiva. Todo este panorama revela su verdadera dimensión ante el desarrollo de la inteligencia artificial que estudia la posibilidad de reproducir la inteligencia humana en la máquina, lo que cambia de modo drástico el concepto mismo de máquina, conduciéndola ahora hacia una mayor propiedad humanoide. Pero también cambia el concepto de archivo, poniendo en evidencia su objeto imposible.

Por su parte y de modo paralelo hacia la inmaterialización de su objeto, las definiciones modernas sobre la urbanidad han sido en especial dos. Una, que designa el gobierno de la ciudad originada en el Renacimiento, y de la cual se desprende el sentido físico de la urbanización en cuanto a construcción de ciudades, tradición que ha hecho equivalente la ciudad y lo urbano en condición de *urbs*. Otra, que se refiere a las cualidades de los seres humanos, a sus condiciones morales, la cual se afianza en especial desde el siglo XVIII como reacción a los malos hábitos e indeseables conductas de los ciudadanos de las *urbis*, y que origina el sentido de *urbanus*, de la ciudad, donde este sentido ético se refiere a lo cortés y a las buenas costumbres de los ciudadanos en oposición a lo rural y campesino. Sin embargo hoy podríamos proclamar un nuevo concepto de lo urbano, el del mencionado urbanismo ciudadano, el cual va emergiendo en la misma medida en que se dan ciertas condiciones en la historia de la ciudad, como corresponde al hecho de que por primera vez pueda desligarse lo urbano de la ciudad y entenderse que nos urbanizamos con independencia del hecho de vivir en un casco citadino: se trata ahora de una definición estética y cultural de lo urbano.

Si aceptamos entonces que lo urbano de la ciudad ya no se ve y avanzamos hacia una mayor desterritorialización de sus espacios que recompone la percepción social, algo paralelo ocurre con otras prácticas que contribuyen a la definición de otras experiencias urbanizadoras de hoy, tales como el arte público, los medios y las tecnologías; y he aquí tres de los co-gestores más importantes de esta emancipación de lo urbano ante la ciudad. En todas esas circunstancias se avanza en la construcción de un lugar no necesariamente geográfico, como se supuso en la teoría de los "no lugares"; más bien, entendiendo un nuevo concepto temporal del sitio, del latín *situs*, lugar o paraje que "puede ser ocupado", lo que nos permite justo "situarnos", es decir, poner en un sitio —y también en situación—, las vivencias urbanas ciudadanas. Ello asimismo nos permite situar una antropología del deseo ciudadano, donde, para su comprensión, se examinan las inter-acciones humanas y, por tanto, las relaciones psicológicas, sociales o incluso de interacción con el paisaje o hasta la captación de memorias grupales, las cuales también pueden ser parte de este renovado sentido del sitio ciudadano. El tiempo como categoría no sólo ontológica sino del pensamiento que por esto mismo no existe *per se* sino como flujo inaprensible, encuentra en el deseo humano el acompañamiento y continuidad en su recorrido. El deseo ciudadano adquiere en esta dimensión de estudio su condición de energía social repartida y por ello estaremos hablando, a efectos de concebir los archivos de las ciudades imaginadas, de mecanismos psíquicos de valoración grupal.

Si examinamos lo que viene haciendo en las últimas décadas el llamado arte público llegamos a la conclusión de que nuevas búsquedas y otras actitudes y gestos de los creadores han logrado una vasta apropiación de lugares no tradicionales y distintos de los museos y galerías donde suele exhibirse la actividad artística, hasta el punto de que "cualquier sitio y cualquier acción es potencialmente artistizable" (Babin, 2005: 15). Cualquier lugar puede convertirse en *sitio de arte*, hecho que origina fuertes rivalidades con el mundo real y rompe la diferencia entre el lugar de vida y el lugar del arte, haciendo de lo público una potencialidad estética y de los ciudadanos —muchas veces personas ocasionales sorprendidas por la acción— el público del arte. En este comportamiento del arte empezamos a valorar la supremacía del pensamiento sobre la materia para entenderlo no tanto como un hecho visual cuanto en calidad de un arte-pensamiento, lo que viene a favorecer una cultura de lo inmaterial, esto es, la instalación del imaginario estético en la misma cotidianidad urbana. Y en la medida en que se trata de creaciones críticas con lo establecido, esta tal creación de contra-imágenes dispuestas hacia la trasgresión y hacia la ampliación de lo público tendrá como misión política su misma producción estética, debido en especial a su condición desencadenante de otras simbologías sociales. Este propósito y modo de actuar del arte público no deja de estar emparentado con la producción de los imaginarios sociales, según reveló la Documenta 11 de Kassel, cuando al decir de su curador, la producción social del espacio se puede seguir en (el estudio de) los imaginarios colectivos "a través de redes de intercambio, deseos, fantasías, evocando lo sensorial y mediado por las confrontaciones que da a las personas el sentimiento de habitar una ciudad" (Enwezor, 2003: 9).

Los medios han de ser, por su parte, otro eslabón desde el cual se amplía lo urbano más allá de la ciudad contribuyendo a la desmaterialización de sus espacios. Si bien los medios hablan, muestran y se dirigen a los ciudadanos, éstos cada vez más portan sus propios instrumentos para ser "mediados" desde el mismo sitio donde se hallen. Las relaciones entre medios y ciudadanos se personalizan cada vez más, como se descubre en el uso generalizado de los teléfonos móviles, Internet, la televisión de prepago elegida por cada consumidor, *WiMax*, *iPOD*, prensa… de modo que, en definitiva, lo que constituía el medio social y de masas se transforma en buena parte en medio personal o grupal, lo cual genera nuevas discusiones sobre el fin de los medios y hace relevante la pregunta: ¿han perdido los medios su capacidad de convocatoria social y han entrado, más bien, en una nueva era de auto-referencialidad?

Los medios, de facto, aparecen en los últimos años contribuyendo a esa urbanización ciudadana más que a una mediación social; esto es, los medios se dirigen a ciudadanos "desmediados" de sus ciudades y al percibir de la urbe en especial lo que de ella se representa incluso en mayores proporciones que su vivencia directa, convierten la comunicación en sí en el lugar mismo de intercambio donde se pierde la diferencia entre el universo de lo real frente al representado, con lo que se abona materia simbólica para la construcción del paradigma de la ciudad imaginada. Al mismo tiempo ocurre que los medios —la televisión como caso ejemplar— se tornan más auto-referenciales. Se puede preguntar, entonces, en qué medida ello coproduce una disolución irreversible "entre el dentro (la intimidad, la confesión privada) y el fuera (la exhibición, la publicitación masiva) y una regresión de la mirada hacia el propio medio" (Imbert, 2006: 130). Alguna cinematografía fabulosa ya viene dando cuenta de este principio donde el mundo se sigue como en una película, así en el caso excepcional de *Matrix*, donde la "entera humanidad es víctima de una alucinación colectiva" y donde con toda contundencia Morpheus se pregunta "qué quiere decir *real*".

La tecnología, por su cuenta, aparece afectando cada vez más los nuevos entornos del habitar. La misma casa en su condición de hogar quizá sea hoy, precisamente, uno de los sitios más asediados por la nueva urbanización ciudadana, pues se convierte en nuevo lugar de trabajo o estudio a través de redes informáticas que finalizan en cada hogar, conectándolo. Los espacios de trabajo se duplican también y, mientras las oficinas se instalan en casas, aquéllas se doblan como hogares en los que se celebran reuniones, comidas, fiestas familiares. Pero si, de otro lado, examinamos el cuerpo como comienzo y fin de todo sentido humano, podemos ver que cobra su mayor dimensión imaginaria en la reconstrucción del genoma humano y en el descubrimiento del ADN, sustancia que ya funciona como modelo de identificación y que irá reemplazando a la fotografía como un nuevo doble pero de naturaleza química y por consiguiente ya no dentro de una lógica icónica, sino post-simbólica. Este nuevo doble no calca semejanza visual alguna sino otra más profunda y verdadera aunque invisible: la biología del ser y la identificación de cada uno. Si la fotografía era metáfora icónica de un rostro, el ADN es metonimia de una cadena de desplazamientos (Copenhague–São Paulo 2004: 119).

El progreso en la ciencia nos conduce de este modo a nuevas relaciones con el cuerpo, con la medicina, la enfermedad y la muerte, con el sexo y la vejez (como lo hace el viagra devolviendo al anciano pasiones juveniles), con los cuerpos de los demás y, claro, con la misma ciudad y con sus representaciones, todo mediante una nueva "selección artificial" reactivada por saberes de la ciencia y la tecnología que contribuyen a esa desterritorialización mencionada. Los instrumentos de la interacción humana van acompañados de una miniaturización y desmaterialización de objetos en el proceso de producción y consumo, lo que, a su vez, reafirma el objetivo original de la técnica de hacer del tiempo y su sucesión el objeto deseado. Verdadero salto de cualidad que sobreviene cuando de la simulación del espacio se pasa a la mimesis del tiempo; o, mejor, "cuando se llega a anticiparlo" (Cecchetti, 1999: 8). Se encarna así una visión de fuerte sustento imaginario. De la mano y obra de la tecnología entramos a la bien llamada *city of bits* (Mitchell, 1999), que no es otra que esa nueva urbanización desde el aire de la ciudad del siglo XXI, cuyos *sitios* son construidos virtualmente por el *software* antes que físicamente con piedras o cemento y son conectados por *linkage*s antes que por puertas o calles. Lo post-industrial en perspectiva será, entonces, la cultura de una nueva cuestión metafísica en la relación entre la técnica y lo humano. Lo post-humano y post-orgánico (Copenhague-São Paulo 2004: 125). La demanda radical del súper hombre y, digamos, por qué no, del súper ciudadano del siglo XXI en ciernes.

Me permito, entonces, ofrecer distintos escritos, textos-imágenes y diagramas que he logrado producir en calidad de autor o como coordinador de equipos de investigación y producción sobre la teoría de los imaginarios urbanos en estos últimos veinte años en tres tipos de archivos que así denomino: privados, comunitarios y públicos, que pueden o no coincidir con el mismo desarrollo cronológico de mis escritos.

Denomino archivos privados a aquellas manifestaciones ciudadanas de lo *privatus*, es decir, que no pertenecen al Estado ni por ende a lo público, pero que mediante algunos mecanismos mediáticos (fotos, grabaciones, cine o Internet) o sociales (dar estatus a algunos grupos o perseguir fines publicitarios) obtienen una mayor circulación dejando ver en público lo que nace con una intención privada. Son archivos privados en nuestra bibliografía de los imaginarios urbanos los álbumes de familia y los *clips* inspirados en las prácticas privadas de las ciudades.

Llamo archivos comunitarios a todo aquel material que expresa manifestaciones ciudadanas para una comunidad. "Comunitario" proviene de *communis*, del latín arcaico *comoinis*, de lo común, que pertenece por igual a algunos reconocidos, y sobre la comunicación entre ellos, y se relaciona, o bien con expresiones muy personales, o bien con secretos compartidos entre dos o más comunitarios que, no obstante, buscan su circulación públicamente, en especial dentro de pequeños grupos territoriales. Son archivos comunitarios dentro de nuestra bibliografía los graffiti, los estudios sobre escaparates y vallas publicitarias de ciudad donde se estudiaron los puntos de vista urbanos de circulación comunal.

Denomino, finalmente, archivos públicos a aquellos producidos por la comunidad, del *populus*, pueblo, y de donde se origina lo popular pero, en este caso, como lo que nos pertenece a todos, pues es hecho por todos o al menos por alguna mayoría significativa según algún punto de vista ciudadano relevante (Bogotá 1986; 1987). Son archivos públicos en nuestra bibliografía los trabajos sobre imaginarios urbanos que condujeron a las colecciones de ciudades imaginadas de América Latina y de otros países europeos con los cuales se ha iniciado la "Europa imaginada", en especial Barcelona, Sevilla y Liverpool.

Si los observamos bien, los tres tipos de archivos urbanos tienen en común que, a pesar de todo y con distinción de su origen, circulan públicamente y se caracterizan por su fuente de arraigo mental y por su referencia a un sujeto específico: lo privado al grupo, lo comunitario a la comunidad territorial y lo público a la colectividad. Tienen, además, otra característica: son todos formadores de ciudadanía y se refieren a prácticas sociales mediante las cuales, desde un punto de vista estético y político, la colectividad crea su propia imagen con la cual se representa ante la urbe. Pero si a ello añadimos lo inherente a la condición imaginaria, que por su naturaleza psicológica va hacia delante —en oposición a los sueños que son nocturnos y arqueológicos—, entonces nos encontramos con que, paradójicamente, se trata de archivos que guardan y proyectan visiones ciudadanas del futuro. La triple acepción de "imaginar", derivado del latín *imaginor* (cf. *imago*), en cuanto a "intuición", "idea" y "quimera", se corresponde en los tres casos al tiempo futuro. Se habla de "intuir" como de lo que no se deduce lógicamente sino que se presiente o hasta adivina, mientras que "idear" se asocia a inspiración y especulación, así como con "quimera" se evoca la ilusión y la fábula o la leyenda y se puede extender hasta "delirio", como hemos constatado en el estudio de los imaginarios globales del miedo y el terror al comienzo del nuevo milenio, cuando aumentó en casi todo el mundo la sensación de inseguridad y cuando el combate contra el terrorismo adoptó sus formas más insidiosas (Copenhague-São Paulo 2004: 105). En los archivos de los imaginarios se entiende, de este modo, que el ser ciudadano se alimenta de saberes comprobados y referenciales, pero también de ilusiones, recuerdos, olvidos y quimeras (de ahí sus

1 *Graffiti: una ciudad imaginada*, Universidad Nacional de Colombia, reeditado por Tercer Mundo Editores, 1988.

objetos imposibles), con las cuales, sin embargo, genera objetos y representaciones. Así, los archivos urbanos desde sus imaginarios sociales aparecen, si se quiere a la manera de Derrida, desdoblados, pues se producen hoy pero se imaginan para mañana.

Presento, ahora sí, los distintos archivos urbanos con una licencia que me tomo para su exposición, a saber, modificando el orden conceptual de los archivos según su pretensión de cubrimiento social (desde lo privado hasta lo público) y presentando primero los comunitarios y a continuación los privados, sólo con el fin de conservar el orden cronológico en el que se fueron desarrollando y ayudar con ello a la comprensión del orden en el que fueron apareciendo los fundamentos de una disquisición sobre lo urbano. Pero también será un propósito en esta "alteración del orden" que el lector de este texto, o el visitante de la muestra[1] de la que forma parte, perciba los archivos como objetos no jerarquizados, digo, "desarchivados", como se dan en la realidad social, para que haga sus propias impresiones con sus mismas referencias urbanas de modo personal y creativo. Como recorrer ilusoriamente lo urbano de una ciudad bajo su condición de archivos ciudadanos.

Archivos comunitarios: los graffiti

Mis estudios sobre imaginarios se inician con la publicación del libro *Graffiti: una ciudad imaginada* (Bogotá 1986; reed. por Tercer Mundo Editores 1988) **(fig. 1)**, donde se construye un sistema de valencias para determinar cuándo una expresión urbana puede obtener la calificación de este sistema de comunicación. Prosiguieron estos estudios con el libro *Punto de vista ciudadano* (París 1986; Bogotá 1987)

1 Este texto acompaña la presentación del proyecto *Imaginarios urbanos en América Latina: archivos* de la Fundació Antoni Tàpies, Barcelona, mayo de 2007.

2 *Punto de vista ciudadano: focalización visual y puesta en escena del graffiti*, Instituto Caro y Cuervo, 1987.

(fig. 2), donde se incluye una reflexión complementaria sobre la mirada social que explica el fenómeno desde la potencialidad enunciativa de sus observadores, los ciudadanos. De esta manera, el graffiti se cualifica con siete valencias estructurantes de esta marca urbana: tres que se denominan pre-operativas, tres operativas y una post-operativa. Las pre-operativas coexisten con la inscripción y son: la "marginalidad", que se refiere a aquellos mensajes que no pueden ser sometidos al circuito oficial; el "anonimato", ya que los mensajes-graffiti mantienen en reserva su autoría, son enmascarados (a excepción de organizaciones o grupos que mediante su firma buscan proyectar una imagen pública), y de ahí la misma máscara como su emblema; la "espontaneidad", debido a que su inscripción responde a una necesidad que aflora en un momento previsto o imprevisto y conlleva el aprovechamiento del momento en el que se efectúa el trazo. Las tres operativas que significan su "puesta en forma" son: la "escenicidad", el lugar elegido, el diseño empleado, los materiales, los colores y las formas generales de sus imágenes o leyendas concebidos como estrategias para causar impacto; la "precariedad", puesto que los medios utilizados son de bajo coste y se consiguen fácilmente en el mercado, y la "velocidad", ya que las diferentes inscripciones se consignan en el mínimo de tiempo posible. Y la última valencia, la "fugacidad", post-operativa, que actúa desde afuera del sistema de graffiti y condiciona su efímera duración.

Dentro de este sistema estructural del campo de la expresividad ciudadana callejera se llega a la conclusión de que no todo lo que está escrito, rayado o representado en un muro o fachada de la urbe, es graffiti si no pasa por ese sistema que valoriza semánticamente lo que así puede denominarse. Es ahí donde cobra valor la post-operación de la fugacidad, ese borrar o hacer desaparecer muy rápido lo que no debiera estar en público según algún ente que se siente aludido por la

3 "Barbi es una puta", varias ciudades de América Latina, foto de María Adelaida López Restrepo, 2006.

marca. Es en la fugacidad donde se ejerce el control social para que esas intimidades (subversoras ante el público) no circulen socialmente. La valencia fugaz representa, a la sazón, por sí misma, la marca fundamental del graffiti: la sociedad que lo origina y lo controla. Círculo que se repite en el centro del acontecer histórico y que condiciona la comunicación del graffiti a una experiencia coyuntural que se hace y deshace al ritmo de las contradicciones y los conflictos sociales y políticos de las distintas urbes, lo que conduce a su definición: escritura perversa en cuanto dice o expresa lo que no puede decir o expresar y que, precisamente en este juego de manifestar lo prohibido, se legitima como acción contra todo orden establecido ya sea social, lingüístico o político.

Desde esta definición podemos anunciar las condiciones "sociolectales" de la comunicación urbana que se escribe en las propias calles de la ciudad y que evoluciona a otros nuevos escenarios urbanos, como los asaltos virtuales de los *hakers* o piratas de Internet. Se podrá incluso, desde esta ampliación del término, asimilar alguna teorización sobre las multitudes, para entenderla cercana a una estrategia de graffiti, cuando frente al referente del pueblo que es único, la multitud aparece como plural y dispuesta a actuar contra el "imperio", acomodándose al símil de red de Internet: "En ella los distintos nodos siguen siendo diferentes pero todos están conectados, los límites externos de la red son abiertos y permiten que se añadan en todo momento nuevos nodos y nuevas relaciones" (Hardt y Negri, 2004: 17). La multitud, de este modo, es beligerante (puede ser "graffitera", según lo dicho) como clase global emergente. De modo que mientras el graffiti arremete contra el sistema establecido, ya sea lingüístico, social o político —como el decir de un nuevo tipo de expresión anti-imperialista grafiteado hoy en varias ciudades de América: "Barbie es una puta" **(fig. 3)**— , otras experiencias parten de lo prohibido para ganar

4 "Graffiti híbrido", varias ciudades, foto de María Adelaida López Restrepo, Bogotá, 2006.

audiencias funcionalizando lo prohibido bajo la perversa maniobra de exponer a la mirada pública lo privado o lo íntimo, como ocurre con los distintos programas conocidos como *realities*, que se complacen con lo monstruoso, lo inaudito, lo imposible de ver públicamente, creando una especie de contra-graffiti por su consideración ética que lesiona.

Este sistema estructural para descubrir la marca de graffiti en los entornos urbanos —y no sólo en los muros— nos permitió, posteriormente, poder entender desde esa lógica la diferencia entre graffiti y arte, y luego comprender su profunda relación semántica con los imaginarios urbanos. Si hablamos de comunicación estética del graffiti podemos suponerla, entonces, como una tendencia del graffiti donde las condiciones operativas, su puesta en forma, priman sobre las propiamente pre-operativas. Esto quiere decir que la inclinación por un graffiti-arte tiende a liberar al graffiti de las condiciones ideológicas y subjetivas a las cuales se enfrenta por naturaleza del conflicto social, y que al ser éstas condiciones estructurales, tal liberación puede conducir a la descalificación del graffiti para que tal figuración grafitográfica entre a formar parte de otra clase de enunciados, como por ejemplo el arte. En otras palabras, el graffiti-arte puede convertirse en objeto-arte, antes que en proclama-graffiti, si bien puede seguir existiendo una fuerte zona de ambigüedad, de texto en transición que puede hacer difícil su cualificación. Véase el caso concreto de las nuevas tendencias desarrolladas en distintas ciudades del continente desde finales de los años noventa con la técnica de graffiti-plantilla y donde los artistas realizan figuraciones tanto políticas como existenciales, las cuales viven en nuestro sistema de valencias como un perfecto híbrido entre la marca contestataria y la creación estética **(fig. 4)**. O nótese que podría calificarse también cierta tendencia urbana de tatuarse los cuerpos como un género intermediario,

5 "Cabeza adornada como graffiti", foto de Dobrila Djukich de Nery, Maracaibo, 2001.

ya que ello corresponde a una acción privada ideada para hacerse pública, pero que en ese recorrido puede adquirir la marca de lo contestatario y hasta irse llenando de varios tormentos sociales propios del graffiti **(fig. 5)**.

La publicación de *Punto de vista ciudadano* (París 1986; Bogotá 1987) marca el inicio de un trabajo hermenéutico, al incluir, además del graffiti, nuevos objetos privilegiados por su condición visual y citadina, como son las vallas publicitarias, los escaparates y otras cosas reconocibles en los exteriores de las ciudades, con la finalidad de preguntarme por la mirada ciudadana, la cual, en este momento metodológico, se deduce del mismo objeto de análisis. Ocurre un desplazamiento hacia el observador para diseñar un simulacro de lo que podría ser la lectura y observación de estos mensajes por parte de los habitantes urbanos. Cuando cualquier observador comunitario posa su mirada sobre el anuncio provocador y la desliza por lo exhibido, se genera un encuentro entre la representación (enunciación) y el "encuadre" del observador que hace coincidir la focalización enunciativa con el punto de vista del observador, y así se impregna un grupo social territorial de este registro: lo representado se vuelve objeto de goce o saber con el cual se identifica la mirada ciudadana comunitaria. Del graffiti, entonces, saltamos a los escaparates y a otros objetos callejeros para examinar otros puntos de vista, destacando para este texto el valor metodológico de los puntos de vista urbanos en aras del proyecto posterior sobre los imaginarios en América Latina.

Se trata ahora de estudiar no sólo lo propio de la mirada-prohibida (íntima y comunitaria) del graffiti, sino la mirada-exhibicionista (pública) de los escaparates y vallas, pero en ambos casos manteniendo la complicidad ciudadana mediante la cual la comunidad recrea públicamente la ciudad imaginada. Si tomamos el escaparate como pre-figuración (Bogotá 1989) de lo que luego va a ser la evidente evolución exhibicionista del cuerpo de los años ochenta en adelante (modas urbanas, gimnasios, SPA, etcétera), expuesto en los *Shopping Center* como escaparates gigantes (que marcan la "ciudad-escaparate" con distintas claves en lenguaje global), se puede argumentar que ese exhibicionismo de la mercancía corresponde a un paisaje local, y sus protagonistas se reconocen en sus miradas, de modo que este teatrino mercantil se torna espejo existencial tan permeable como lo anunciado: se acomoda la mercancía exhibida a la retórica narcisista de sus ciudadanos observadores. En los puntos de vista ciudadanos incluimos, además de la mirada, categorías de narración en el espectro metodológico, para lo cual acudimos a la segmentación de los públicos que usan los estudios antropológicos y los de mercados de consumo, tales como división por género, grupos de edades y sectores sociales, entre otros. Cada una de estas categorías es entendida como "filtro de percepción", desde donde representan y actúan los ciudadanos en la construcción de su urbanismo social. Entonces, los puntos de vista urbanos son modos de percepción que conducen a usar y evocar las ciudades de modo colectivo.

Si examinamos esos filtros en el teatrino de los escaparates, podemos ver algún resultado para examinar su mecánica operativa. Se encontraron al respecto diferencias de composición, materialidad y comunicabilidad entre los escaparates "filtrados por su condición social", que pudieron denominarse "burgueses" y "populares", como una de las clasificaciones de los puntos de vista urbanos que nos propusimos para comprender modos de proyección comunitaria. La fuerza de lo popular radica en que en una región clasista y jerarquizada como lo son las sociedades de América Latina, la circulación y legitimación de estas imágenes choca frontalmente contra el denominado "buen gusto" de las clases superiores. Ello apunta a dos maneras genéricas —con numerosas variaciones e hibridaciones— de ver el mundo y representarlo. El "golpe de vista", que tiene que ver con los filtros del afecto enunciado, es distinto. El del sector alto está puesto sobre el espacio —plano general— dentro del cual el producto diseñado compone una ficción que se libera, en parte, del sentido de uso del objeto: deja al descubierto la simbología de la "noche" como el paradigma más eficaz de este tipo de mirada (Bogotá 1989) que parece concentrarse más en el entorno, el ojo vagabundo y soñador, lo que hace pensar en una notable influencia cinematográfica. El "golpe de vista" de la vitrina popular —primeros y primerísimos planos— está puesto sobre el producto; el espacio tiene sentido para llenarse de cosas, por ello, su recorrido simbólico está más asociado con lo "diurno", se muestra la cosa tan evidente y desnuda de diseño que puede relacionarse más con un tipo de teatro minimal: una mirada

6 "Vitrina popular como
teatrino", Bogotá, foto de archivo
de *Imaginarios urbanos*, 1988.

frontal que condensa de golpe las propiedades del objeto observado (Bogotá 1989).
Las vitrinas populares tienden al amontonamiento y a entremezclar información
verbal con imágenes sobre aquello que ofrecen, como esta reveladora vitrina que
pone en primer plano unos muñecos con los ojos abiertos, mirando expresivamente
a quien los mira, y un letrero desafiante y provocador dirigido al cliente que
observa: "¿Qué mira?" **(fig. 6)**.

Archivos privados: álbumes de familia

El hallazgo del álbum de familia como uno de los objetos privilegiados donde
recala la enunciación privada, me permitió trabajar sus expresiones hasta convertirlo
en tutelar de este tipo de imaginarios que conduce a los archivos privados. El
álbum, en cuanto objeto cultural, posee una condición trial que lo define (California,
1996) y bajo tal enseñanza de la lógica contemporánea (Bogotá 2004) avancé en
su descripción. Por este motivo el libro reconoce desde su comienzo que trata
de un sujeto, la familia; de un objeto que hace posible mostrarla visualmente, la
fotografía; y de un modo de archivar estas imágenes, el álbum de fotografías. Podría
titularse, como en principio quise, "archivos de fotos de familia", pero no lo
consideré acertado puesto que hay un cuarto aspecto que se desprende de los
anteriores y que los modifica como razón de ser: el álbum cuenta historias. Esta
vocación narrativa del álbum de fotos familiar nos orienta a enfrentarnos a este
tesoro visual doméstico también como hecho literario, pues media una gran

7 "Niñas ante un visitante inesperado, un pájaro", California, foto de archivo de *Álbum de familia*, Irvine, 1995.

diferencia entre el hecho de guardar y clasificar fotos –en el sentido antes dicho de *archivium*– para reconocer a alguien en cuanto a simple seña, y el hacerlo para destacar a esa persona en calidad de miembro de un grupo, juntando las imágenes para recrearlas a la vista con un relato caprichoso que se actualiza con el paso de los años, en el sentido de archivo como memoria y deseo. En el siguiente esquema se muestran las condiciones de inherencia para que exista el objeto que culturalmente llamamos "álbum de familia":

Precondiciones para la existencia del álbum
La familia: el sujeto representado
La foto: el medio visual de registro
El álbum: técnica de archivo
Contar: su condición narrativa

La familia es sujeto colectivo que narra y tiene a su disposición el manejo y la construcción de un espacio de acción. La foto es el medio que produce la imagen, que visualiza a la familia, y pertenece a su capacidad técnica expresar un tiempo de exposición, como puede examinarse en la foto **(fig. 7)**, donde un hermoso pájaro juguetón que llega inesperadamente introduce en la escena tres tiempos en la percepción presente de las tres amiguitas fotografiadas: el presente relajado en la primera de la izquierda, el pasado asustado en la de la derecha y el futuro previsible en la del medio (Bogotá 2004: 29). El álbum, en cuanto archivo, ha de entenderse como una manera de clasificar y jerarquizar la mirada, y es propio de su técnica producir un orden a la vista, posterior al tiempo en que las fotos fueron coleccionadas. La narración es relato y entrega a sus narradores la potestad

de manejar las historias en las que se envuelve la familia y que han merecido su
archivo como imagen. Así, habrá una condición existencial, la familia; otra que marca la temporalidad comunicativa, la foto; y otra más que crea la espacialidad imaginada, el álbum como libro. Y, por último, aquella acción misma del relato que corresponde a su condición propiamente verbal y literaria. Pero estos atributos se interrelacionan de modo sustantivo o nominal y actúan desde una lógica de conjunto. El lenguaje del relato presta su capacidad al fuero existencial de la familia y así, aquélla, cuando se prepara para salir en una foto, ya lo hace preconcibiendo un modo de mostrarse y de ser contada en el álbum, lo que finalmente suele llamarse "pose", que defino como "cálculo del posante para ser visto en el futuro". De la misma manera, el tiempo de la foto, como impresión y archivo, establece reglas para la familia, como el construir una pose para el futuro observador. Así, sujeto, tiempo, espacio y relato se fraguan el uno al otro, se afectan y se modifican.

No obstante, lo que más intriga al pensar hoy el álbum en calidad de archivo sería su misma evolución hacia su destrucción y fin, algo que hace al mismo tiempo que su objeto representado, la familia burguesa y nuclear, la cual también vive varios anuncios de su crisis y desaparición. La familia unida históricamente por lazos de sangre y apellido encuentra en las sociedades occidentales, desde los últimos años del siglo xx, nuevas maneras de juntarse bajo nuevos criterios, como puede observarse en las "familias ampliadas", donde el hombre o la mujer separados aportan hijos a una nueva unión, o en el caso de las familias del mismo sexo que deciden adoptar así como en otras acciones unifamiliares, por ejemplo cuando una mujer sin pareja decide tener hijos por inseminación artificial. De manera que una técnica, la fotografía, de base química y física, concebida como imagen analógica de un objeto a mostrar, cede su condición representativa a otra técnica, la digital, basada más bien en un código matemático, para producir la foto más bien como productora primaria antes que como reproductora de un proceso químico-físico, acelerando con ello la tendencia a vivir dentro de un mundo numerizado. Impresionante encuentro, ha de reconocerse, entre el destino de una técnica y su objeto existencial.

La nueva técnica digital de la fotografía enmarca a su vez el futuro de la representación ciudadana. Si la modernidad industrial creó la máquina que la representaba —la cámara y sus productos, las fotos de papel—, su propia imagen de modernidad, las nuevas fotos de base numérica y digital, buscan hacer lo mismo ante un nuevo momento, que podemos considerar post-industrial. Sin duda esta producción digital, poseedora de tantas cualidades, tiene una cualidad en especial

8 *Álbum de familia*, Norma, 1998.

que salta a la vista y que ha sido destacada por distintos estudiosos: el fragmento. Mostrar los objetos no completos sino en partes. No toda la persona sino un ojo, una sonrisa y no todo el rostro, pasajes de las casas, de la ciudad, de las calles. En esta lógica visual del fragmento, la familia misma es una parte. En *Álbum de familia* **(fig. 8)** pudimos examinar cómo mientras los abuelos se constituían en figuras centrales del escenario familiar en la primera mitad del siglo XX **(fig. 9)**, con los años van cediendo su lugar a los padres, quienes en pleno 68 y en fechas posteriores amplían su presencia en la fotografía como objeto para ser mostrado y divulgado en su condición de imagen de familia **(fig. 10)**. Pero al terminar el siglo XX, y mientras se inventaba la cámara digital, nuevos actores irrumpen con un éxito definitivo: los niños y las niñas, esos pequeños e hijos quizá de parejas de hijos únicos, nuevos protagonistas nacidos para triunfar, quienes concentran la atención de unos padres orgullosos dispuestos a hacer de sus hijos el mejor experimento de inteligencia y versatilidad corporal o social. Ahí vuelve a coincidir la técnica con el objeto representado, la nueva familia uni-filial. La familia desaparece de los álbumes y su lugar es retomado por los niños heroicos o en su máxima fragmentación: el primer diente que cae **(fig. 11)**, el sanitario que usó por primera vez, los ojos parecidos a los de su madre, y así sucesivamente. Este movimiento hacia el fragmento está ligado a la semántica del residuo que caracteriza el álbum mismo, depositario en su historia de varios objetos pegados. Pero la mejor representación de un residuo en un ser hablante y sexuado será lo que pierde el cuerpo (desde la placenta hasta otros elementos corporales), según pudimos observar en nuestro estudio al descubrir que el álbum de fotos de familia es también depositario de estos residuos, como cuando se pegan trozos de cabello o pieles de seres amados. Tendencia que por otra parte aumenta con la tecnología, que permite visualizar hasta aquello

9 "Abuelos en los 20", folleto sobre *Álbum de familia*, editado por María
Elvira Ardila, curadora, Museo de Arte Moderno de Bogotá (MAMBO),
Medellín, década de 1930.

10 "Padres dominan escena", Museo de Arte Moderno de Bogotá (MAMBO).

11 "Diente cae", foto de archivo de *Imaginarios urbanos*, Irvine, 1996.

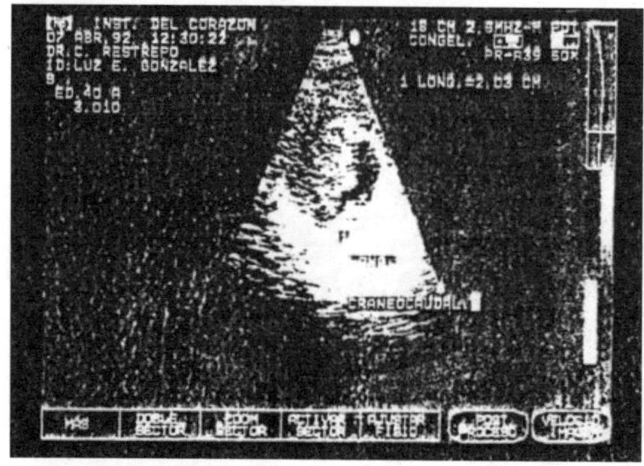

12 Imagen de un feto.

ajeno a la visión, como es el caso de las ecografías del feto en el vientre materno en calidad de primer registro pre-visual del hijo imaginado **(fig. 12)**.

Sin embargo, no es menos cierto que el álbum como objeto va desapareciendo, a la par que se convierte él mismo en archivo familiar nuclear, y va siendo reemplazado por los archivos virtuales de fotos, donde van a parar la infinidad de imágenes que cualquiera puede tomar según la capacidad de memoria de las cámaras y los ordenadores donde se guardan. Entonces "archivo" se hace sinónimo de almacenar; la finitud propia de las fotos puestas en un álbum que empieza y termina como un libro (sagrado), se reemplaza por la abundancia de cuantas imágenes permita guardar la memoria artificial, convirtiendo a la familia como tal en fragmento y residuo de un mundo en conexión global que, en todo caso, se expresa en lo privado.

Como una extensión del proyecto del álbum entendí la invitación que me hicieron el fotógrafo alemán, Alexander Honory, y el artista y productor vienés, Engelbert Theuretzbachedr, para que me uniese a su proyecto de investigación visual y escribiese el texto del libro *One World with Many Faces*, dedicado a Bogotá, como parte de una experiencia más amplia que incluía, además, las ciudades de Viena, Buenos Aires, Nueva York, Ciudad de Panamá y Lagos. Se trataba, en cada una de las ciudades del proyecto —y de otras que se irían agregando—, de tomar 720 fotos de rostros de ciudadanos con la misma luz, distancia y pose, e intentar deducir modos culturales de ser a partir de cómo se mostraban las personas ante la cámara. En mi texto "For the Archives of God" sostuve que "ojalá el deseo (borgiano) de tener las fotos de todos los ciudadanos del mundo en un mismo sitio se pudiese cumplir para guardar, como haría Dios, un archivo universal de los rostros de todos los habitantes planetarios. Como ese deseo divino es irrealizable en los

13 "For the Archives of God", en *One World with Many Faces*, Salon Verlag, 1997.
14 *Imaginarios urbanos: Bogotá y São Paulo, cultura y comunicación urbana en América Latina*, Tercer Mundo Editores, 1992.

seres mundanos, lo que nos deja este y los otros libros de *Un mundo de muchas caras* **(fig. 13)** es un testimonio de un microcosmos bastante amplio del mundo moderno, en el cual la foto nos ha servido para vernos como unidad transitoria de cada ciudad escenificada, además de ser protagonista y portadora de la belleza de los rostros de los distintos pueblos: ver cada ciudad a través de la mirada fija de sus ciudadanos, pues la ciudad habita nuestros gestos y enseña ciertas poses particulares que la definen" (Viena 1997). De modo que en este caso me adelantaba a lo que vendría en el siguiente proyecto, "Imaginarios urbanos de América Latina", en el que busqué sonsacar de los ciudadanos la imagen de la ciudad. Es como si en los rostros se viviesen las marcas urbanas locales y que de ellos se pudiese ver un marco de ciudad. La ciudad en los rostros ciudadanos.

Los archivos públicos: el urbanismo ciudadano en las ciudades imaginadas de América Latina

Con la posterior publicación de *Imaginarios urbanos* (São Paulo y Bogotá 1992) **(fig. 14)** aparecen nuevos conceptos para definir y delimitar la ciudad imaginada y se inicia una labor de campo a la búsqueda de análisis culturales de los ciudadanos como sujetos activos constructores de realidades urbanas. Ocho referencias fundamentales se añaden a la construcción teórica de los imaginarios, y las enumero partiendo de las más concretas y objetuales hasta llegar a las referencias caracterizadas en su mayor función constitutiva del imaginario (Bogotá 2006: 113 y ss.; y Bogotá 2004: 17-31): metáforas urbanas, territorialidades urbanas, emblemas urbanos, croquis urbanos, puntos de vista ciudadanos, miradas ciudadanas, ficciones colectivas, el fantasma urbano y la visión pública de los imaginarios. Revisemos ahora cada una de estas referencias para fijar su extensión semántica.

Las "metáforas urbanas" son figuras topográficas de la ciudad (de proyección estética), donde se producen los sentidos urbanos desplazados de los ciudadanos que se sitúan en su permanente actitud social de irse urbanizando. Inicialmente se propusieron siete metáforas para la captación de esos sentidos urbanos (público/privado; adentro/afuera; delante/detrás; antes/después; interior/exterior; ver o ser visto; fronteras y rizomas urbanos) en aras de poner en operación sus enunciados. Si operamos, por ejemplo, con las metáforas público/privado referidas a uno de los objetos con mayor capacidad urbanizadora del nuevo milenio, los centros comerciales, encontramos que se rompe en ellos la identificación con alguna de las dos opciones (público o privado), ya que dichos centros aparecen ahora como híbridos en su propiedad y uso social, actuando más bien como semi-privados y semi-públicos, caracterizados en su propia post-modernidad arquitectónica. Pero también se rompen en ellos otras nociones de tradición urbana espacial, como las de estar "adentro o afuera", "ver o ser visto": como cuando subimos en un ascensor transparente y vemos a la gente que antes quedaba fuera de nuestra visón, lo que a su vez constituye una nueva rizomática de la ciudad, etcétera.

Las "territorialidades urbanas" se originan en la experiencia del territorio diferencial, como espacio o vivencia reconocida por un grupo desde donde se imagina un colectivo. De esta manera avanzamos hacia la temporalización del lugar, pues éste se encarna tanto en los nuevos *sitios* de tránsito ciudadano (como son los centros comerciales o los aeropuertos) como en la misma experiencia psicológica de evocar un lugar como propio de una comunidad. Constituye una territorialidad diferencial para las iconografías de las ciudades de América Latina la misma noción de "tercer mundo", si la tomamos como afirmación de un tercero en su expresividad social y no como tercero excluido (Bogotá 2006: 128).

Los "emblemas urbanos", como objetos seleccionados por la ciudadanía o como parte de ella por ser poseedores de la mayor concentración simbólica en sus representaciones colectivas, actúan como iconos de reconocimiento de las culturas urbanas para un determinado territorio y por periodos concretos. Aquí podemos ver los emblemas ciudadanos de varias ciudades de América Latina pensados como *sitios* (**fig. 15**), a veces en contraposición con los lugares seleccionados por las tarjetas postales que refuerzan las miradas oficiales sobre la ciudad a visitar.

Los "croquis urbanos" son entendidos como los mapas del afecto ciudadano, son las formas de vivir la ciudad que habitan las mentes de los habitantes según "puntos de vista ciudadanos". De modo que mientras los emblemas conmemoran *sitios* de identificación colectiva, los croquis se refieren a situaciones de especial

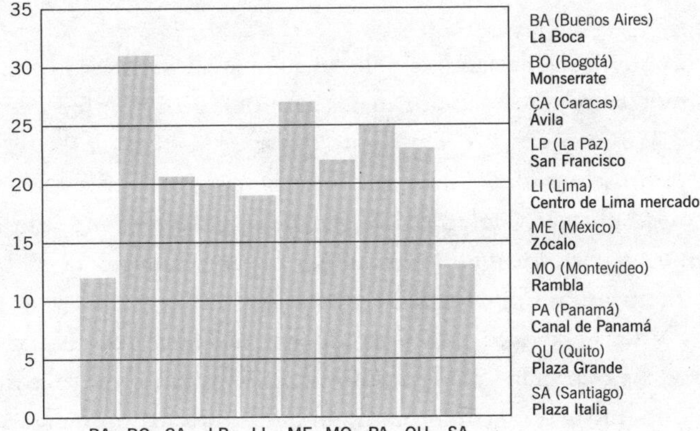

15 Emblemas de ciudades en América Latina.

carga imaginaria para distintas comunidades donde antes que la identificación priman los afectos. En toda ciudad hay senderos que priman sobre las vías oficiales como rutas de afecto y convivencia, o hay lugares odiados o amados en las memorias sociales que marcan los usos o las evocaciones de la ciudad. Los croquis suelen representarse en curvas de percepción, en fotos o sencillamente en mapas de uso social, como aquellos que muestran recorridos ciudadanos para el tiempo libre.

Los "puntos de vista ciudadanos" corresponden a los filtros de percepción desde donde se examina la información estadística según las categorías fijas de los formularios de encuesta (nivel socio–económico, escala de edades, género, vivienda, nivel de educación, trabajo, actividad, generación en la ciudad). Pero esos puntos de vista pueden irse abriendo para hacer que sean más fecundos. Si examinamos ahora quiénes perciben "muy mal" la situación de la seguridad en Montevideo, encontramos predominantemente las categorías de estrato bajo, género masculino y grupo de edad entre 41 y 65 años. Así, los puntos de vista se van cualificando por sectores sociales, grupos de edades y género hasta hacer de la percepción un dato muy preciso. Si tomamos ahora un segundo grupo de la ciudad de Montevideo, el de mayor porcentaje, quienes perciben la seguridad como "mala", vemos que mayoritariamente se trata de sectores altos y, dentro de este grupo, hombres y de más de 66 años; mientras que en Bogotá observamos que el recorrido social y el grupo de edad coinciden, pero que en cambio las mujeres son las más afectadas. Este trabajo de ir abriendo como ramilletes los puntos de vista nos permite observar con mayor precisión los niveles de fragmentación en la percepción social, lo que a su vez hace posible que formulemos hipótesis sobre el mismo uso de la urbe. Pero también los puntos de vista actúan en la información visual como categoría narrativa desde donde se examinan las distintas imágenes recolectadas, como en la realización de fichas para el análisis visual de una imagen en un periódico para estudiar qué función narrativa o estética cumple dentro de un texto (Bogotá 2004: 70-78).

Las "miradas ciudadanas" se refieren a los análisis de imágenes visuales urbanas donde el sujeto de emociones se proyecta y se encuadra en lo que mira —como en las que circulan en los medios representando paisajes urbanos— y busca recolectar instantes urbanos en distintas épocas.

Las "ficciones colectivas" deben entenderse en cuanto a la captación de deseos, miedos o anhelos ciudadanos encarnados tanto en textos u objetos como en iconografías públicas, en la medida en que los humanos somos responsables —estéticamente hablando— de nuestras propias inclinaciones emocionales. Estas expresividades son igualmente intervenidas por los equipos de investigación, como puede verse en el apartado "Representaciones paralelas" **(figs. 16-19)**, en "Chupando patria", donde leemos que frente al fanatismo ciudadano del mundial se construye la ficción de un balón de fútbol como equivalente de un seno materno. Como es propio de la ficción, puede igualmente registrarse en toda acción humana, ya sea ésta vivencial, textual o visual.

Y, lo más sustancial del imaginario social, el "fantasma urbano" en calidad de presencia indescifrable de una marca simbólica de la ciudad vivida como experiencia colectiva de sus habitantes, y por lo cual se sostiene en la construcción ciudadana una relación mayor de carácter imaginario que de comprobación empírica: el fantasma sostiene el sentido de realidad del sujeto como base para la misma construcción imaginaria, pues la "realidad es el fantasma de lo real, no lo real" (Lafont, 1984: 22). Más adelante, en la modelización de la ciudad imaginada como modelo encarnado, se podrá examinar cómo aumenta la producción fantasmal cuando el objeto evocado no existe en la realidad comprobable pero sí es imaginado y vivido como tal, como un olor inexistente, por ejemplo, que a pesar de ello hace que nos tapemos la nariz.

Y, en último lugar y en consecuencia de lo dicho, la "visión pública de los imaginarios" como su único posible alcance de rotación social (no habrá imaginarios personales) y que hace de esta condición fundante su eje de legitimación, como creo preciso recalcar a continuación. A saber, que los imaginarios urbanos se constituyen como una teoría del hacer público ciudadano.

Lo público constituye, sin duda, uno de los grandes temas que pueblan las discusiones del nuevo milenio, y si bien sus deliberaciones modernas arrancan con la Revolución Francesa en el siglo XVIII, el tema adquiere resonancia contemporánea

16 "Chupando patria": ante el mundial de fútbol los ciudadanos regresan al seno materno, Bogotá, 2000.

17 "Y Dios no era (tan) blanco": el racismo viene
de los dioses de Occidente, Bogotá, 2001.

18 "Pensar es un delito por eso nos asilamos": los estudiantes
de la universidad pública querían ser críticos, Bogotá, 1999.

19 "¡Pablo vive!": el más buscado criminal de la droga
pone su firma en el edificio de la policía secreta de Colombia,
Bogotá, 2001.

cuando su objeto entra en confusión y equívoco frente a situaciones como los espacios comunes de las corporaciones, cuando empresas privadas pero de objetos públicos –como son los servicios o los medios– entran en ambigüedades de principio y, por otro lado, cuando las ciudades se desdibujan ante la dimensión transnacional del mundo. La noción de lo público enmarcado en las sociedades urbanas de comunicación va a reunir no sólo las nuevas tecnologías generadas a partir del ordenador, el televisor y el teléfono, sino también las originales maneras de operar de sociedades reunidas en interacciones comunicativas bajo metáforas como redes, flujos de variables y pautas de conexión, y dentro de criterios como son la interacción a distancia y la posibilidad de convivir simultáneamente con acontecimientos globales. El mundo asiste a una nueva geografía de sus culturas bajo presupuestos comunicacionales que han hecho replantear de nuevo qué significa lo público hoy, como algún hito garante desde donde todavía, a pesar del lento retiro del Estado de varias de sus misiones sociales, es posible pensar en un espacio colectivo no valorado por intereses personales económicos o de otra índole, y donde la sociedad puede descansar y proyectarse como ente, resguardado éticamente y valorado estéticamente (Sevilla 2005).

En los estudios de ciudades imaginadas se ha preferido revalorar lo público sobre lo global, pues lo que interesa de lo planetario en los imaginarios apunta con mayor nitidez a lo que es de todos, lo que puede verse como una decisión igualmente estratégica frente al desgaste y la trivialización del término global (Bogotá 1999 (a)). Las ciudades imaginadas, además de proponerse como lo que está al otro lado de la globalización, atendiéndola, sí, pero asumiendo mucho más las expresividades locales, entran más de lleno en una reflexión acerca de lo público hasta hacer surgir la pregunta central que nos interesa: ¿cómo se relacionan los imaginarios con los nuevos espacios públicos ya no sólo territoriales sino culturales? Los imaginarios, desde esta perspectiva inicial, corresponden a la imagen pública que hacen los ciudadanos de la ciudad, y, entonces, los imaginarios urbanos aparecen como hechos públicos que urbanizan. Si lo urbano es el espacio público y si éste no es "un lugar sino un tener lugar de los cuerpos que lo ocupan" (Delgado, 2007: 13), los imaginarios serán su construcción ciudadana. Los imaginarios, en consecuencia, se ejercen como hecho público, y lo público es a su vez el gran imaginario del "encuentro de todos sin destruirnos" (García-Canclini, 1999: 230). De esta manera, hay vasos comunicantes que determinan y que nos van clarificando el objeto de estudio: no se conciben imaginarios individuales y no hay construcción pública si éstos no van más allá de lo íntimo y lo privado.

20 *Metodología de imaginarios urbanos: hacia el desarrollo de un urbanismo ciudadano*, CAB, 2004.
21 *Imaginarios urbanos*, Arango Editores (5.ª ed. ampliada y corregida), 2006.

El estudio posterior de las ciudades imaginadas que saldría de los imaginarios urbanos de América Latina, parte de lo concebido metodológicamente en *Imaginarios urbanos* **(figs. 20 y 21)** para buscar, como proyecto para un sub-continente, y como una de las primeras ocasiones en su historia moderna, los significados urbanos comparados de esta gran región geográfica y cultural.[2] Se vincularon al estudio la mayoría de las ciudades capitales del sub-continente para aplicar la misma metodología a un enorme campo de estudio. Esta extensa aventura cultural desarrolló el proyecto "Culturas urbanas en América Latina y España desde sus imaginarios sociales", que duró varios años (Bogotá, Buenos Aires, Caracas 1999 (b)-2005) y que obtuvo varios resultados todavía en proceso de evaluación, a la vez que nos permitió tener a la vista distintos y amplios croquis ciudadanos con los cuales mostrar, mediante diagramas, modos de ser urbanos que fueron surgiendo como definitorios de un carácter regional.

Para abordar su estudio, cada ciudad fue dividida en tres planos de trabajo siguiendo el modelo teórico de los *imaginarios urbanos* inspirado en la concepción trial del pensamiento –que encontramos tanto en el psicoanálisis freudiano como en la lógica peirceana–, y que dio origen a la metodología de los imaginarios (Bogotá 2004): la ciudad, los ciudadanos y los otros. En primer lugar, la ciudad es entendida como una cualidad donde los habitantes tejen la potencialidad de ser ciudadanos; en segundo lugar, los ciudadanos son entendidos como sujetos que

2 Este proyecto nace por iniciativa del Convenio Andrés Bello (CAB), de la Universidad Nacional de Colombia y de varias instituciones de América y de España. En su desarrollo, ha logrado una importante participación de veinte organizaciones académicas y de sectores culturales internacionales que dieron su apoyo (véase el listado anexo en págs. 94 y 95), a la vez que ha llegado a vincular a unas 400 personas, entre investigadores, co-investigadores, productores, digitalizadores, asistentes y realizadores visuales.

empiezan a germinar dentro de la ciudad: la ciudad se hace "real" porque hay ciudadanos que la habitan, la realizan, la actualizan. Mientras que la otredad es un tercero de enlace, un puente que conecta lo primero con lo segundo y corresponde a la misma percepción social que buscamos descifrar en cada estudio. La ciudad, desde este punto de vista lógico, es tres. Como el mundo lo es en tanto hecho de conocimiento. Esa condición de análisis interpretativo la llevamos a los seis grandes campos metodológicos: los de trabajo de campo en estadísticas cualificadas de percepción grupal, las técnicas de recolección de narraciones urbanas, la semiótica de la imagen de la ciudad en los medios, las enunciaciones de la ciudad imaginada en las obras literarias y artísticas por periodos históricos, la recolección de objetos urbanos como iconografías citadinas y la de archivos de la producción sonora, visual y audiovisual. Los formularios que se aplican o las fichas donde se reseña la información visual se dividen, a su vez, en tres partes donde se indaga por la ciudad, los ciudadanos y los otros: aquellos con los que se compara y se relaciona la percepción ciudadana en las otras ciudades de América Latina. Las narraciones se recogen de la misma manera averiguando la construcción del otro en los medios de cada ciudad y en relatos urbanos.

El material visual se establece sobre distintas fuentes de origen. Archivos de fotos de objetos según lo que nos señale el trabajo estadístico sobre los entornos y los iconos urbanos seleccionados por los ciudadanos **(figs. 22 y 23)**. Elaboración de visitas y paseos que hacen los investigadores para recoger y armar colecciones de postales **(fig. 24)** y de otros objetos de circulación pública o privada (álbumes de familia, carátulas de discos, publicidades, etcétera), de donde se puedan deducir formaciones imaginarias en distintos periodos históricos que pueden ser intervenidas por nuestros equipos **(fig. 25)**. Por último, la realización de *clips* de muy corta duración (1 minuto) o en formato para TV tipo documental sobre ciudades imaginadas, que denominamos real/ficción (24 minutos), realizados por artistas o estudiantes bajo nuestra orientación, inspirados en algunos presupuestos del llamado arte público y que denominamos "representaciones paralelas" debido a dos razones: por su disposición a concebir nuevos iconos ciudadanos que rivalicen con la iconografía oficial estereotipada, y debido a que los equipos de trabajo buscan en ello detectar y luego realizar y exponer a la circulación pública distintas contra-imágenes ciudadanas. En conclusión, lo que se busca con esta metodología es resaltar el orden imaginario sobre tres situaciones tutelares, que se verán enseguida, y poder cotejar la coincidencia o no de la realidad comprobable con esa otra de mayor envoltura imaginaria. De este modo se avanza en la formulación de la "ciudad

22 "Iconos urbanos de un personaje en México DF", el Ángel de México,
foto de Miguel Ángel Aguilar, 2000.

23 "Icono nocturno de Bogotá-centro", edificio Colpatria a las 12 p.m.",
foto de María Adelaida López Restrepo, 2006.

24 "Icono de sitio de ciudad, Valle de Anhangabau en São Paulo",
foto de Helcio Magalhães, 2005.

BankBoston
CHI
NEC

25 "Tarjeta de Caracas imaginada", intervención del proyecto *Caracas-Case*, 2004.

CARACAS
CCS CCN LPTB

26 *Montevideo imaginado*, Christa Huber y Luciano Álvarez, Taurus, 2004.
27 *Quito imaginado*, Milagros Aguirre, Fernando Carrión y Eduardo Kingman Taurus, 2005.

imaginada" en cuanto categoría de análisis, que todo estudio va a devolver a sus mismos ciudadanos en forma de textos o como resultados que puedan ser asumidos por distintas instancias públicas.

Con el proyecto de *Imaginarios urbanos* adelantado en catorce ciudades de América Latina construimos entonces unas grandes bases de percepción social que nos han permitido ahondar en la producción imaginaria de cada urbe. Por otra parte, nuestro proyecto apunta también a realizar productos creativos que confrontan percepciones con otras representaciones imaginadas por los mismos investigadores. Esta labor interpretativa a escala nos ha permitido, con la publicación de la colección de libros que conforman la serie "Ciudades imaginadas"[3] **(figs. 26 y 27)** y con la producción de distintos materiales audiovisuales,[4] establecer modos de ser urbanos y entrecruzar algunos grandes imaginarios que pueblan la región con ciertos temas urbanos, como son los miedos, los anhelos futuros, las mitologías ciudadanas, los personajes locales y el hastío frente a la clase política, entre otras referencias transversales de amplio reconocimiento ciudadano en América Latina. Pero, igualmente, como actitud metodológica, hemos avanzado en la micro-percepción de cada uno de estos fenómenos en la búsqueda de la comprensión de las personalidades urbanas y en una calificación del concepto de lo público para los archivos como prácticas urbanas contemporáneas.

Esas prácticas de lo público de las ciudades imaginadas se pueden registrar en dos grandes ejes: el "urbanismo sin ciudad" y el "urbanismo ciudadano", que

---

3 En Editorial Taurus, uno por cada ciudad (véase el listado de obras en pág. 94).

4 Muestra de ello es parte de la presentación de este proyecto en la Fundació Antoni Tàpies, que también se puede consultar en la página del Convenio Andrés Bello (CAB) (www.cab.int.co).

se corresponden. El urbanismo sin ciudad lo entendemos en tres aspectos concretos: el de la ciudad larguero descentrada por naturaleza, el referido al menor uso de la ciudad ante una mayor urbanización y en la des-territorialización de la ciudad como consecuencia de desplazamientos ciudadanos.

El urbanismo sin ciudad propio de las ciudades larguero se refiere a esos conglomerados ciudadanos que se dan en espacios donde no hay un centro sino una suma de urbanizaciones distintas, lo cual, si bien es propio de los suburbios norteamericanos (Sorkin, 1992), afecta cada vez más a las ciudades históricas de América Latina que se extienden más allá del centro para obtener un mayor desarrollo metropolitano. Esta tendencia va a la par con una descentralización de sus ciudades, como puede verse en el "desocupamiento" de algunas urbes tradicionales de Estados Unidos –donde una gran mayoría de la población vive en suburbios, con lo que se crea ese fenómeno de urbes alargadas sobre las mismas autopistas–, abandono que, por otras circunstancias, también es notorio en los centros de las grandes metrópolis de América Latina (Ciudad de México 2006).

El segundo aspecto está relacionado con una tendencia mundial que se irá acrecentando con el tiempo: la reducción del uso de la ciudad. Enuncio el fenómeno así: la ciudad se irá desinflando a la par que lo urbano se va robusteciendo como consecuencia de dos determinantes, uno espacial y otro técnico: las ciudades, en la medida de su dotación tecnológica, deben tender a usarse menos en su sentido físico. Precisamente en las grandes metrópolis, por su tamaño mismo, se deja de usar "toda" la ciudad y se usa sólo "una parte". A esto se le conoce como el "poli-centrismo", muchos centros "donde se hace y se consigue de todo". Pero el componente tecnológico se revela a su vez para dar otra estocada a la urbe: no se necesita salir de casa para trabajar, para producir y ni siquiera para consumir o estudiar. El mismo hogar se transforma en oficina o estudio, y éstos a su vez, tal como apuntamos anteriormente, también se vuelven hogares donde se reciben visitas, se come y hasta se duerme o por lo menos se echan siestas. De esta manera se nos aparece un futuro no sólo des-centrado, sino tecnificado e individualista. Por esto mismo se podrá hablar de post-ciudades, pero no de lo post-urbano. No sólo tenemos la casa inteligente, también la ciudad inteligente que promueve y hasta exige ser menos usada para ser más productiva. Por esto, repito, la ciudad se desinfla, lo urbano engorda.

Por último, me refiero a la des-territorialización de la ciudad como consecuencia de intensos desplazamientos ciudadanos. El Instituto Brokings de Política Urbana y Metropolitana de Estados Unidos asegura que entre 1990 y 2000 las cien principales ciudades de Estados Unidos recibieron 3,8 millones de nuevos residentes latinos, lo que representa un crecimiento del 42%, mientras que la población anglo sólo aumentó en un 5% (Doug Peterson, 2001). Hoy, en Estados Unidos se encuentran, si lo consideramos desde una evocación des-territorializada e imaginaria, las segundas ciudades en extensión de países como México, Cuba o El Salvador, pues sus inmigrantes superan en número a los nativos; de la misma manera que en España se encuentra la segunda ciudad de Ecuador o en Nueva York la séptima más grande de Colombia. Esta nueva geografía imaginaria (Sevilla 2002) implica que sus habitantes lleven la patria en sus cuerpos y fantasías ciudadanas, pues nada más mexicano que un mexicano en Estados Unidos o más ecuatoriano que un ecuatoriano en Madrid. Y, paralelo a lo anterior, la des-territorialización emerge en los nuevos fenómenos mundiales que presenciamos en el siglo presente y que surgen por infinidad de motivos, como conflictos internos, guerras, terrorismo o hambrunas, los cuales conllevan a crueles desplazamientos o reubicaciones temporales de grandes poblaciones que reorganizan las geografías ciudadanas. Esto es, nos encontramos ante la pérdida de un espacio concreto llamado región o país para unas también concretas formaciones culturales.

Junto al fenómeno del urbanismo sin ciudad, se va desarrollando una toma de conciencia hacia un nuevo "urbanismo ciudadano", subrayado desde el comienzo de estas páginas, que vive las ciudades según las percepciones que los habitantes hacen de ellas, donde las miradas grupales producen los nuevos croquis ciudadanos y desde donde se puede pensar en conquistas sociales basadas en deseos subversores de los habitantes de cada ciudad, en una lucha por imponer otros imaginarios a los hegemónicos (Copenhague-São Paulo 2004).

Todo lo anterior nos permite proyectar una ciudad futura en abierta rivalidad entre el urbanismo ciudadano y el corporativismo de su privatización, entendido como el propio de la ciudad en cuanto a inversión inmobiliaria y especulación mercantil, embellecida y funcionalizada para el turismo o dispuesta a la venta de todo a la vista y en la que lo público se intercambia por lo global y funcional. Un nuevo urbanismo ciudadano buscará, mediante distintas estrategias de base estética, una nueva ética de convivencia, mediante la ampliación de lo público y un renovado urbanismo que pretende cambiar la misma forma del urbanismo arquitectónico y donde todo no está a la vista ni a la venta. Un nuevo urbanismo ciudadano deberá ir exigiendo que nuevos fenómenos sociales se materialicen en otras construcciones y otras materializaciones de sus entornos. Ése es el valor de los imaginarios urbanos como representación del futuro. Y ésa es, quizás a un tiempo, la dimensión política anhelada de un proyecto pensado en rigor como hecho estético.

Para cerrar el objeto de los registros urbanos concluimos la existencia de tres situaciones tutelares que sostienen el modelo de la ciudad imaginada y que hemos aislado en las siguientes fórmulas, que a su vez señalan los procedimientos de archivo de estos estudios.

Situación 1, que represento en la fórmula Real-Imaginada (R>I): un objeto, un hecho o un relato existe empíricamente pero no es usado ni evocado, como en el caso indudable del centro de la ciudad de Montevideo, donde los autores de *Montevideo imaginado* comprueban que "sólo existe en la realidad" y no en el imaginario para la mayoría de la población, que ni lo visita ni lo nombra siquiera. En este mismo nivel también ubico los recorridos por la historia de aquellos lugares que aun siendo ciertos no figuran en los mapas, como se muestra en *Buenos Aires imaginado*, ya que sólo existen en el imaginario popular.

Situación 2, que represento en la fórmula Imaginada-Real (I<R): cuando un hecho, un objeto o un relato no existe en la realidad comprobable pero se imagina como realmente existente. Un olor nauseabundo en la calle Hidalgo de México DF, que ya no existe porque fue canalizada la alcantarilla por donde salía y que los ciudadanos siguen percibiendo, es recogido como relato urbano y así archivado en el proyecto.

Situación 3, que represento en la fórmula Real-Imaginada-Real (R>I<R): la percepción colectiva coincide con la realidad empírica. En este caso cito los (tres) lugares de Bogotá en los que se detectó un mayor índice de criminalidad, que en los planes del gobierno de la ciudad, según las estadísticas de la policía (en el año 2000), coincidían con los que la población imaginaba como tales en nuestros estudios (Bogotá 2003). Pero puede suceder lo contrario: en Caracas, al cotejar los mismos estudios, los de base imaginaria y los de constatación empírica, comprobamos que los lugares que los ciudadanos percibían como los (tres) más peligrosos no eran los mismos donde se cometían los crímenes (Caracas 2004). En este caso se daría la situación 2, es decir, se imagina pero no es constatable en la realidad empírica.

De esta manera hemos fortalecido el paradigma de la ciudad imaginada para referirnos entonces a aquella ciudad que construye el urbanismo ciudadano, bien porque existe pero no se imagina que existe, bien porque sí se imagina y usa o evoca aun cuando no existe, o bien porque existe y se imagina y se usa como existe. Con esta modelización se hace ver que lo imaginario no es irreal o sólo describible como hecho en la fantasía. Lo imaginario es constructor de la realidad social y, por consiguiente, debemos más bien explicitar el proceso por el que se "encarnan" los imaginarios sociales en los entornos físicos de la ciudad y así proyectarlos como expresión de culturas ciudadanas.

Cabe aclarar, según lo anterior, que en la ciudad imaginada que subyace a todo urbanismo ciudadano existen hechos que dan un mayor margen para la producción o encantamiento imaginario que otros, de modo que los imaginarios aparecen como conjeturas sujetas a permanente transformación, como un término en irrevocable expansión que avanza hasta cubrir toda la mentalidad urbana, hasta convertirse en la base de una epistemología ciudadana, de sus saberes y de sus pasiones. Las relaciones de lo imaginario con lo simbólico en la ciudad se dan, entonces, como principio fundamental en su percepción: lo imaginario utiliza lo simbólico para manifestarse y cuando la fantasía ciudadana hace efecto en un simbolismo concreto (rumor, chistes, representación de catástrofes y tantas evocaciones ciudadanas sobre seguridad, trabajo, etcétera), entonces lo urbano se hace presente como la imagen de una forma de ser.

Examinemos ahora, bajo lo dicho acerca de cómo se "encarna" la ciudad imaginada, un tema urbano, quizás el de mayor consistencia en el urbanismo cultural de América Latina, los miedos en la ciudad, con el fin de ver en ello nuestro acercamiento como micro-proceso de estudio según distintos puntos de vista urbanos y según los modos de fraccionamiento perceptivo que exigen estos estudios. Y luego no un tema, sino muchos que se entrecruzan en los distintos archivos urbanos, los denominados "polvos de ciudad", a manera de epílogo de la ciudad imaginada que estamos ubicando.

Se puede deducir una gran variedad de modos de referenciar los miedos y vivirlos en distintas ciudades, así como el hecho de ver el miedo como objeto desplazado y residual: mientras que en Caracas o en Lima domina el miedo al asalto callejero y en residencias privadas, que lleva a modificar las fachadas de los edificios (**fig. 28**), en São Paulo y en México DF el miedo toma cuerpo en el denominado "secuestro *express*"; en Santiago destaca en cambio el miedo a la represión, en Buenos Aires se da el pánico económico, y en La Paz el miedo a que se "tapone" la única calle que cruza la ciudad de lado a lado —la avenida El Prado—, mientras que en Quito se magnifica el temor a que explote el volcán Pichincha, que los ciudadanos ven todos los días ante sí. Pero a su vez el miedo como categoría urbana permite ser estudiado desde los distintos "puntos de vista ciudadanos" de cada ciudad (según escalas de percepción social, edades o género, entre otros puntos de vista urbanos (Bogotá 2004)). De este modo, desde el "punto de vista social", se aumenta en DF el miedo —según *México DF imaginado*—, entre los usuarios del metro, a "ser

28 "Miedo con fachadas de rejas", Caracas, foto de archivo del proyecto *Caracas-Case*, 2004.

absorbidos por la multitud y desaparecer tragados por ella"; o en Bogotá, en una calle ejemplar como es la Carrera 10, si se analiza según el "punto de vista de género", descubrimos que es percibida como peligrosa por las mujeres de entre 15 y 45 años –para quienes está connotada principalmente con el temor al asalto sexual–, mientras que no hay marcaciones de tal peligro entre hombres, por lo que se propone la hipótesis de las "asociaciones al peligro" (en esa calle) del género femenino.

Se puede admitir que los miedos cambian según el tiempo y los lugares en relación con las amenazas que imperen y por tanto serán distintas sus construcciones y representaciones sociales. Aunque los especialistas distingan entre el "miedo a la noche" –a lo ancestral (tinieblas, monstruos, demonios)– y el "miedo en la noche" –lo cultural (crímenes, asaltos, secuestros)–, los unos y los otros responden hoy a una fusión histórica que, al contrario que en siglos pasados, tiende a ser de mayor cultivo imaginario, esto es, cultural, en las ciudades. La ciudad como lugar del monstruo, imagen que es alimentada de modo frecuente por medios y canales periodísticos. La relación "ciudad-miedo-noche" se torna caldo de cultivo en las ciudades estudiadas.

Si retomamos entonces la noche y le anteponemos la variable "miedo en un lugar específico", en los centros de las ciudades, por ejemplo, hemos encontrado una constante: los ciudadanos de América Latina desocupan los centros históricos en las horas nocturnas (a partir de las nueve de la noche) por miedo a que su integridad sea atacada o a que se generen conflictos entre los distintos sectores que los ocupan (Ciudad de México 2006). De modo que en Quito, durante el día, usan el centro 350.000 ciudadanos, y en la noche 75.000, a la vez que en el DF de día hay más de cinco millones y en la noche un millón, y lo mismo

29 *Polvos de ciudad*, La Balsa
Libros, 2005.

ocurre en Lima, Quito, Asunción, Santiago, Caracas, Bogotá, São Paulo y Ciudad
de Panamá, y hasta se extiende esta constante a la misma Buenos Aires (Ciudad de
México 2006).

Si los miedos significan un poderoso imaginario que mueve a actuar y a
pensar el uso de la ciudad con el fin de evitarlos, con la expresión "polvos de
ciudad" nos referimos a situaciones vitales que aluden más a distintas maneras
de abordar lo urbano antes que a la misma ciudad. "Polvo" significa lo más efímero
porque (casi) no se ve y también lo más urbano por ser residuo de ciudad y así
su faltante. "Polvo" significa lo que está sin estar pero nos promete que puede ser:
desde la vida que sin duda será polvo —en eso nos convertiremos—, desde lo que
se puede hacer aparecer —como los polvos de la magia que hacen ver lo increíble—,
o desde el polvo como droga urbana que se esnifa, hasta el polvo como coito
cierto o promesa del polvo imaginado con que todas y todos los ciudadanos sueñan
para ser felices —al menos por algunos momentos tan fugaces como la palabra
que lo designa—. Así fue como la prologuista de esta publicación lo entendió y lo
presentó: "Pocas palabras tan volátiles, tan menudas, tan livianas y al mismo tiempo
tan contundentes y abarcadoras como 'polvo', que, al ser usada como calificativo
de ciudad, nos prepara metafóricamente para un encuentro con lo evanescente,
casi invisible y a la vez perennemente presente en nuestro diario vivir urbano"
(Restrepo, 2005: 5).

Los *polvos de ciudad* (Bogotá 2005 (b)) **(fig. 29)** pueden ser transversales al
trabajo de investigación sobre imaginarios urbanos, con mayor exactitud, en su
lado periodístico, y por eso los reservamos para este final. Transversales, pues en
ellos se reúnen las columnas publicadas bajo el epígrafe "Ciudad Imaginada"
en el periódico *El Tiempo*, de Colombia, entre 1988-2004, al tiempo que se hacía

30 *"Modelo como polvo",* Medellín, foto de archivo de *El Tiempo*, 2003.

investigación de campo. Por medio de relatos o crónicas, se buscó, semana a semana, ir registrando el acontecer urbano desde los ciudadanos, pensando al inicio que ellos habitaban las urbes, pero comprendiendo luego que, como ciudadanos, somos habitados por los mismos sentimientos que dominan la psicología social. Por esto al repasar los *polvos* se podría ver no sólo la transformación misma de los ciudadanos en sus deseos y anhelos, sino también cómo se va perdiendo la ciudad en favor de lo urbano: los *polvos* urbanizan. Uno de los temas que surgió como *polvo* dominante en el pensar y en el imaginar ciudadanos fue el mismo cuerpo, a la postre convertido en uno de los imaginarios globales de mayor jerarquía en el diario vivir urbano (Copenhague–São Paulo 2004). Pero afinando más se puede ver cómo el cuerpo, en la imagen e ideal de bello y perfecto, se va liberando de su peso al ritmo de lo urbano en exigentes dietas, se va martirizando con esforzados ejercicios en lugares especializados —los gimnasios—, se va tecnologizando en sus modos de trabajar o relacionarse con los demás, o bien, finalmente, se va duplicando en las industrias del placer o en la medicina o en la ciencia. De modo que el cuerpo es *polvo* urbano **(fig. 30)**. Pero lo decimos apenas como modelo, pues fueron surgiendo en las columnas semanales distintos *polvos* (turismo, fútbol, guerras, telediarios, etcétera) que nos ayudaban a entender el profundo parentesco que guardaban con los imaginarios en su capacidad de ser en su invisibilidad urbana. Por esto los archivos de los *polvos* se parecen mucho a lo que no está pero se desea.

2 LOS IMAGINARIOS URBANOS COMO TEORÍA DEL ASOMBRO SOCIAL

Imaginarios, inscripción psíquica, social y técnica

Como resultado de esta larga experiencia de análisis hermenéuticos sobre trabajos de campo en esta investigación sobre culturas urbanas en América Latina, pude ir distinguiendo tres niveles en la captación del imaginario social, los cuales —me apresuro a aclarar— interactúan a un tiempo para integrar como conjunto la base de una teoría: la inscripción psíquica, la social y su técnica de representación.

En primer lugar, lo imaginario como inscripción psíquica en la perspectiva de una lógica psicoanalítica en las representaciones sociales. En este nivel se plantea el valor del croquis, la representación afectiva, sobre el objeto referido. La inscripción psíquica del cuerpo, para citar un ejemplo de los psicólogos cognitivos, permite comprobar que si perdemos un órgano, por ejemplo una mano, podamos sentirla presente e incluso padecer su dolor, pues la inscripción psíquica transporta sus efectos de realidad y la mente *hace cuerpo*. Lo mismo pasa en los croquis urbanos: en La Paz, la absurda e "increíble" separación (política y administrativa) y la consiguiente eliminación del mapa real del sector llamado El Alto (*La Paz imaginada*), no hace que la mayoría de ciudadanos lo perciban como una ciudad distinta, sino que siguen visualizando su unidad. Los croquis afectivos en este caso *hacen cuerpo* sobre la ciudad real.

Lo imaginario como manifestación de lógicas sociales inconsistentes. Según la división establecida entre culturas gramaticalizadas y textualizadas (Lotman, 1969; Bogotá 2005 (a)) —las primeras regidas por sistemas de reglas explícitas y manifiestas, y las segundas establecidas por repertorios de ejemplos y de comportamientos—, se evidencia en las primeras la ley explícita, como un código de derecho o de estudios sociológicos; mientras que en las segundas, las textualizadas, la sociedad misma de modo implícito genera no sólo sus leyes sino la forma en que éstas deben ser leídas. Es en este punto donde considero que las lógicas inconsistentes (que poseen una feliz homofonía y referencialidad con *lo inconsciente*; es decir, que lo inconsciente no está suficientemente estructurado como ley explícita) corresponden a lógicas de culturas textualizadas, y en esa misma dirección la fantasmagoría urbana participaría de tales lógicas. Para nuestros estudios es un principio operativo que lo que se imagina colectivamente como realidad pase a ser la misma realidad socialmente construida. Por esto avanzamos, mediante algunas metodologías propuestas para tales fines, hacia la reconstrucción de escalas perceptivas de distintas emociones, como olores, ilusiones o recuerdos colectivos **(fig. 31)**, que forman parte de los archivos urbanos imaginarios de comienzos del siglo XXI. La metodología de los imaginarios

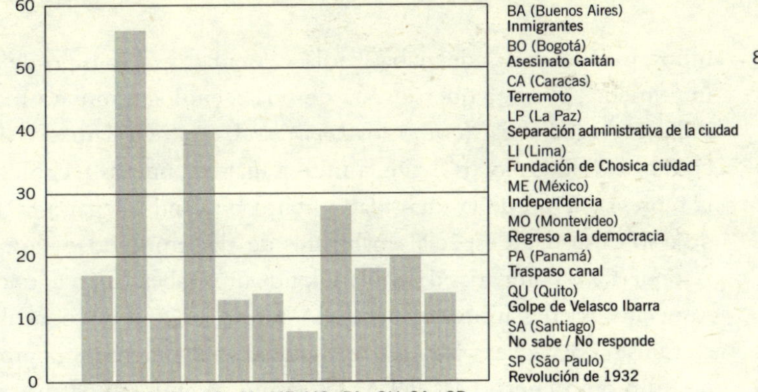

31 Acontecimientos según memoria ciudadana en varias ciudades.

urbanos ahonda, por eso mismo, en procesos de micro-percepción, y las urbes se tornan objeto de máximas calificaciones con el fin de localizar los puntos de quiebra donde la investigación nos anuncia algún punto en el desarrollo de sentimientos sociales que sean significativos en la construcción del urbanismo ciudadano en cada ciudad.

Pero los dos niveles referenciados en la condición ontológica, la inscripción psíquica y la social, encuentran en su dispositivo técnico el *arché* de su mecanismo, su expresividad. Lo cual, más que una precondición cognitiva lo será de su condición perceptiva. Se trata de lo imaginario asociado a las técnicas que van a actuar como medio para representar, como creador de tipos de visión, lo que exige entender cómo cada época construye sus percepciones dimensionadas desde tecnologías dominantes y cada una permitiendo reconstruir el mundo desde su misma condición inherente: así es como la fotografía desarrolla un concepto de identidad moderna desde el siglo XIX, el cine un tipo de sueño en estado de vigilia y una industria de relatos audiovisuales en el siglo XX, o Internet un pensamiento asociativo y en red en una geografía sin espacios y más bien temporalizada en el nuevo milenio. En este nivel perceptivo de captación de los procesos imaginarios se abre un importante parangón entre lo virtual y lo imaginario, entendidos ambos como realidades emergentes. Pero mientras que en lo virtual se trata de la creación de programas de simulación que generan nuevas realidades independientes de los sujetos perceptores, en los imaginarios es desde los sujetos que se construyen mundos mientras se percibe. De modo que lo virtual construye imaginarios sociales, pero no todos los imaginarios tienen origen virtual. En el paso de la foto análoga a la virtual, como lo vimos en *Álbum de familia*, una nueva tecnología, la digital, borra la representación de unos sujetos, los más viejos, y privilegia a otros, los niños, mucho más "adecuables" a la velocidad y al tiempo de lo audiovisual y lo multimedia, a la vez que se trata de una tecnología mucho más sensible a las industrias mediáticas (como los *homevideos*, también llamados de modo visionario como los "vídeos locos"). De la misma manera, nuevas tecnologías van cambiando la representación de la identidad pública buscando llegar a la "verdadera" imagen de uno mismo, en especial en lugares de alta emotividad, como por ejemplo en aeropuertos o comisarías de policía, donde urge saber quién es uno (como ciudadanos sospechosos en tránsito). Y para ello la foto, poco a poco, va dejando de cumplir esta misión de certeza para ser reemplazada por una muestra proveniente de marcas de mi propio cuerpo, las del ADN, como ya apuntamos anteriormente.

Un texto póstumo de M. Macluhan sobre las leyes de los medios subraya que cuando un área de la experiencia se intensifica otra queda bloqueada: el bolígrafo, por ejemplo, convierte en caduca la pluma de tinta. Cada tecnología llevada al límite de su potencial invierte sus características y se transforma en algo nuevo; así, por ejemplo, la fotocopiadora avanza hasta hacer duplicados que superan y eliminan el uso del papel carbón, pero con ello se revierte y se posibilita el plagio o la burla a los derechos de autor (Piscitelli, 2005: 124). A esto mismo se debe, seguramente, que cuando aparece cualquier nueva tecnología llegue con visos de asombro y magia, como han demostrado quienes estudian cuál era el ambiente social predominante cuando se inventó la radio, el teléfono, la fotografía, el cine o la televisión: sencillamente eran objetos increíbles. Esta capacidad de asombro, así pues, exalta su poder imaginario y demuestra la continuidad psicológica entre el pensamiento pre-científico y la tecnología moderna. La tecnología, entonces, sirve de gafas a los imaginarios urbanos.

Imaginarios urbanos y estrategias estéticas

Dentro del avance del proyecto de culturas urbanas se han añadido a las condiciones estructurales de la definición de los imaginarios —lo psíquico, lo social y lo técnico— nuevos elementos de una retórica expresiva que nos parece lo cualifican como imagen pública, puesto que aquello que denominamos imaginarios urbanos posee la condición social de "producir asombro". Hay producción de imaginarios allí donde una función estética se hace dominante, pero no como arte sino dentro del proceso de las interacciones sociales. Y la diferencia de la producción del asombro entre el arte y lo social es, a mi entender, una: en el arte lo estético está vinculado a la esfera del gusto, del placer o de la inteligencia emotiva, mientras que en la "interacción social" se trata igualmente de un juicio emotivo pero sobre

32 "Caballo fantasmal por calle urbana", Bogotá, foto de María Adelaida López Restrepo, 2005.

la convivencia colectiva. Y esa interacción sucede como congestión, quizá como embrollo, ya que justamente se trata de fuerzas psicológicas de una colectividad —en buena parte emancipadas en su percepción de juicios lógicos comprobables—, que en la medida en que van tomando forma en su circulación social hacen dominante la sensación de asombro sobre la referencialidad al objeto que las provoca. En el arte, los imaginarios están libres de reconocer una convivencia social aunque éste encierre unos contenidos políticos explícitos, como lo destacan las obras o *performances* del arte público, dispuestos para que los ciudadanos actúen. En los imaginarios urbanos, lo estético es parte del cuerpo vivencial de cada sujeto de la colectividad, son verdades asimiladas como parte de una existencia y por tanto se reacciona ante ellos como se hace ante una certeza de identidad. Es la manera como las palabras o las imágenes —de donde el sujeto constituye las categorías imaginarias— se vuelven acción y se transforman en programas de vida urbana, que son precisamente nuestro objeto de estudio. Por ello cabe esta descripción al respecto: los imaginarios urbanos estudian los programas sociales donde la función estética se hace dominante como modo de percibir y de actuar una colectividad. En la foto **(fig. 32)** se puede "ver algo asombroso", un caballo desbocado en pleno centro de una ciudad (que la torna fantasmal transitoriamente): situaciones similares hacen que este tipo de objetos que concitan una alta capacidad fantasiosa sean privilegiados en nuestro estudio.

Creo entender que esta dimensión de los imaginarios bajo la condición de asombro se produce mediante las estrategias del desplazamiento y del residuo (Sevilla 2006). Esto conlleva dos operaciones: una cognitiva y otra disciplinaria. En primer lugar, el desplazamiento, como hecho de cognición, donde la valoración simbólica que estaba en un objeto o formaba parte de una operación estética se desplaza

33 "San Ismael protegiendo a la Virgen", iconografía popular venezolana, foto de Dina Bromberg, Maracaibo, 2005.

hacia otro y se presenta con nuevas propiedades que asombran. Estas verdades sociales de los imaginarios no pueden captarse más que de manera derivada, donde lo uno pasa a lo otro manteniendo su sentimiento que le dio origen. Por ejemplo, un recuerdo ciudadano asociado a una desgracia fatal se desplaza por analogía de los hechos a otra desgracia y la vaticina como fatalidad encadenada: los autores de *Santiago imaginado*, siguiendo los resultados de las estadísticas proyectivas, descubren que el miedo histórico a los terremotos de esta ciudad tiene para sus ciudadanos un potencial de asociación desplazada con otro terremoto de origen humano, la dictadura del general Pinochet. El fenómeno Pinochet, originado en un momento crucial de la historia de Chile, pasa a habitar con fuerza la memoria de un continente y a ser materia simbólica que permite la comparación entre lo que pasó y lo que está por venir, con lo que se establecen varias metáforas y de ahí desplazamientos imaginarios incluso en representaciones visuales. Un claro caso de desplazamiento visual lo encontró un analista (A. Uribe, 1999: 108), en una manifestación, al descubrir el retrato de Pinochet rodeado de velas y representado como si fuera la Virgen del Carmen pero con un uniforme, y dominado por la inscripción de "¡Inmortal!". Se trata de algo que excede la "psique individual" y que muestra estallidos inconscientes que desembocan en manifestaciones colectivas de irracionalidad así como en, digamos, "terremotos ciudadanos". Hablamos de pulsiones, fantasmas que no toman fácilmente forma racional. La religiosidad popular se torna objeto especial de observación, puesto que allí los imaginarios habitan bajo innumerables modos de representación y se crean hasta batallas entre protagonistas, como la que se observa en la iconografía venezolana de la ciudad de Maracaibo entre los santos del cristianismo y los héroes del hampa santificados para la protección de los cristianos **(fig. 33)**, donde el desplazamiento cobra su excelencia expresiva.

34 "Maradona encarnado en imaginario del tango", Buenos Aires, foto de archivo de *Imaginarios urbanos*, 2005.

La misma operación desplazada aparece en *Buenos Aires imaginado* cuando sus autoras concluyen que no hay otra figura que absorba y evoque imaginarios dominantes como lo hace Carlos Gardel. En la imagen de Gardel se encuentran varios desplazamientos que ayudan a la construcción de su mito, entre los cuales figura su muerte prematura, que deja imborrable la imagen de un joven que no envejece y que enamora a todos los porteños. Pero, últimamente, al convertirse Buenos Aires en el destino turístico por excelencia del sur de América, ha ocurrido otro desplazamiento en Gardel: el seductor que enseña a bailar tango y ama a todas las mujeres de fuera que van a visitarlo, recibiéndolas en las calles y otros recorridos urbanos, dejando al descubierto esa poderosa y conflictiva relación entre turismo e imaginarios urbanos (Barcelona 2004) —expresada en una "tangonomía" visual que todo lo envuelve—, hasta otros mitos ciudadanos, como al futbolista Maradona a quien reencarna **(fig. 34)**. En el tradicional sector del recuperado barrio del Abasto, en uno de nuestros paseos de observación por la ciudad, encontramos anuncios que prometen una noche especial donde el verdadero Carlos Gardel no faltará a la cita. Lo más significativo es que la promesa de "presentar al verdadero Gardel" resulta cierta, pues este doble en verdad no canta, simula hacerlo y la voz es la del verdadero Gardel, sacada de sus propias grabaciones con sofisticadas pistas de sonido que en lugar de distorsionarla la reproducen con una fidelidad asombrosa (Ciudad de México 2005).

En segundo lugar, en cuanto a objeto disciplinar, me refiero al residuo, porque este nuevo campo de los imaginarios estudiará algo que queda fuera de las disciplinas consolidadas que tienen objetos de estudio muy definidos, como son la sociología, la antropología o el urbanismo, si bien ellas forman parte de su patrimonio epistemológico. Pero también entendemos residuo como cognición, puesto que su objeto de estudio es un resto que no estudian los análisis de sistemas de organización social o sus culturas como objeto definitorio de su campo. Los imaginarios urbanos se ocupan de algo más efímero e inasible, de los deseos ciudadanos que hacen mella grupal y se instalan como modos de ser de una comunidad en un momento o por largos periodos de tiempo, lo que produce la familiaridad con la misma historia y el que ésta se entienda en su condición de "historia de mentalidades". Pero ¿se puede hacer de los deseos, expresiones individuales, una dimensión de lo social que sostenga esta hermenéutica de los imaginarios? ¿Desde dónde y cómo concebirla?

Destacar algunas relaciones entre el pensamiento psicoanalítico y la lógica trial contemporánea puede servirnos de soporte para la búsqueda mencionada; se quiere evidenciar ese punto donde la lógica del pensamiento salga a producir efecto en lo social así como su efecto contrario: lo social que se hace parte de una lógica del pensamiento individual y grupal. Según el mismo Freud, mientras no tratemos sino de recuerdos y de representaciones no habremos pasado de la superficie en cuestión; los "deseos humanos se orientan predominantemente hacia el porvenir" (Freud, 1906: 1.285), y por tanto no necesariamente concuerdan con sus representaciones presentes, por lo que avanzarían, en palabras de hoy que agrego, a una producción imaginaria. Esta situación de no concordancia es una constante en sus lecciones anteriores sobre la afasia y en *Proyecto de una psicología para neurólogos* (1895), en cuanto que la representación de las palabras y las sensaciones kinestésicas no concuerdan con la representación de la cosa. A sus investigaciones, en realidad, habría que otorgarles el mérito, en este punto, que lo llevó a "reconocer una desnaturalización del objeto por efecto de la no concomitancia entre la representación de la palabra y de la cosa" (J. Uribe, 2002: 3), algo que cobra su mayor aliento en su sagaz descripción del sueño como un "jeroglífico" –expresión de por sí bastante reveladora, por su doble faz entre el deseo y su representación desplazada–. El "retorno de lo reprimido", una de las tesis reconocidas del pensamiento freudiano, en especial en lo referente a las "impresiones reprimidas" a las que se halla adherido el sentir afectivo del individuo, nos enseña igualmente otra analogía con los imaginarios como memoria compartida de grupo que, en la operación del desplazamiento antes descrita, vuelve a unir a otra represtación lo que se creía sepultado en el pasado. Quizá la misma figura del síntoma freudiano sea con especial preeminencia aquello que nos interesa revelar en la relación mente-cuerpo encarnado: encarnación de un trauma mental en una parte desplazada del cuerpo. Los estudios lógicos de Peirce también llegaron, precisamente, a concebir los índices como signos análogos a los síntomas (Charles Peirce: vol. 6, 338), y por tanto esos signos-síntomas se refieren —como destaqué en mi estudio— a un objeto que es realmente afectado por un signo (California 1996: 105).

Pero ¿existe una posible relación entre la representación de superficie freudiana con la lógica trial de Peirce? Para Peirce, fijémonos, la representación corresponde a la expresión misma de la *terceridad*, lugar ontológico de toda simbolización. Es en esta *terceridad* donde es posible pensar el paso del signo —como entidad psíquica— a la acción —como ente social—, que en la arquitectura peirceana se va a entender como un "cambio de hábito", dando lugar a lo que estudiosos de esta filosofía ven como pragmática social, donde este "interpretante lógico último va a situar la semiosis referida a la realidad y no como un mero proceso mental" (Restrepo, 1993: 127), o bien como el sostén de una antropología simbólica, cuando para Peirce "el conocimiento y la realidad son traídos como homólogos a través de la mediación semiótica de la *terceridad*" (Mertz y Parmentier, 1985: 232). Sobresale algo a la vista: la realidad es del orden de la representación, construcción del lenguaje y de otras representaciones.

Mientras que, de otro lado, el orden imaginario, a diferencia de lo real concreto, permanece reactivando toda representación. Mientras que la representación corresponde a la *terceridad*, al orden de lo sígnico, lo imaginario nos habla más bien del "hacer realidad". De modo que lo imaginario en Lacan (1960), quien se inspira en Peirce, corresponde a la relación de esa potencia de ser con el objeto —segundidad—, del que se agarra para la producción simbólica. El imaginario se constituye en el "cemento invisible" de toda representación. En lo que encuentro una íntima relación con una de las maneras de abordar su imaginario radical por parte de uno de sus estudiosos, Castoriadis, cuando lo describe así: "Su modo de ser es un modo de no ser" (1985: 245). Y, por esto mismo, el imaginario social es "más real que lo real", actuando ese orden imaginario como activador y detonante de la percepción social. El imaginario es de otro orden distinto del puramente racional, se trata de una manera de conocer y de sentir al mismo tiempo, y por esto cabe usar una frase determinante para calificarlo: es una teoría de los sentimientos y de su expresión colectiva.

En estos estudios se trata, entonces, de *desenganchar*, para entender de otra manera lo que tenga que ver con el sentido lógico deductivo anteponiendo otras imágenes cognitivas o sensoriales. En rigor, más que ser la consecuencia de una *episteme*, con los estudios sobre los imaginarios avanzamos hacia una teoría del conocimiento donde lo emotivo y lo sensorial, el recorrido de lo "deseante" (en participo activo) marca una ruta entre psique y representación de una particular dimensión. Quizá más que una *episteme* sería su fusión con lo *aisthetikó*. Las certezas se desvanecen, el sujeto no se reduce al conocer (como proyecto de la ciencia), se amplía la incertidumbre y se reorganiza, diría que estéticamente, la mirada ciudadana. Esto mismo ocasiona una fusión y es la identificación del sujeto con su objeto. El sujeto en estado imaginario está en su deseo.

Pero los deseos, cabe destacar, no se expresan de modo causal y consecuencial, sino que son parte de su misma lógica arrebatada, pues "el deseo se nutre ampliamente de sí mismo como deseo" y paradójicamente significa la falta de objeto concreto, tiene sus propios ritmos que suelen ser independientes de los del placer obtenido. De hecho, no tienen ningún objeto, en todo caso ningún objeto real; a través de los objetos reales, que siempre son sustitutos y por esto desplazados e intercambiables socialmente, se persigue más bien un objeto imaginado, y por ello el impulso del deseo "quiere colmar la carencia y al mismo tiempo debe de cuidar de mantenerse siempre en vilo para sobrevivir como deseo" (Metz, 1979: 59). Lo que queda claro, entonces, en lo dicho, tras la obra de Kant –de donde proviene la reflexión analítica–, es que el objeto es solidario en su existencia con el sujeto. A saber, que no hay objeto sin sujeto. Esta visión kantiana, retomada por los post-freudianos, llevó a una disolución del objeto como sustancia y problematizó la epistemología. De este modo, digámoslo, el deseo implica demanda de lo social, lo que puede estar en el orden simbólico, pero el deseo como lugar psíquico se mantiene reactivando el orden imaginario. El deseo no puede ser reabsorbido en lo simbólico. Significa el devenir de los sujetos como pasión.

Pero ¿cómo articular, entonces, lo individual, los deseos, con lo social, el orden simbólico? ¿Cómo formar parte de lo común y a la vez ser sujeto individual? Es aquí donde surge la estrategia del "lazo social" (cambio de hábito en lógica, se dijo) y, entonces, ¿cómo vivir con otros, es decir colectivamente, sin que cada cual renuncie a su singularidad? En otras palabras, ¿cómo proyectar deseos hechos colectivos, por coincidencia de objeto anhelado, como una teoría de los imaginarios sociales pensada desde la percepción social? Nos referimos, pues, a un lazo social que se fortalece o se desvanece en la rotación de los deseos ciudadanos, pues bien sabemos que el sujeto en sus deseos tiene una relación conflictiva consigo mismo. Surge aquí la pregunta lanzada por el mismo Freud en una de sus últimas obras: ¿qué nos hace sociables? El miedo a la pérdida del amor, nos dice. Pero no se refiere al amor cristiano de "amar al otro como a sí mismo", lo cual puede ser criticado por la misma conflictividad del deseo como expresión egoísta e individual; se trata del deseo acompañado "con lo más abyecto que lo constituye, con su propia maldad, es decir, con su relación de goce" (Palacios, 2002: 9), de donde se desprende que lo social significa también renuncia. Cuando el hombre pierde el amor del prójimo de quien depende, pierde también su protección frente a muchos peligros y se expone a que el prójimo, más poderoso que él, le demuestre su superioridad en distintas formas de castigos (Freud, 1934: 3.054), que incluyen su exclusión social. Y aquí, en este punto del lazo social paradójico, es donde podemos introducir la formación de los imaginarios sociales como instancia del deseo de encuentro con los otros. Es aquí donde quizá se pueda entender la proposición del crítico cultural danés, Lars Bang Larsen (2004: 40), quien, al preguntarse por la particularidad de nuestro enfoque estético de los imaginarios, escribió: "Se trata de una noción donde lo estético es liberado de su concepción filosófica […] y donde los imaginarios aparecen como fuerza productiva de la vida diaria expresada en narrativas no oficiales que proviene de las prácticas estéticas de los ciudadanos".

Finalmente se podría, ahora sí, intentar una definición de *imaginario*: proceso psíquico perceptivo cuando lo entendemos motivado por el deseo y cuando lo que atendemos no es su representación ni su descarga satisfactoria sino una forma de aprehender el mundo. Si lo que nos interesa es la representación, estamos en el dominio de la lógica; si lo que enfocamos es el cuerpo como tensión del goce y descarga de placer, estamos en el dominio del psicoanálisis. Pero si queremos comprender los modos como aprehendemos el mundo desde una posición de sujetos deseantes, estamos proyectando los imaginarios, lo que incluye tanto el proceso lógico como el hermenéutico y analítico. Pero esa posición deseante ha de ser social, pues los imaginarios han de agregar otra premisa que ya señalamos: son colectivos —y por ello públicos— y se estudian desde sus modos sociales de conocer. En consecuencia, entendemos que los imaginarios urbanos estudian las culturas ciudadanas y que sus investigaciones avanzan hacia la construcción de una teoría del sentir ciudadano como expresión de deseos hechos colectivos por su coincidencia en la búsqueda del mismo objeto. En rigor, son los imaginarios urbanos los que habitan a sus ciudadanos.

Babin, Sylvette, *Lieux et non-lieux de l'art actuel*, Esse, Québec, 2005.

Bang Larsen, Lars, "Inner Space, Outer Space and Powers not Present: Subjectivity, Imagination and Time", en *Lars Mathisen's Cat, Microwave, Tinfoil*, The Danish Arts Agency, Copenhague, para la Bienal de São Paulo, 2004.

Bertrand, Pierre, *El olvido: revolución o muerte de la historia* (traducción de Martí Soler), Siglo XXI, Ciudad de México, 1977.

Castoriadis, Cornelius, *La institución imaginaria de la sociedad*, Tusquets, Barcelona, 1985.

Cecchetti, Maurizio, "Postindustriale, il dominio dell'"essere tempo"", *D'Ars* (N.º 157, abril 1999).

Delgado, Manuel, *Sociedades movedizas*, Anagrama, Barcelona, 2007.

Derrida, Jacques, *Dissemination* (traducción de Barbara Johnson), University of Chicago, Chicago, 1981.

———, International Conference: *Memory: The Question of Archives*. Seminario de primavera de 1995, University of California, Irvine.

Enwezor, Okwi, "Preface", en *Urban Imaginaries from Latin America*, Documenta 11, Hatje Cantz, Alemania, 2003.

Freud, Sigmund, "Proyecto de una psicología para neurólogos" (1895), en *Obras Completas*, t. 1 (traducción de Luis López Ballesteros), Biblioteca Nueva (4.ª ed.), Madrid, 1981, págs. 210-276.

———, "El delirio y los sueños en la 'Gradiva' de W. Jensen" (1906-1907), *op. cit.*, t. 2, págs. 1.286-2.336.

———, *La interpretación de los sueños* (1899), *op. cit.*, t. 1, págs. 343-754.

———, *El malestar de la cultura* (1934), *op. cit.*, t. 3, págs. 3.018-3.065.

García-Canclini, Néstor, *La globalización imaginada*, Paidós, Buenos Aires, 1999.

Hardt, Michael y Negri, Antonio, *Multitud: guerra y democracia en la era del imperio* (traducción de Juan Bravo), Debate, Barcelona, 2004.

Hiernaux, Daniel, "Los centros históricos: ¿espacios posmodernos? De choques de imaginario y otros conflictos", en A. Lindón, M. Aguilar y D. Hiernaux, *Lugares e imaginarios en la metrópolis*, Anthropos, Barcelona, 2006.

Imbert, Gerard, "Nuevos imaginarios, nuevos mitos y rituales comunicativos: la hipervisibilidad televisiva", en Designis 9 (2006), Federación Latinoamericana de Semiótica, Gedisa (coordinado por José Enrique Finol, dirigida por Lucrecia Escudero), págs 125-137.

Lacan, Jacques, *Subversion du sujet et dialectique du désir dans l'inconscient freudien* (1960), en *Écrits 2*, Seuil, París, 1971, págs. 151-191.

———, *The Four Fundamental Concepts of Psycho-Analysis* (1973) (traducción de Alan Sheridan), Jacques-Alain Millar (ed.), W.W Norton & Company, Nueva York-Londres, 1978.

Lafont, Robert, "La grammaire et l'abyme", en *Anthropologie de l'écriture*, Centre Georges Pompidou, París, 1984.

Lotman Juri, *Il problema di una tipologia della cultura*, Bompiani, Milán, 1969.

Mertz, Elizabeth y Parmentier, Richard (ed.), *Semiotic Mediation*, Academia Press, INC, Nueva York, 1985.

Metz, Christian, *El significante imaginario* (traducción de Josep Elias), Gustavo Gili, Barcelona, 1979.

———, "Reposes sur le signifiant imaginaire", *Hors Cadre* (N.º 5), junio de 1986.

Mitchell, William, *City of Bits*, The MIT Press, Chicago, 1999.

Palacios, Fernando, "Objeto y malestar" (en curso, 2002).

Peirce, Perice, *Writings of Charles Peirce, A Chronological Edition*, vol. 3, 1872-1878, Indiana University, Bloomington.

Peirce, Charles, *Collected Papers* (1931-1958), 8 vols., Hartshorne, P. Weiss y A. W Burks (eds.), Harvard University Press, Massachusetts.

Peterson Doug, en *The New York Times*, Nueva York, 2001.

Piscitelli, Alejandro, *Internet, la imprenta del siglo XXI*, Gedisa, Barcelona, 2005.

Restrepo, Mariluz, *Ser signo interpretante. Filosofía de la representación en Charles Peirce*, Significante de papel, Bogotá, 1993.

———, "Introducción", en *Polvos de ciudad*, La Balsa Libros, Bogotá, 2005.

Sorkin Michael (ed.), *Variation on a Theme Park*, Hill and Wang, Nueva York, 1992.

Uribe, Armando, "El Fantasma Pinochet", en *Estados generales del Psicoanálisis*, Siglo XXI, Buenos Aires, 1999.

Uribe, Juan, "El objeto, de alucinado a causa" (en curso, 2002).

LIBROS, ESCRITOS O CONFERENCIAS DE ARMANDO SILVA CITADOS EN EL TEXTO SEGÚN AÑO Y LUGAR DE PUBLICACIÓN

1986, Bogotá: *Graffiti: una ciudad imaginada*, Universidad Nacional de Colombia, re-editado por Tercer Mundo Editores, 1988.

1986, París: *La mise en scène du graffiti dans l'espace urbain*, EHE.

1987, Bogotá: *Punto de vista ciudadano: focalización visual y puesta en escena del graffiti*, Instituto Caro y Cuervo.

1989, Bogotá: "La ciudad como vitrina", Magazín de *El Espectador* (julio de 1989).

1992, São Paulo y Bogotá: *Imaginarios urbanos: Bogotá y São Paulo, cultura y comunicación urbana en América Latina*, Tercer Mundo Editores.

1996, California: The *Family Photo Album: The Image of Ourselves*, Irvine, UMI.

1997, Viena: "For the Archives of God", en *One World with Many Faces*, Salon Verlag.

1997, Bogotá: *Proyectar la comunicación, compilador* (en co-autoría con J. Martín Barbero), Tercer Mundo.

1998, Bogotá: *Álbum de familia*, Norma.

1999 (a), Bogotá: "Lo público contra lo global", *Revista Gaceta* (44-45).

1999 (b), Bogotá, Buenos Aires, Caracas: Proyecto "Culturas urbanas en América Latina y España desde sus imaginarios sociales", Convenio Andrés Bello (CAB), Universidad Nacional de Colombia y 20 instituciones culturales y universitarias de Iberoamérica (ver lista anexa en págs. 94-95) durante los años 1999-2005.

2002, Sevilla: "Allá donde la geografía se hace imaginada", en *Análisis del espacio. Nuevas geografías en proceso*, N.º 5 de la revista www.centrodearte.com

2003, Kassel, Alemania: *Urban Imaginaries from Latin America*, Documenta 11, Hatje Cantz.

2003, Bogotá: *Bogotá imaginada*, Taurus, Bogotá-Madrid.

2004, Copenhague-São Paulo: *Global imaginaries, Fears, Bodies and Doubles*, en *Cat, Microwave and Tinfoil*, editado por Lars Bang Larsen y Lars Mathicen, The Danish Arts Agency, Copenhague.

2004, Bogotá: *Metodología de imaginarios urbanos: hacia el desarrollo de un urbanismo ciudadano*, CAB.

2004, Caracas: *Proyecto Caracas-Case, The Caracas Think Tank*, con el apoyo de la Embajada de Alemania en Venezuela y de la Federal Cultural Foundation de Alemania, 2003-2004.

2004, Barcelona: "Turismo e imaginarios urbanos", ponencia presentada en la Fundació Antoni Tàpies dentro del proyecto *Tour-ismes. La derrota de la dissenció*. Presentada luego en Bogotá en el evento *Desarrollo Territorial y turismo sostenible*, en la Universidad Externado de Colombia y en la Universidad de Bruselas, 2006.

2005 (a), Bogotá: *Folleto Retratos de Familia*, Museo de Arte Moderno (MAMBO).

94   2005 (b), Bogotá: *Polvos de ciudad*, La Balsa Libros. MAMBO, comisariado de María Elvira Ardila.

2005, Sevilla: "Imaginarios urbanos: hecho público", seminario en la Universidad Internacional de Sevilla (UNIA).

2005, Ciudad de México: "Los imaginarios nos habitan", ponencia magistral en el Seminario Internacional *Repensar la Metrópoli*, Universidad Autónoma Metropolitana de México.

2006, Bogotá: *Imaginarios urbanos*, Arango Editores (5.ª ed. ampliada y corregida).

2006, Ciudad de México: "Centros imaginados de América Latina", en *Lugares e imaginarios en la Metrópolis*, editado por Alicia Lindón, Miguel Ángel Aguilar y Daniel Hiernaux, Anthropos, Barcelona.

2006, Sevilla: "Imaginarios urbanos de ida y vuelta", seminario preparatorio para *Sevilla imaginada*, Universidad Internacional de Sevilla (UNIA).

LIBROS DEL PROYECTO *CIUDADES IMAGINADAS* DE AMÉRICA LATINA Y SUS AUTORES, PUBLICADOS POR LA EDITORIAL TAURUS, DEL GRUPO SANTILLANA, Y EDITADOS POR ARMANDO SILVA

Bogotá imaginada, Armando Silva (2003).

Buenos Aires imaginada, Mónica Lacarrieu y Verónica Pallini (en curso, 2007).

Caracas imaginada, Tulio Hernández (en preparación).

México DF imaginado, Miguel Ángel Aguilar, Raúl Nieto y Mónica Cinco (en preparación).

Ciudad de Panamá imaginada, coordinación de Alexandra Schjelderup (en preparación).

La Paz imaginada, Carlos Villagómez (2007).

Lima imaginada, Javier Pretzel y Carlos Castro (en preparación).

Montevideo imaginado, Christa Huber y Luciano Álvarez (2004).

Quito imaginado, Milagros Aguirre, Fernando Carrión y Eduardo Kingman (2005).

Santiago imaginado, Nelly Richard y Carlos Ossa (2004).

São Paulo imaginado, Lisbeth Rebollo, Amalia de Lemos, Cristina Freire, Francisco Capuano Scarlato, João Batista y Mariza Bertoli (2006).

INSTITUCIONES QUE APOYAN EL PROYECTO *CULTURAS URBANAS EN AMÉRICA LATINA Y ESPAÑA DESDE SUS IMAGINARIOS SOCIALES*

Entidades gestoras: Convenio Andrés Bello (Organismo Internacional de Integración de los pueblos a través de la cultura, la educación, la ciencia y la tecnología) y Universidad Nacional de Colombia.

COORDINADORES Y ENTIDADES GESTORAS EN CADA CIUDAD

Asunción
Coordinación: Mabel Causarano y Christian Ceuppen.
Entidad gestora: Carrera de Arquitectura, Facultad de Ciencias y Tecnologías de la Universidad Católica Nuestra Señora de la Asunción.

Bogotá
Coordinación: Guillermo Santos, Beatriz Quiñones, Mariluz Restrepo (metodología) y William Silva (estadística).
Entidad gestora: Convenio Andrés Bello, Universidad Nacional de Colombia y Fundación Restrepo Barco.

Buenos Aires
Coordinación: Mónica Lacarrieu, Verónica Pallini.
Coordinación del equipo visual: Rafael Iglesias, Lylian Alburquerque y Claudia Larrota.
Entidad gestora: Universidad de Buenos Aires, Instituto de Ciencias Antropológicas (Sección Antropología Social), Programa Antropología de la Cultura, Maestría en Urbanismo.

Caracas
Coordinación: Tulio Hernández.
Entidad gestora: Laboratorio de Cultura Contemporánea de Caracas, Fundación para la Cultura Urbana (Ecoinvest) y Caracas Urban Think Tank, de la Kulturstiftung Des Bundes, Alemania (Hubert Klumpner y Alfredo Brillembourg).

Ciudad de México
Coordinación: Miguel Ángel Aguilar y Raúl Nieto.
Entidad gestora: Universidad Autónoma Metropolitana de México (UAM), Iztapalapa.

La Paz
Coordinación: Nelson Martínez.
Entidad gestora: Oficialía Mayor de Cultura del Gobierno Municipal de La Paz, Universidad Católica Boliviana, Departamento de Comunicación Social, Universidad Mayor de San Andrés y PROTEO (Empresa Consultora de Comunicación).

Lima
Coordinación: María Teresa Quiroz, Óscar Quezada, Jaime Bailón, Óscar Luna y Carlos Castro.
Entidad gestora: Universidad de Lima.

Montevideo
Coordinación: Christa Huber, Mónica Arzuaga, Luciano Álvarez.
Entidad gestora: Cátedra UNESCO en Comunicación de la Universidad Católica del Uruguay.

Panamá
Coordinación: Alejandro Alfonz, Lucy Cristina Chau, Alejandra Schjelderup.
Entidad gestora: Centro de Documentación y Promoción Cultural UNESCO, Panamá.

Quito
Coordinación: Fernando Carrión, Fredy Rivera, Milagros Aguirre.
Entidad gestora: Facultad Latinoamericana de Ciencias Sociales (FLACSO), Sede Ecuador y periódico *El Comercio*.

Santiago de Chile
Coordinación: Nelly Richard, Carlos Ossa.
Entidad gestora: Centro de Investigaciones Sociales de la Universidad ARCIS, División Cultura del Ministerio de Educación.

São Paulo
Coordinación: Lisbeth Rebollo.
Entidad gestora: Universidad de São Paulo (USP) y PROLAM (Programa de Pos-graduação da America Latina), Universidad de São Paulo.

El proyecto *Imaginarios urbanos* y algunos contactos académicos

José Fuentes Gómez[1]
Jorge Morales Moreno[2]

La publicación del libro *Imaginarios urbanos: Bogotá y São Paulo. Cultura y comunicación urbana en América Latina* (1992) constituyó una aportación original para comprender los procesos urbanos de las grandes ciudades latinoamericanas. En él se proponía el estudio de lo urbano a través de una perspectiva innovadora, vinculando de manera creativa elementos teóricos y metodológicos de la sociología, la antropología, la comunicación, el psicoanálisis, la semiótica, la mercadotecnia e incluso de la estética. Así, su autor, Armando Silva, logra captar desde una *antropología del deseo ciudadano*, los modos de ser urbanos y deduce la creación de un nuevo urbanismo, basado en tensiones ciudadanas colectivas y psicológicas y en sus proyecciones sobre el uso y evocación de las urbes.

La primera reseña de *Imaginarios* en México aparece en 1996 en la revista *Dimensión Antropológica*,[3] y contribuyó a su difusión motivando el interés por consultarlo. Simultáneamente se inician investigaciones de campo a partir de las propuestas teórico-metodológicas de este enfoque. Ello se hizo evidente en 1998, cuando la Red Nacional de Investigación Urbana emitió una convocatoria para dedicar el número 46 de *CIUDADES*[4] a la discusión y análisis de los imaginarios urbanos. La respuesta de investigadores de México, América Latina y Europa fue muy nutrida. *CIUDADES* seleccionó las contribuciones más relevantes, ofreciendo un panorama de las diferentes perspectivas, enfoques, metodologías y técnicas utilizados para el estudio de los imaginarios. Así, incluyó ensayos en torno a la definición de los conceptos de imagen, imaginación, imaginarios, mapas mentales; distintos artículos que proponían categorías y métodos originales para el abordaje de la construcción imaginaria de la ciudad; reflexiones sobre los imaginarios de los trabajadores del transporte urbano público del DF o sobre la elaboración de los sentidos y significados de los caraqueños sobre su metrópolis, así como la emergencia de esta ciudad en la literatura modernista venezolana.

Las propuestas teórico-metodológicas de los imaginarios, ahora con un número de investigadores en aumento, empezaron a crecer y a revelar la importancia de la diversidad de fenómenos sociales que podían ser estudiados: procesos de segmentación y fragmentación de las ciudades; pérdida de significación de los lugares públicos tradicionales como las plazas centrales; creciente privatización de los espacios; estrategias ciudadanas frente a los elevados niveles de inseguridad y violencia en nuestras urbes. Los estudios sobre bases en imaginarios sociales se construyen a partir de complejos procesos donde intervienen las experiencias, la memoria selectiva, los medios de comunicación, la literatura, la percepción, la imaginación, la sensibilidad estética y la evocación, abriéndose una línea de pensamiento que caracteriza una interesante y significativa tendencia de los estudios urbanos en distintos centros académicos, en especial en las principales ciudades de países como Argentina, México, Colombia y Venezuela, donde ya se adelantan incluso estudios de posgrado y doctorados sobre la materia.

En los últimos años siguen publicándose libros influidos por esta nueva corriente de pensamiento entre los que destacan: *Imaginarios horizontes plurales*, coordinado por Abilio Vergara, ENAH-BUAP, México, 2001, y *Espacios, actores, prácticas e Imaginarios*

urbanos en Mérida, Yucatán, México, de José Fuentes Gómez, Mérida, UADY, 2005;
y artículos en los números 49, 62 y 65 de *CIUDADES*. La trascendencia de los imaginarios
urbanos como objeto de estudio se hizo evidente en el XXVIII Encuentro de la RNIU
que incluyó once ponencias de estudiosos de las nuevas generaciones. Buena parte de
éstos retoma las aportaciones de los estudios originales, no como moda académica, sino
debido a que se ha venido construyendo una metodología que combina lo cuantitativo
y lo cualitativo, que resulta operativa en su aplicación y ha probado su pertinencia en
diversas capitales del mundo.

La impronta en esa línea de trabajo también se manifiesta en áreas propias del diseño,
particularmente en las formas de abordar la ciudad desde la perspectiva del ciudadano,
en un campo donde tradicionalmente el diseñador (planificador, urbanista, arquitecto)
utiliza una *visión panóptica* y unilateral en los diagnósticos que sustentan sus programas
o proyectos. Por ello, resulta importante que varias tesis de maestría y doctorado del
Programa de Postgrado en Diseño de la División de CyAD, de la Universidad Autónoma
Metropolitana-Azcapotzalco, (DF), incluyan conceptos y metodologías de los imaginarios
urbanos como un nuevo enfoque.

La influencia de los estudios de imaginarios urbanos es evidente también en el
Anuario de Espacios Urbanos, revista científica de la UAM-Azcapotzalco que pone énfasis
en la historia urbana, el espacio urbano y las identidades sociales. A lo largo de sus trece
números ha incluido varios trabajos con enfoques o conceptos relacionados con el tema.
Varios de sus autores son parte fundamental de la bibliografía de los seminarios de
metodología del postgrado en diseño y utilizados en los cursos avanzados de arquitectura.
Esto obedece a la necesidad de difundir herramientas metodológicas que permitan dar
"forma y sentido" a las investigaciones sobre la importancia de los imaginarios urbanos
en la construcción de las representaciones y/o las prácticas territoriales.

De manera que frente a la perspectiva netamente visual de abordar el imaginario
a la manera de Kevin Lynch (planos mentales de sujetos desprovistos de historia, contexto
y memoria urbana), los estudios sobre imaginarios urbanos dan a estudiantes e investigadores
la opción cualitativa de comprenderlo desde adentro, en su representación y prácticas
territoriales. Establece un diálogo con algunas ideas de De Certeau, hace repensar los
planteamientos de Augé sobre los *no-lugares*, y motiva una posición dialógica para acercarse
al objeto de estudio como vitrina desde la cual se observa y se es observado.

Para concluir se puede decir que las aportaciones de los estudios, tanto en revistas
y publicaciones, como su inserción en programas de estudios, resultan pertinentes en un
medio donde tradicionalmente el espacio es visto en su condición topográfica o tridimensional.
Al proponerlo como soporte cultural donde se escenifican o materializan prácticas sociales
que construyen y definen la identidad del lugar, sus límites psicológicos o simbólicos y
contenidos culturales, se consolida la perspectiva subjetiva del espacio. Esto permitirá
a los arquitectos y diseñadores, entre otros operadores materiales de la ciudad, considerar
el punto de vista ciudadano, es decir, las emociones, evocaciones y asociaciones de las
personas sobre el espacio urbano, como elementos que definan las formas sociales de
su apropiación. A la vez que hacen posible comprender memorias colectivas sobre
acontecimientos locales, personajes, mitos, escalas de olores y colores que identifican
y segmentan las urbes; así como las fabulaciones, historias y leyendas que las narran.

1 Profesor-investigador, director de la Facultad de Ciencias Antropológicas-Universidad Autónoma de Yucatán, miembro del Consejo Editorial de *CIUDADES* y del SNI.

2 Profesor-investigador de la Universidad Autónoma Metropolitana-Azcapotzalco, miembro del Área de Investigación en Estudios Urbanos, CyAD.

3 *Dimensión Antropológica*, año 3, vol. 6, enero-abril de 1996, INAH, México, págs. 177-179.

4 Revista científica trimestral con arbitraje, editada por la RNIU e indexada en CLASE y LATINDEX.

Imaginarios urbanos
Fenomenología y enfoque

Lucrecia Escudero Chauvel[1]

Dirigiendo un complejo proyecto de investigación colectiva sobre la percepción de los ciudadanos de catorce ciudades latinoamericanas desde el punto de vista de los imaginarios urbanos, Armando Silva ha tratado de dar respuesta a una pregunta, "¿qué significa ser urbano en América Latina?", mediante el bosquejo de las construcciones imaginarias de sus habitantes. Esta arqueología, en el sentido foucauldiano del término, nos coloca ya en la posición del transeúnte que atraviesa un espacio –el ciudadano– y que lo hace simultáneamente en el tiempo de la memoria subjetiva.

Recorriendo dos cuadras de la ciudad natal podemos reconstruir toda nuestra historia y leer la de la ciudad. La compleja articulación de un tiempo y de un espacio es, precisamente, imaginaria, de ahí la necesidad de anclajes para balizar los itinerarios: los monumentos, los espacios verdes, la organización de los barrios, la creación plástica, los vídeos, los mapas geográficos, la traza histórica, pero también el álbum de familia, el pasado fijado en la operación fotográfica.

La ciudad es un producto intertextual y narrativo: podemos hablar de construcción de culturas urbanas donde nosotros mismos somos los principales actores, porque encontramos marcas, rutinas y rituales que fijan la impronta de un territorio colonizado por nuestra subjetividad, un estilo de apropiación del espacio pero también una causalidad de recuerdos: ésta fue mi primera casa, aquí vivían mis abuelos, en este parque me besaron por primera vez aquella tarde que todavía recuerdo, éste es mi recorrido favorito. Tríada del centro urbano, su uso, su evocación, su proyección. Pero la ciudad es también en sí misma un artefacto "arqueológico", en el sentido de que superpone muchos niveles de lecturas diferentes y estratificaciones sociales, de planos urbanísticos y de evoluciones que van de la colonia al posmodernismo.

La búsqueda del rastro, la traza, el croquis urbano, mental, imaginario de la ciudad, el inventario de sus leyendas y rumores –los barrios "malos"–, sus lugares emblemáticos, condensadores de un conjunto de significaciones, los espacios incluyentes y excluyentes, las ciudades diurnas y nocturnas caracterizan este proyecto donde lo imaginario antecede al uso social.

Lo curioso es cómo el lenguaje y la literatura también contribuyen a fijar un espacio urbano, si pensamos en la fundación mítica de Buenos Aires de la mano de Jorge Luis Borges, la transformación de Bogotá bajo la pluma de García Márquez o el recorrido febril de Laura Restrepo, así como en la cristalización de La Habana que realiza Cabrera Infante.

100

Tal vez una de las prácticas de la literatura sea la de *mitizar* un espacio y volverlo visible. Pero también los imaginarios sociales son proyectivos, porque hay ciudades anheladas, en las que se proyecta vivir, en las que la traza de un alcalde –pensemos en el París ideado por Haussman, cuyo proyecto urbanístico se superpone a la degradada realidad de una ciudad todavía medieval– tiene el poder de convocar y anticipar nuevos mapas mentales y de crear nuevos lugares emblemáticos. En la percepción del anhelo del "otro" ciudadano, Santiago es el orden, São Paulo el disfrute, Barcelona el cosmopolitismo, Buenos Aires la nocturnidad donde aparece esta coralidad de la ciudad latinoamericana y esta aprehensión del tiempo presente, pasado y futuro.

Nuevos ceremoniales, como las tristemente célebres Madres de la Plaza de Mayo, nuevas danzas en La Paz, nuevas ciudades en el sur de California, cambiantes graffiti en una renovada escritura urbana, la cultura joven en Buenos Aires, las fantasías de los lugares de danza en Ciudad de México, los centros históricos de Quito o el Zócalo, las reinas de la Belleza de Caracas, o el fijar la memoria en la colección de tarjetas postales, la televisión peruana como vehículo fuerte para construir un imaginario colectivo… la pregunta de fondo es cómo las ciudades latinoamericanas se integran de modo diferente en la modernidad. Vasta pregunta y diferentes niveles arqueológicos, donde aparece la coralidad de la ciudad latinoamericana y la aprehensión del tiempo. El mérito del proyecto es el de no restringir el punto de vista corriendo el riesgo de mostrar sin complejos la cacofonía de nuestras ciudades.

Leer las ciudades como un álbum de familia es una articulación posible que relaciona el tiempo subjetivo con el espacio colectivo. Ese gesto humano imperceptible que se cuela en la foto de pose permite producir un *entre-deux*: entre la imagen y la subjetividad, entre el recorrido y el recuerdo. La ciudad como el álbum de fotos familiar y ciudadano a la vez es simultáneamente un texto, una narración colectiva, una puesta en escena, válida también como metáfora de la ciudad que recorremos y vivimos. Si siempre alguien narra algo –la intimidad del álbum de familia es la puesta en escena de un conjunto de recuerdos organizados por un narrador, generalmente femenino, *deus ex machina* de recuerdos y momentos memorables–, en la ciudad este sujeto es polifónico y se desenvuelve bajo la forma del eterno presente del recorrido. Recorremos una ciudad como recorremos un álbum de fotos.

Y esa pregunta, acerca de cuáles son las estrategias del sujeto para entrar y sobrevivir en la modernidad, se vuelve como una respuesta en la distancia que produce la mirada sobre la imagen. La familia se desintegra y se reintegra de otro modo, y también las ciudades latinoamericanas entran en la posmodernidad, en la poscultura de masas, una cultura donde el individuo se apropia del espacio y lo resemantiza, un punto neurálgico de la sensibilidad contemporánea. El álbum habla, como la ciudad, de nuestros orígenes pero también de qué queremos hacer con nuestro futuro. Recorrer la ciudad, exorcizar la fotografía familiar, tal es la propuesta fenomenológica que se vuelve deliberadamente punto de vista del observador del espacio y de la vida que transcurre. Es un *kosmo polités* el que focaliza, fijando la imagen, la cotidianeidad del transeúnte en una visibilidad profundamente entrañable.

Imaginarios y estudios visuales

M. Belén Sáez de Ibarra S.[1]

La ciudad imaginada en su levedad, viene a ser el lugar "físico", con toda su pesadez material, en donde transcurre la existencia de lo humano en la contemporaneidad. La ciudad –hoy es más que evidente– es el "lugar" donde las tensiones del mundo posmoderno se debaten y se resuelven en el espacio urbano. El espacio en donde se dan encuentro las conflictivas relaciones de la producción social global y la nuda existencia de la realidad local. En sus señalamientos, con el dedo índice, *la ciudad imaginada* desvela las ciudades contemporáneas latinoamericanas como el campo de batalla donde los poderes globales y los sentidos e identidades, tozudamente locales, se enfrentan, chocan, y buscan acuerdos de paz, que necesariamente están abocados a formas de cohabitación que nunca se resuelven.

Como la razón que hemos conocido en la modernidad tardía, la ciudad se bifurca en tres dimensiones fundamentales: su entidad material, el componente arquitectónico y urbanístico y su geografía "natural". Una dimensión biológica que la formaliza como cuerpo orgánico análogo al cuerpo humano, con sus mapas y estructuras de irrigación, sus nodos y afluencias; y una dimensión que se imbrica en las anteriores y al mismo tiempo las redefine y las hace posibles, las edifica: la dimensión simbólica, inmaterial, el sustrato más importante de su forma de estar en el mundo, *la dimensión imaginada*. Se articula y se ordena en la circulación de los sentidos y significados que sus células caóticamente producen: sus habitantes, esas comunidades diversas que luchan desde prácticas de apropiación de sus contextos materiales, por un "lugar" de pertenencia, por un espacio vital desde donde existir. La vida simbólica social de la ciudad se torna un paisaje en construcción: un constructo ambivalente y polisemántico, incesante. Ella se desenvuelve como un amasijo de vida que se reproduce a sí misma.

Así, el trabajo de *Imaginarios urbanos* se abraza a la cadencia que viene a caracterizar la sociedad actual del capitalismo cultural, resultado de la instalación de un nuevo paradigma de la *producción social*; "el conocimiento simbólico", una sustancia inmaterial que la engendra en todos sus aspectos, desde las subjetividades e identidades que la constituyen hasta las mercancías de la dinámica de su producción económica.

Desde la tensión de la cohabitación irresoluta, los *imaginarios* se posan en la dimensión material de la ciudad para dislocarla en sus imágenes. Los ritos, las metáforas, las leyendas urbanas: las formas plurales de los juegos lingüísticos, e incluso, "la falsa conciencia" urbana que Silva ha dado en llamar *fantasmas urbanos*, son las formas de "conocimiento" de la *conciencia* urbana. Desde aquí se concreta la propuesta de "lo imaginado". Un concepto aliado, fundamental, en la construcción del campo de los "estudios visuales". "Propongo una redefinición de la *episteme*", me comentó en una conversación reciente: ¿se estará refiriendo acaso a un concepto de "*episteme* escópica"?, ¿acaso a un nuevo *logos* en formación en donde la "imagen" predomina? La *episteme* de la visualidad (que intenta ordenar el campo de los estudios visuales) entendida en un rango complejo en donde opera la *percepción cultural*. La estructura de nuestro pensamiento basado en presupuestos inconscientes, naturalizados y en su fondo traslúcido, en donde el pensamiento se enfrenta a su última capa de la cebolla sin núcleo sólido: el sustrato simbólico, como forma última y primera de conocimiento, de relación con lo "no expresable", que nos determina y no nos determina. Que es construcción infinita y siempre contradictoria. Que se muestra y no se muestra. Que define y redefine.

Se abre paso un concepto de lo urbano más complejo: la ciudad y sus nuevas formas de territorialidad. Más bien deberíamos decir su nuevo estatuto extraterritorial, que va más allá de la materialidad de lo palpable.

Este camino nos insta a adoptar otras perspectivas para una aproximación a los problemas sociales actuales: los habitantes de la ciudad se dividen dramáticamente entre los que habitan el lugar y los que habitan fuera de él, los que *flotan* en él. Conectados por el ciberespacio y las lógicas de comunicación global, se concretan segmentos vitales en donde viven los sectores vinculados a la maquinaria de producción social global (la única que genuinamente opera). El otro campo vital está habitado por los demás, los que no acceden a estas dinámicas, los que se han visto abocados a asumir como posibilidad de supervivencia la micropolítica preocupada de la casuística inmediata, vecinal, del entorno próximo de determinadas *cartografías* (concepto fundamental en la metodología de los *imaginarios*) de la ciudad. Aquí, los ritos locales urbanos, de los que con gran atención se ocupa Silva, cobran importancia política, aunque su eficacia es siempre precaria. Insuficiente: confinada a paliar los efectos de la determinación global en donde está imposibilitada para actuar sobre su transformación o negociación. Esta micropolítica de la ritualidad, de la producción del imaginario local, más bien sirve para garantizar la supervivencia mientras dure. Allí las identidades locales luchan por encontrar su permanencia, a través de nexos, aunque frágiles, decisivos para generar la voluntad de cooperación y solidaridad indispensables para habitar la jungla del espacio cruelmente excluyente de lo nuevo urbano.

1 Comisaria de exposiciones y docente universitaria.

Los imaginarios: un diálogo con la literatura
Luz Mary Giraldo[1]

Frente a una determinada manera de ver, concebir, expresar y vivir una ciudad, la lectura de las diversas investigaciones de Armando Silva sobre ésta y los imaginarios que ella suscita, conduce a una determinada forma de conocimiento. Allí se percibe con claridad esa ecuación resultante de las relaciones que lo individual y lo colectivo y lo íntimo y lo privado sostienen con ella. En algunos casos de conflicto, en otros de aceptación. Se es insomne o sonámbulo, es decir, activo o pasivo. Silva revela toda una gama de posibilidades que se generan, se entregan y se expresan desde la ciudad, entendida ésta en relación con los individuos que la habiten o por ella transiten. Sin lugar a dudas, muchos de estos rasgos son expuestos, vivenciados o representados en la ficción literaria.

Tanto los individuos de la ficción como los de la vida "real" pueden vivir, sentir, construir, imaginar o inventar la ciudad a tenor de su experiencia personal, bien sea porque les ha sido transmitida desde hechos, situaciones, acontecimientos o personajes de amplio relieve, porque la han vivido en sí mismos desde la fascinación, la complacencia, el horror o la pasividad, o porque la han fantaseado según datos aprehendidos por informaciones o comentarios formales o informales que conducen a ideas, fijaciones o imágenes preconcebidas. Así pues, hay ciudades percibidas desde determinados lugares o paisajes, mapas o croquis; otras desde algunos de sus iconos o construcciones arquitectónicas; otras a partir de sonidos, ritmos, atmósferas, colores u olores; otras desde tradiciones legendarias, historias truculentas, rumores o chismes.

Los trabajos de Silva hacen ver que una ciudad es algo más que una instalación física, un espacio habitado o poblado o un trazo urbanístico: es cuerpo complejo que va más allá de los límites geográficos y demográficos, pues en esa alianza problemática con sus ciudadanos (habitantes o transeúntes) proyecta formas de vida, maneras de ser, actuar, sentir, ver o expresarse. En una ciudad hay zonas que se reconocen sensorialmente porque apelan a los sentidos, también las hay que se reconocen por las emociones porque producen temor o terror, repulsión, encanto, tensión o relajamiento, pero también están las que se reconocen por lo intelectual o cultural. En América Latina esto es evidente y se transmite no sólo a través de individuos aislados o de grupos o colectividades sino desde la creación artística.

La literatura representa la ciudad según los imaginarios que el autor o la colectividad tienen de ella. La ficción destaca lugares, individuos, experiencias sociales o políticas, momentos decisivos en la historia de la ciudad misma o de un país, consignando escenas, escenarios o situaciones que tuvieron resonancia en ciertos momentos de la vida de una ciudad, de un individuo o de una colectividad. A finales del siglo XIX el colombiano José Asunción Silva, mostraba Bogotá desde personajes afrancesados afectos al arte, la cultura y las exquisiteces, contrario a Mario Mendoza, que en el presente la muestra peligrosa, con sórdidos individuos que se mueven en la indigencia, expuestos a malos olores, violencia y muerte. Jorge Luis Borges hablaba de un Buenos Aires mítico, mitad campo y mitad ciudad con cigarrerías y almacenes rosados y sonidos de tango. José Donoso se refería a Santiago de Chile con su burguesía en decadencia, seres monstruosos y construcciones aplastadas por la modernización. Los autores latinoamericanos han representado sus ciudades según clases sociales, dinámicas políticas y crisis internas y de las tradiciones y, más recientemente, según la globalización, con individuos escépticos que viven en el ritmo frenético del presente huidizo, o como ciudades virtuales con cosmopolitas domésticos.

Al analizar un texto literario desde *Imaginarios urbanos*, se comprende que la ciudad es no sólo *locus* o *situs* en el que suceden cosas y sobre el que se construye y escribe, sino una entidad problemática y llena de sentidos y valores (positivos, negativos o neutros), que puede ser formalizada conceptual o artísticamente. La integración de ciudad, ciudadanos y transeúntes que en la dinámica de la ficción entran en la complejidad de los imaginarios, puede explicar el proceso cumplido en la metodología que Silva propone. Aprovechando la semiótica que relaciona con el psicoanálisis de los deseos de la colectividad y las experiencias de los individuos, conceptúa sobre la ciudad física, espacial, histórica, social, psicológica o imaginaria que está en la concepción de esos individuos, que en el caso de la ficción corresponde a personajes literarios y a la proyección del autor de sus imaginarios o los de los seres o grupos sociales que recrea.

La propuesta de Silva es una expedición por todas las ciudades que en ella existen. Desde esta metodología se logra una aproximación a la identidad de ciudades, sociedades y culturas, y se comprenden las múltiples caras de cada una de las que se exploran: las que existen, las que se representan, las que se imaginan y las de los imaginarios. Esto suscita el diálogo entre unas y otras ciudades y unos y otros individuos, así como el medir puntos de encuentro o distancia entre ellos. Las posibilidades del método otorgan al análisis literario concreciones: en algunos casos amplía la visión de mundo y obra, pues podría aproximar a temporalidades, destacar el valor de las sensaciones (colores, olores, sonidos, ruidos), la importancia de lugares, construcciones, relatos y discursos.

Al proponer un trabajo que contrasta geografía y geografías, historia e historias, escenas y escenarios, lenguajes y sensaciones, esta metodología resignifica la ciudad: revela identidades complejas de ella y sus individuos, de sus escenas y escenarios y de sus historias y relatos de ciudades e imaginarios de América Latina, dejando ver diversidad y multiplicidad, identidades particulares, formas de vida, de lenguaje e historia, en algunos aspectos semejantes a los de cualquier ciudad de la misma Latinoamérica o del mundo.

1 Poeta y ensayista colombiana.

Lógica e imaginarios
Tan simple como uno, dos y tres
Mariluz Restrepo[1]

"Tan simple como uno, dos y tres"; en esta frase propia de la sabiduría popular se condensa una de las perspectivas teóricas más fecundas para el pensamiento porque rompe contundentemente con la visión dicotómica del ser y su mundo al fundamentar el ser como estructura triádica. Se trata de la filosofía fundante del pensador norteamericano Charles Sanders Peirce (1839-1914), y que reconozco como uno de los cimientos del trabajo de Armando Silva. No sólo en su metodología sino, sobre todo, porque considero que al haber apropiado tal modo de ver, éste ha preñado, aun sin proponérselo, aspectos fundamentales de su desarrollo investigador. Si bien podremos encontrar varios puntos de la filosofía de Peirce presentes en el desarrollo de la teoría de los *Imaginarios urbanos* –la realidad sólo conocida a través de mediaciones, el pensamiento como inclusivo de sensaciones, el signo como constructor de hábitos y los hábitos como guía de acción, la noción de interpretante, el icono como un tipo de signo que desentraña lo cualitativo...–,[2] de la inmensa producción peirceana, me centro aquí exclusivamente en su visión triádica del ser y en aquellas "tricotomías" de inspiración peircena que descubro en la propuesta que se reúne en los "archivos urbanos" de este proyecto.

A lo largo de cincuenta años, Peirce construyó un sistema filosófico, una arquitectónica, que presenta una visión integrada de la existencia a partir de unos "pocos conceptos simples" que él denominó "categorías universales". Éstas son –en términos de Peirce– su "hipótesis" sobre la estructura fundamental del ser que permite comprender el sentido del hombre y del mundo. Dice Peirce: "... No puedo olvidar que aquí están los germinadores de la Teoría de las Categorías que es (si algo es) el regalo que yo le hago al mundo. Es mi hija. En ella viviré cuando el olvido tenga mi cuerpo".[3] Las categorías son tres (así, con mayúscula): la *Primeridad*,[4] la posibilidad cualitativa siempre presente; la

Segundidad, el ser de los hechos reales, y la *Terceridad*, el ser de la ley o mediación que gobierna los hechos en el futuro, que corresponden a "los tres modos de ser que pueden observarse directamente y que se presentan ante la mente de cualquier manera, en cualquier momento en todo lo que es; son los elementos indescomponibles de todo fenómeno".[5] Este análisis fenomenológico provino de la Lógica de Relaciones, lo que explica que la nominación numérica se refiera a los conceptos de mónada, díada y tríada y *no* a secuencias ordinales. Peirce demuestra ampliamente cómo cualquier otra relación poliádica siempre puede reducirse a tres; sin embargo, una relación triádica no puede reducirse a díadas, aunque sí incluye la díada tanto como ésta supone la mónada.[6] De ahí que las categorías sean precisamente tres, cada una con características propias pero siempre en mutua interdependencia; es decir, los modos de ser son tres, siempre presentes en todo fenómeno.

La *Primeridad* es el modo de ser que consiste en que el sujeto sea positivamente tal como es sin considerar nada más. Es el ser de la cualidad en sí misma totalmente indeterminada, sin partes, rasgos ni corporalidad; es "presencia presente". Es una cualidad de sensación pura que se puede imaginar que "sea" sin que "ocurra". Como mera posibilidad es sin que se efectúe. Las cualidades se dan en los hechos pero no son los hechos. Sólo sabemos de ellas en tanto se "actualizan", de ahí que cualquier descripción las falsee. La *Segundidad* se refiere a los "hechos reales", a lo que efectivamente es pero que sólo podemos conocer cuando ya pasó. Es "acto" como lo opuesto a lo que está en potencia. Lo real se da en la relación pura entre acción-reacción. Es el modo de ser de la existencia que no se da en sí mismo, sino por oposición a un otro. En la Segundidad se concreta la cualidad, lo cual no invalida que la cualidad siga siendo como posibilidad sin referencia a un segundo. La Segundidad parece fácil de comprender porque como realidad se nos impone permanentemente; pero ¿cómo explicarla sin referencia a un principio regulador inteligible? El elemento puro del hecho es siempre mediado; sólo accedemos a él a través de un tercero. La *Terceridad* es mediación como paso intermedio entre un "primero" y un "último", como principio "relativo" que posibilita la continuidad. El tercer término no es síntesis, sino lo que al combinar abre otras posibilidades. De ahí que sea ley que gobierne las acciones, pero como regla constitutiva y no reguladora. Peirce reconoce que el concepto de Terceridad es complejo, pero en esa complejidad es donde se da el pensamiento y en donde el hombre y el mundo adquieren sentido. Para Peirce "el pensamiento es el hilo de melodía que atraviesa la sucesión de nuestras sensaciones".[7] Todo fenómeno de nuestra vida mental, emociones, pasiones, voluntad, memoria, etcétera, hacen parte del conocimiento que se "traduce" en pensamiento. De ahí que el pensamiento no sea sólo razón, sino también sensibilidad y reacción; en efecto, en tanto Terceridad, ya incluye Primeridad y Segundidad.[8]

Esta concepción triádica del ser como estructura abierta y continua le permite a Peirce explicar la realidad, el conocimiento y el hombre. La realidad existe externa al hombre pero es mera posibilidad, hasta cuando se accede a ella como representación en una mente humana, es decir, en el pensamiento, que es mediación necesaria de todo conocimiento. Diremos, entonces, que la realidad es un signo en permanente construcción humana. Peirce transforma la Teoría del Conocimiento en Teoría de la Significación fundamentada ontológicamente.

Silva reconoce en toda su densidad la estructura triádica del ser. Son tres las partes de este archivo urbano: los deseos (como cualidad presente posible), las ciudades (como hecho existente en bruto) y lo urbano (como mediación de sentido, como signo, como pensamiento inclusivo de sentimientos, deseos, pasiones, memoria…). Son tres los tipos de archivo: los privados, los comunitarios y los públicos (y en cada caso sus metodologías también se fundan en tríadas). Son tres las prácticas urbanas: arte público, medios y tecnologías. Son tres los modos del urbanismo ciudadano; ciudad larguero descentrada, menos uso de ciudad por exceso de urbanización y desterritorialización por desplazamientos. Son tres los modos en que se reconocen los imaginarios sociales: cuando lo real es sólo imaginario, cuando lo real no existe porque no se imagina, cuando ambos coinciden. Son tres los modos en que se despliega la teoría del imaginario urbano: en las inscripciones psíquicas, en las de la técnica y en las sociales.

Y al reconocer en perspectiva el trabajo de Silva, que lleva más de 25 años trasegando con lo urbano, sale a la luz la tricotomía de su desarrollo conceptual: de una teoría de los *imaginarios* urbanos, a una de *archivos* urbanos, hacia una teoría de *sentimientos* urbanos como modo estético de comprensión de lo social contemporáneo.

1 Comunicadora social, master en Filosofía, candidata al Doctorado en Filosofía, profesora universitaria e investigadora en temas de cultura contemporánea.

2 Restrepo, M., *Ser-signo-interpretante, filosofía de la representación de Charles S. Peirce,* Significantes de Papel, Bogotá, 1992.

3 Así lo escribió en su libro de anotaciones sobre lógica en 1867, dos meses antes de entregar a la Academia de

Artes y Ciencias su ensayo *On a New List of Categories* y lo reiteró 38 años más tarde en una carta a Mario Calderoni: "La lista de categorías es mi única contribución a la filosofía".
4 Las itálicas del texto en todos los casos son mías.

5 Peirce, Charles, *Collected Papers (1931-1958)*, 8 vols., Ed. por Hartshorne, P. Weiss y A.W. Burks, Harvard University Press, Massachusetts, vol. 1, pág. 23.

6 *Ibid.*, pág. 347.

7 *Ibid.*, vol. 5, pág. 395.

8 *Ibid.*, vol. 5, pág. 292.

MÉXICO
Ciudad de
México

Golfo de México
Océano Atlántico Norte
Mar Caribe
Caracas
VENEZUELA
Bogotá
COLOMBIA
Quito
ECUADOR
PERÚ
Lima
BRASIL
BOLIVIA
La Paz
Océano Pacífico Sur
São Paulo
Santiago
ARGENTINA
URUGUAY
Buenos Aires
Montevideo
Océano Atlántico Sur

Ciudades imaginadas de América Latina

Armando Silva

Las ciudades imaginadas son las mismas que vivimos todos los días. Sólo que destacamos una cualidad desde donde las apreciamos: cómo las construyen sus ciudadanos en sus deseos, recuerdos y voluntades de modo colectivo. Las ciudades imaginadas que se presentan son entonces fruto de distintas fuentes de investigación que tratan de captar esos modos de percepción social sobre el uso y experiencia de la urbe, pero también sobre la evocación de anhelos que dirigen la ciudad hacia un urbanismo hecho ahora desde los ciudadanos. Esto significa que las ciudades imaginadas nacen y se nutren de la imaginación ciudadana, y ello constituye otra manera de hacer ciudad y también otra manera de hacer urbanismo. Aún podríamos especificar más: las ciudades imaginadas son estudios de urbanismo y no de ciudad, acerca de cómo el urbanismo ciudadano determina un modo de hacer ciudad. "Imaginación" no se traduce aquí por consiguiente en (mera) fantasía que se pueda pensar inocua o sólo en el terreno del arte. Tampoco se trata de captar fantasías como (simple) adorno o ficción embellecida, ni tampoco, como podría creerse superficialmente, que los estudios sobre imaginarios deambulen por el aire, por el hecho de que su objeto de interés es lo subjetivo y no lo material. He aquí la diferencia de este enfoque: que lo material está en los ciudadanos, que se ocupan de la materialidad ciudadana, podríamos decir. De una materialidad que está en los sentidos y en los sentimientos ciudadanos en tránsito.

Los estudios de los imaginarios urbanos recurren y se nutren de algunas disciplinas, por lo cual se presentan algunos textos de especialistas que explicitan esas relaciones con sus bordes. La lógica contemporánea del pensamiento trial, que impone de principio la interpretación ineludible de todo fenómeno de la realidad cuando se accede a ella como representación en la mente humana; la comunicación, puesto que se trata de estudios que asumen la ciudad como narración colectiva; los nuevos estudios visuales, que buscan dar cuenta de otros modos de discurrir el pensamiento sobre lógicas estéticas; y, claro está, la literatura, pues la historia del pensamiento ha mostrado con qué facilidad una ciudad verdadera hecha ficción por algún creador pasa a sostener la *imagen real* de esa tal urbe.

Las ciudades imaginadas que aquí se exponen como experiencias de investigación provienen de un proyecto de estudios urbanos en América Latina donde con la misma metodología y de modo simultáneo se estudiaron catorce urbes. Se exponen diez de ellas, poseedoras cada una de algunos rubros propios dentro del contexto de la región.

Bogotá (Colombia)

Población: **6.778.691 (2005)**

Superficie: **1.732 km²**

Densidad: **3.914 hab./km²**

Porcentaje de población del país: **18%**

Bogotá imaginada

Personaje identificativo: **El Alcalde**

Le gusta más de su ciudad: **la diversidad cultural**

Color imaginado: **gris**

Calle más peligrosa: **Cartucho**

PRESIDENTE ME DA MIEDO.

Buenos Aires (Argentina)

Población: **2.776.138 (2001)**
Superficie: **203 km²**
Densidad: **13.675 hab./km²**
Población Gran Buenos Aires: **8.684.437 (2001)**
Porcentaje de población del país: **23%**

Buenos Aires imaginada

Personaje identificativo: **Perón**
Le gusta más de su ciudad: **la gente**
Color imaginado: **gris**
Calle más peligrosa: **Avellaneda**

SAN BOSCO

18
79
NOVIEMBRE

FIGURA
ESPLENDIDA!
Carotenos 24.90
Liposolution 18.90
Centella 9.40
Adelgadiet 0.55
Mermelada 7.50
Cookies Light 2.99
ENERGIA!

DAMASCO
x k. 1.79

ACADEMIA NACIONAL DEL TANGO
ACADEMIA NACIONAL DEL TANGO
CAFE TORTONI

BAILABLE BOLIVIANO
Charo II
MATINEE:
SABADO y DOMINGO
COMIDAS TIPICAS DE BOLIVIA

Buenos Aires imaginada

Mónica Lacarrieu[1]
Lyliam Alburquerque[2]

Cuando Armando Silva, allá por el año 1998, comenzó
a pergeñar una red de investigaciones en distintas
ciudades de América Latina, entre ellas Buenos Aires,
quienes llevamos adelante el ejercicio concreto de
imaginarla nos involucramos en el proyecto con
fuertes expectativas.[3] Aunque Buenos Aires es tal
vez una de las ciudades más reconocidas y conocidas
en el continente, la ausencia de un libro de estas
características reforzó el interés y la energía por
rastrear los imaginarios sociales. La ciudad quizá
más imaginada en Latinoamérica y, por qué no, en
Europa, se nos apareció como la menos imaginada
hacia el interior de la propia urbe.

Probablemente éste fue nuestro primer gran desafío:
el encuentro con una ciudad simplificada y sobrecar-
gada de estereotipos construidos en el contexto de
un proyecto político colectivamente imaginado a
finales de siglo XIX y fortalecido, aún con interregnos,
a lo largo del siglo XX y a comienzos de este nuevo
siglo. Por ello, un reto crucial al cual nos enfrentamos
fue el de desnaturalizar la ciudad naturalizada, así
como el de develar, desde la obviedad e incuestiona-
bilidad de esa ciudad sexy y atractiva, el lado oscuro
o la otra cara, marcada por ciertas sutilezas encubier-
tas desde los estereotipos de la ciudad "más europea"
de Latinoamérica.

Por contraste con otras ciudades de América Latina,
también participantes de este proyecto, Buenos Aires
se mostró como una ciudad poco imaginada por sus
ciudadanos. La verborragia imaginaria explicitada
desde los sujetos habitantes de otras ciudades, se
contradijo con el laconismo y la apatía que prevaleció
entre nuestros conciudadanos. Similitudes y diferencias entre ciudades expuestas por la metodología
ideada por Armando Silva, que en Buenos Aires fue

reafirmada con ciertas especificidades: el otorgar a la entrevista un carácter más etnográfico en un intento de buscar en la extensión del relato ese desborde del que al parecer carecemos los porteños. Con todo, la Buenos Aires vista como *una mujer, hermosa pero inalcanzable*, así definida por un ciudadano, es la síntesis más acabada de una ciudad construida y así vivida por sus residentes, como Jano entre dos caras contrapuestas: la del amanecer y la del ocaso.

Las evocaciones y percepciones asociadas a los sitios, personajes y escenarios más emblemáticos organizaron un primer mapa de imaginarios aparentemente cristalizados en la permanencia del "núcleo duro" de la cultura porteña, con un alto grado de eficacia simbólica sobre la definición de la ciudad imaginada. No obstante, la metodología implementada fue la que dejó escapar del inconsciente la "contestación" consciente de aspectos que también forman parte de los imaginarios, aunque no cuadren con el modelo idealizado e imaginado de la ciudad. El relevamiento audiovisual que fuera realizado por un equipo dirigido por profesores del posgrado de la Facultad de Arquitectura de la UBA (quienes mantienen un estrecho vínculo académico con Silva), permitió condensar en imágenes los claroscuros de los imaginarios sociales.

La sección III dedicada a las evocaciones dejó entrever los imaginarios en conflicto o bien los imaginarios de la ambigüedad. Tal vez el ejemplo más paradigmático de ello lo constituya el relato de una señora de clase baja, residente del barrio de La Boca, cuando se le preguntó "¿Con qué género musical identifica a la ciudad?" y ella, tras pensar largamente, respondió: *"Acá no son de cumbia, nosotros somos de cumbia... y sí, a los porteños les gusta el tango... porque nosotros somos de afuera, somos de otro lado..."*. En el mismo nivel de confrontación, el color gris con que solemos acusar a Buenos Aires fue disputado por múltiples colores –con predominancia de oscuros– que pusieron en cuestión una imagen anodina de la ciudad, estrechamente asociada al carácter melancólico y nostálgico, que por cierto se vincula al tango. En este sentido, este recorrido –diferente– dejó traslucir el plano de los imaginarios asociados a la identificación con la ciudad, generalmente relacionado con los emblemas *for export*, y el de aquellos asociados a los usos y apropiaciones conflictivas que los ciudadanos hacen de otras expresiones o sitios indudablemente a distancia de los primeros. Como si los ciudadanos vivieran y experimentaran la ciudad en dos velocidades que actúan de forma simultánea, la ciudad es el resultado de macro y microprocesos de imaginarios.

Los imaginarios "contestados" hacia adentro de la propia ciudad son infrecuentes cuando procuramos que los ciudadanos hablen de cómo perciben otras ciudades de Latinoamérica o de cómo se imaginan que nos perciben desde afuera. En ese plano es donde los imaginarios vuelven congelados en su estereotipación. Ni las novelas mexicanas, venezolanas o brasileñas que en los sectores populares son seguidas asiduamente ayudan a imaginar esas otras ciudades tan cercanas y, sin embargo, al mismo tiempo tan distantes. La relación imaginaria desde Buenos Aires con los "otros" latinoamericanos es una relación frígida cargada de desconocimiento, indiferencia y en ocasiones de tensión, cuando se trata de ciudades asentadas en los países denominados "limítrofes", incluso el Perú, de donde llegan inmigrantes que en esta ciudad son mirados con recelo. Relación que recarga nuestra propia identidad auto-acusatoria, de la soberbia a la agresión, tal como somos vistos y retratados en el humor irónico construido desde México, Chile y hasta el Ecuador.

Las diferencias generacionales, como las distancias socioeconómicas –no necesariamente asimilables a las clases sociales, tal como son definidas en las otras ciudades, debido a los cambios estructurales que hemos sufrido en los 90–, contribuyeron al enriquecimiento y a la multiplicidad, a veces contradictoria, de imaginarios diferentes y desiguales, desde los cuales los distintos sectores atraviesan y recorren cotidianamente la ciudad.

Buenos Aires imaginada es la punta de lanza de futuros estudios que, de un modo más focalizado, algunos actores políticos consideran que deberían realizarse –por ejemplo en el casco histórico de la ciudad–. Los imaginarios, aunque construcciones simbólicas desde las cuales se delimita "lo real" y se adquieren puntos de vista diferenciados, son una herramienta teórica-metodológica de gran eficacia para una mayor comprensión de la realidad urbana. Los imaginarios podrán verse como opuestos a la realidad aparente que vivimos a diario; en la medida en que se piensan como inasibles, no obstante, estas representaciones son las que suelen cristalizarse, al punto de permanecer en el tiempo aun cuando los usos de los espacios cambien y, en ese sentido, continuar orientando discursos, prácticas y políticas.

1 Directora del Programa Antropología de la Cultura, FFyL-UBA/Investigadora CONICET.

2 Facultad de Arquitectura, Diseño y Urbanismo, UBA.

3 La investigación en Buenos Aires fue coordinada por Mónica Lacarrieu y Verónica Pallini. El relevamiento audiovisual fue coordinado por los Arquitectos Rafael Iglesia y Lyliam Alburquerque.

Caracas (Venezuela)

Población: **3.036.490 (2001)**
Superficie: **2.050 km²**
Densidad: **1.481 hab/km²**
Población en Gran Caracas: **4.398.957**
Porcentaje de población del país: **16,84 %**

Caracas imaginada

Personaje identificativo: **Simón Bolívar**
Le gusta más de su ciudad: **El Àvila**
Color imaginado: **verde**
Calle más peligrosa: **Petare**

Patatas Truck

Fr ntera's
SOLO BARIC
Ferrari
EXPLORER
Palio
Body Glove
Dodge Trucks
FIAT
KICKER
Goodrich
Bridgestone
West
MARLBORO
NEON
UNO
ellesse
billabong
Fiat ABARTH
FIAT
GMC Trucks
punch
Fiat Palio
Racing
HYUNDAI
PUTAS
West
MARLBORO
NITTO
LAREDO
FIAT SPORTS
AIRMASS
Mustang
CATERPILLAR
Venezuela
YOKOHAMA
MOTORSPORTS
DUNLOP
CHEVROLET
CORSA
CORSA 1.6
CHEVROLET
Chevrolet
CHEVROLET
Genuino
CORSA 1.3
CORSA
TOYOT.
COROLLA
COROLLA
CARIBE WD
DAEWOO
DAEWOO
LAND ROVER
PULL FORCE
WRANGLER
VENEZUELA
TR CHA'S
TOYOTA RACING DEVELOPMENT
FIAT UNO
CHRYSLER
AXN
PUTAS
COMPAQ
West
McLaren Mercedes
McLaren
F O R D
Jeep
THE END OF THE EAR H
PAXTON
PROSPEC

BUSCO HABITACIÓN O APARTAMENTO
Se Solicita
AULA MAGNA UCV

M
Zona Rental

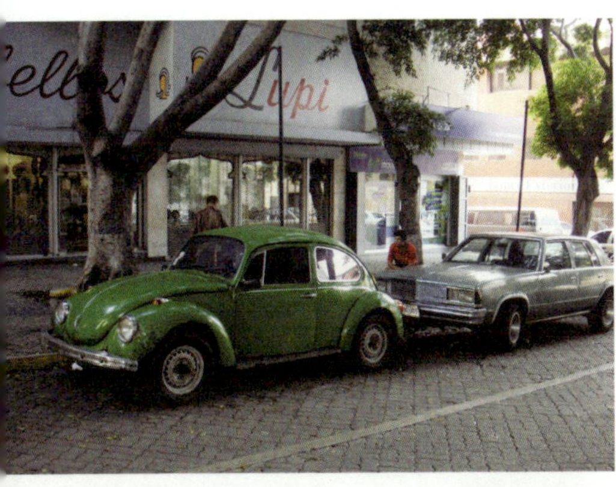

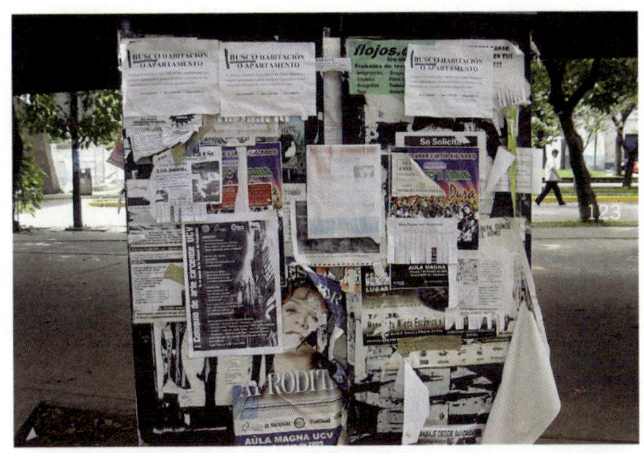

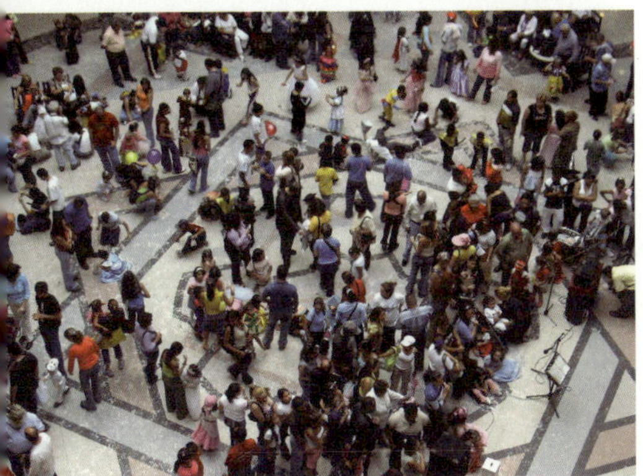

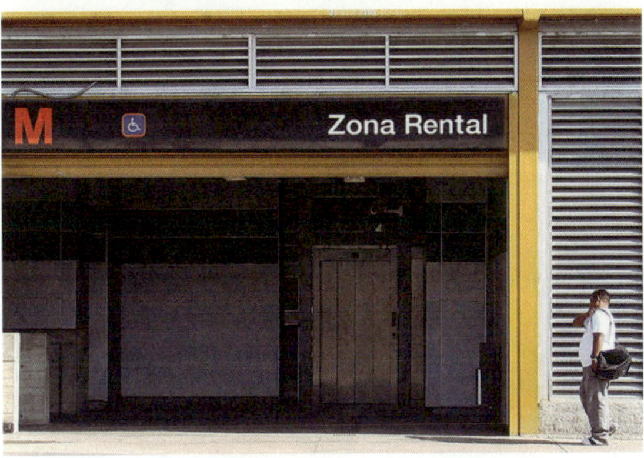

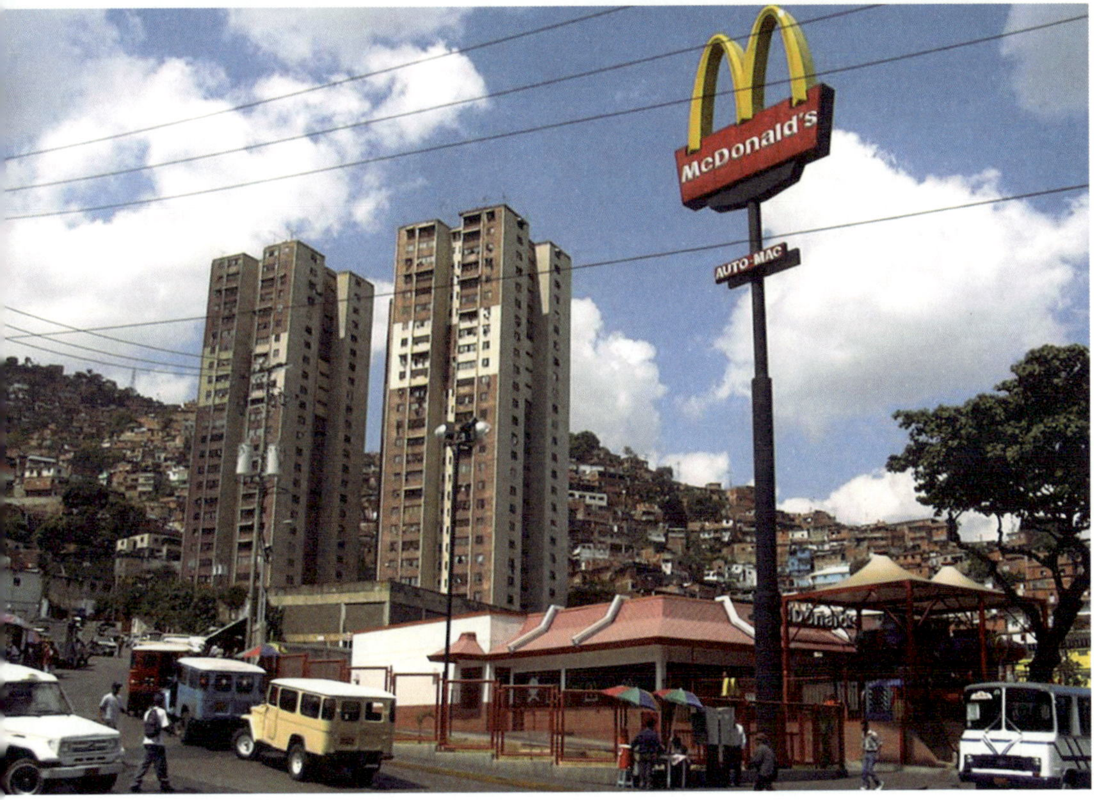
McDonald's
AUTO-MAC

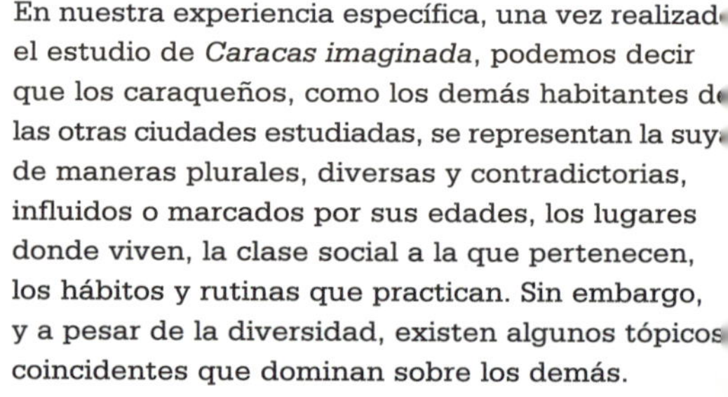

Caracas imaginada
Tulio Hernández[1]

En nuestra experiencia específica, una vez realizado
el estudio de *Caracas imaginada*, podemos decir
que los caraqueños, como los demás habitantes de
las otras ciudades estudiadas, se representan la suya
de maneras plurales, diversas y contradictorias,
influidos o marcados por sus edades, los lugares
donde viven, la clase social a la que pertenecen,
los hábitos y rutinas que practican. Sin embargo,
y a pesar de la diversidad, existen algunos tópicos
coincidentes que dominan sobre los demás.

Ahora sabemos con mayor certeza que, para sus
habitantes, Caracas es verde y que mayoritariamente
tienden a considerar El Ávila –la montaña siempre
verde que en su punto más alto alcanza los 2.159 m
sobre el nivel del mar–, el gran icono, el lugar más
generoso, querido, fragante y hermoso de la ciudad.
Esta inmensa barrera, alta y ancha, que separa la
ciudad del mar Caribe, concita una de las formas
superiores de religiosidad de sus ciudadanos. Bajo
su cobijo, en un estrecho valle que se extiende a sus
pies, nació y se ha extendido una ciudad que no se
reconoce a sí misma sin esa presencia dominante
que actúa a un tiempo como telón de fondo, el objeto

e contemplación mayor, y, a la inversa, como balcón
desde donde avizorar el espacio urbanizado en su
vasta dimensión.

Ahora sabemos también que los caraqueños son
rítmicos y que los géneros musicales son el recurso
más frecuente al que acuden para definir o identificar
las ciudades vecinas. En su imaginario, ya sea verdad
o mentira –los imaginarios no se evalúan según
criterios de veracidad–, Bogotá representa el vallenato; São Paulo, la samba; Ciudad de México, las
rancheras; y Buenos Aires, el tango. Santiago no es
hueca porque la férrea imagen de Pinochet la cubre
de significados, lo mismo que La Habana, en donde
la música caribeña aparece en segundo lugar después
de Fidel Castro.

La memoria histórica de los caraqueños está abso-
lutamente condicionada por una sola figura: Simón
Bolívar, el Libertador. Es verdad que hay otras
referencias, Billo Frómeta, un músico popular que
hizo de Caracas el tema favorito de sus canciones;
Andrés Galárraga, un caraqueño de origen modesto,
héroe del béisbol en la grandes ligas norteameri-
canas; e incluso el presidente Hugo Chávez, que
poco tiene que ver con la historia de la ciudad. Pero
nada compite con la imagen de Bolívar omnipresente
en toda su extensión.

Quien llega a Caracas por vía aérea lo hace a través
del Aeropuerto Internacional Simón Bolívar. Las dos
grandes torres que dominan su centro histórico se
llaman Centro Simón Bolívar. La plaza mayor, centro
cívico de la ciudad, como todas las plazas mayores
de todas las ciudades del país, se llama Plaza Bolívar.
Una de las principales y más atrevidas vías que une
el centro con el este de la ciudad se denomina avenida
Libertador. Simón Bolívar es asimismo el nombre
de una de sus más importantes universidades;
como de sus más renombradas orquestas sinfónicas,
o de la avenida más amplia del centro, de un banco,
de una de las tiendas por departamentos más tradicionales (Bazar Bolívar), de la más antigua empresa
productora de cine (Bolívar films), de una compañía
de seguros (Seguros Bolívar), de innumerables cole-
gios y liceos, restaurantes, líneas de taxis y autobuses,
y, periódica y repetitivamente, éste es también el
nombre de promociones de egresados de las escuelas
militares, las universidades o los centros de enseñanza
secundaria.

Dos imaginarios muy fuertes andan en Caracas
tomados de la mano. Son las caras de una misma
moneda. El imaginario del miedo, ubicado en la calle,
en la noche, en los espacios públicos abiertos y en
la intrincada presencia de los barrios pobres. Y el
imaginario de la seguridad, el disfrute y el consumo
ubicado en los *shopping center*, los centros comerciales como aquí se les conoce, el lugar de distracción
por excelencia.

Como en muchas otras ciudades latinoamericanas,
el miedo mayor de los caraqueños lo encarnan la
delincuencia y el caos urbano. Pero entre nosotros
la realidad es muy contundente. Caracas se cuenta
entre las tres ciudades con mayor índice de homicidios
por cada cien mil habitantes, y con el paso del tiempo
la cifra tiende a aumentar. Al punto de que todos
los lunes, como si de una buena nueva se tratara,
el director de la morgue u otra figura similar entrega
a la prensa el reporte de las muertes del fin de
semana, que algunas veces puede llegar a 150, una
cifra sólo comparable con las de la guerra de Irak.

Tal vez por eso los centros comerciales funcionan
como el sustituto amurallado del espacio público
perdido. Tres de cada cuatro entrevistados declararon
que su lugar de esparcimiento favorito eran estos
nuevos templos del consumo. Y de esos tres, dos
señalaban uno con nombre y apellido, el Centro
Comercial Sambil, un monumental centro de 250.000
m² construidos, con 12 salas de cine, un acuario
marino de 120.000 litros, 58 escaleras mecánicas,
estacionamiento para 4.000 automóviles y cinco
niveles comerciales que albergan 550 tiendas, que
se ha convertido en un auténtico lugar de peregri-
nación de miles de caraqueños a cualquier hora del
día o de la noche.

Profundamente dividida por el conflicto político que
padece el país, administrativamente colapsada gracias a la pasividad de unos gobernantes sin visión,
desmemoriada y amnésica, amenazada por la violencia, Caracas es, sin embargo, una ciudad alegre
y musical, cuyos habitantes se sienten seres privilegiados que saben disfrutar de los placeres de la vida
y piensan que son percibidos por los demás como
personas "divertidas, simpáticas, agradables, ama-
bles, receptivas y desordenadas". Estamos frente
a una ciudad marcada por la velocidad y la provisio-
nalidad, que es vivida como si estuviese a orillas
del mar (aunque se encuentra situada a más de
800 m de altura), una "babel comprensiva", donde
se mezclan referentes culturales muy diferentes
y en la que siempre hay espacio para la alegría, la
sensualidad, el disfrute de la naturaleza y el culto
al cuerpo y al aspecto físico. Al menos eso es lo que
leemos en sus imaginarios.

1 Sociólogo y director de la Cátedra Permanente de Imágenes Urbanas.

La Paz (Bolivia)

Población (con El Alto): **1.420.308 (2001)**
Superficie (con El Alto): **470 km²**
Densidad (con El Alto): **3.022 hab./km²**
Porcentaje de población del país (con El Alto): **11%**

La Paz imaginada

Personaje identificativo: **Polleras de las cholas**
Le gusta más de su ciudad: **Illimani**
Color imaginado: **gris**
Calle más peligrosa: **Buenos Aires**

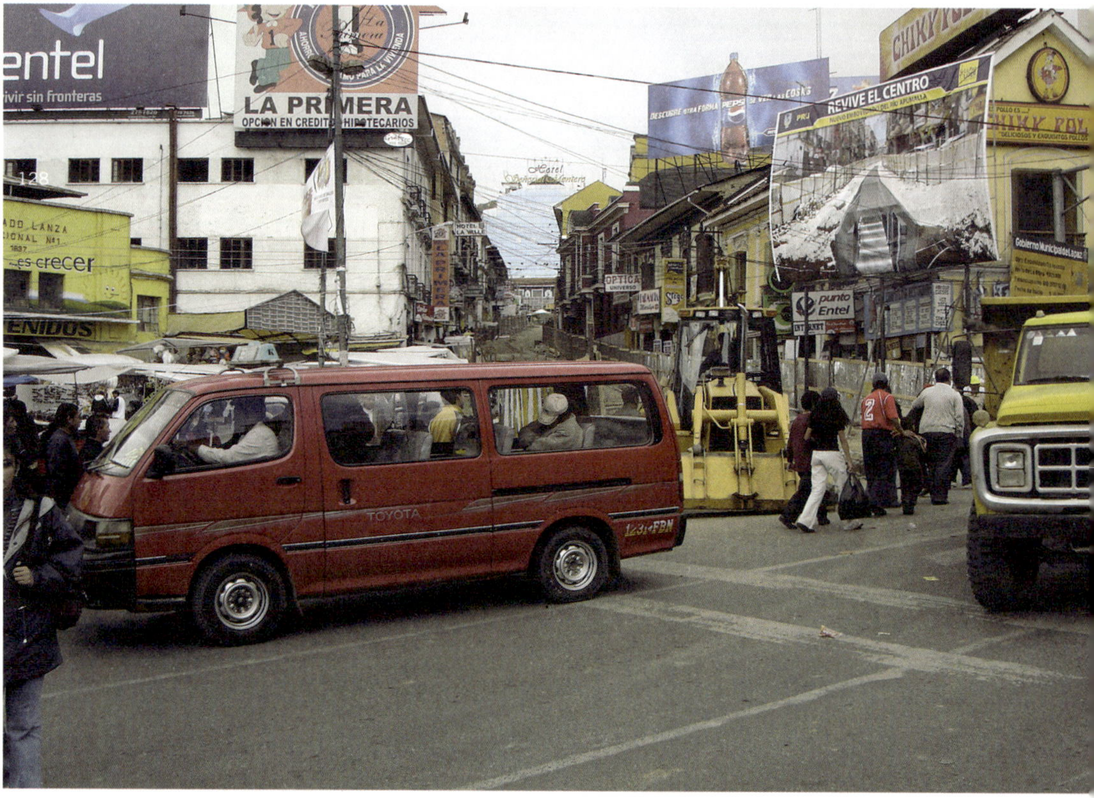
entel
vivir sin fronteras
LA PRIMERA
OPCION EN CREDITO HIPOTECARIOS
REVIVE EL CENTRO
OPTICA
UNIVERSO
punto
Entel
INTERNET
TOYOTA
Gobierno Municipal de La Paz

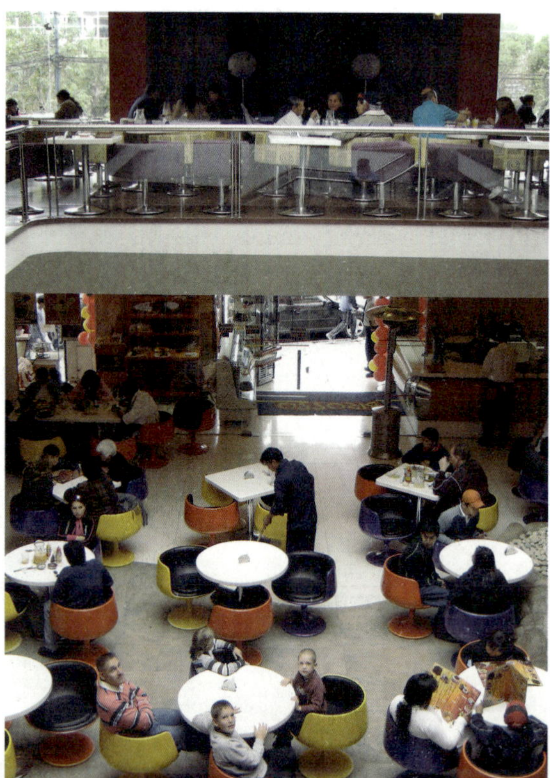

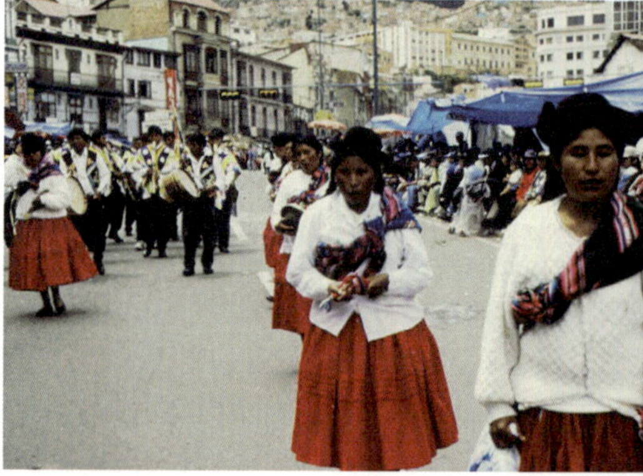

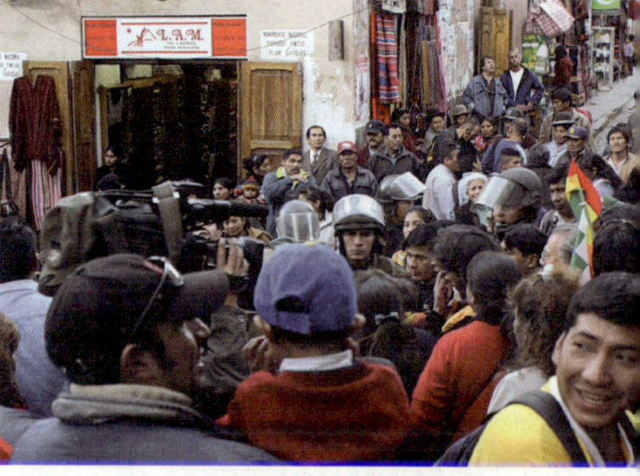

FRICASERIA
PORKIS PIO
SNACK CHARITO
SNACK MAGGY
129

Aquí

INTERNACIONAL
PELUQUERIA
HAIR FASHION
INADOS

Lima (Perú)
Población: **7.584.000** (sin la provincia constitucio
del Callao)
Superficie: **2.664,67 km²**
Densidad: **2.846 hab./km²**
Porcentaje de población del país: **27%**

Lima imaginada
Personaje identificativo: **Francisco Pizarro**
Le gusta más de su ciudad: **la gente**
Color imaginado: **gris**
Calle más peligrosa: **La Victoria**

CUIDA TU VIDA
NO CRUCES

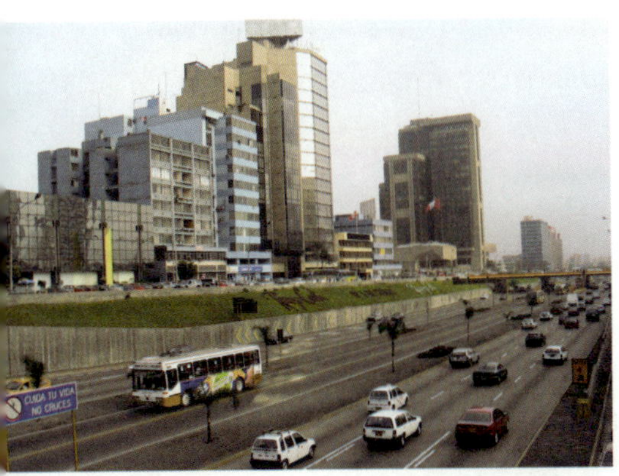

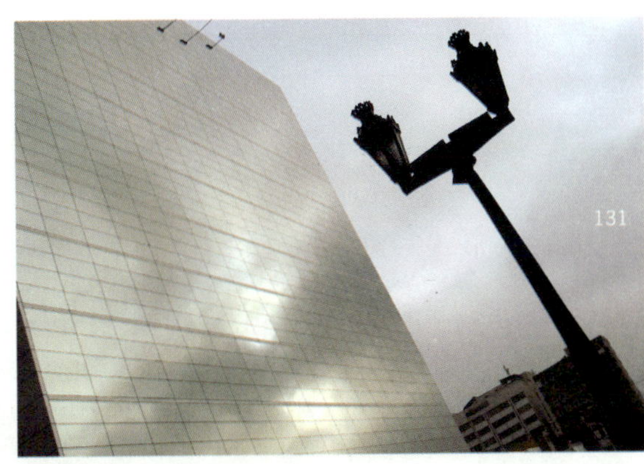

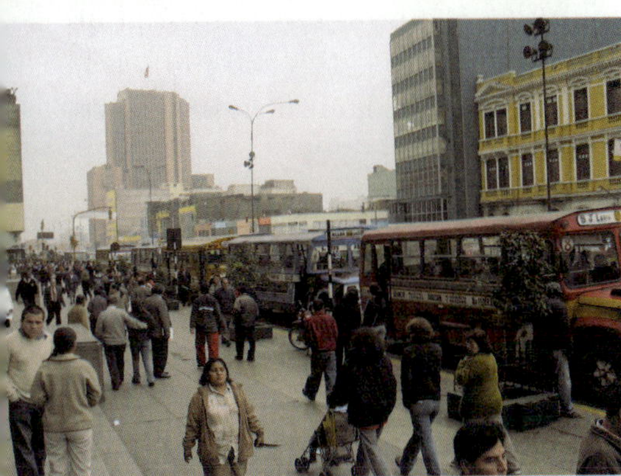

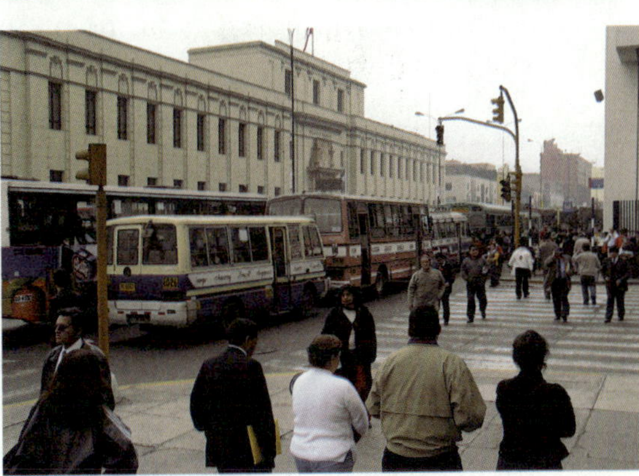

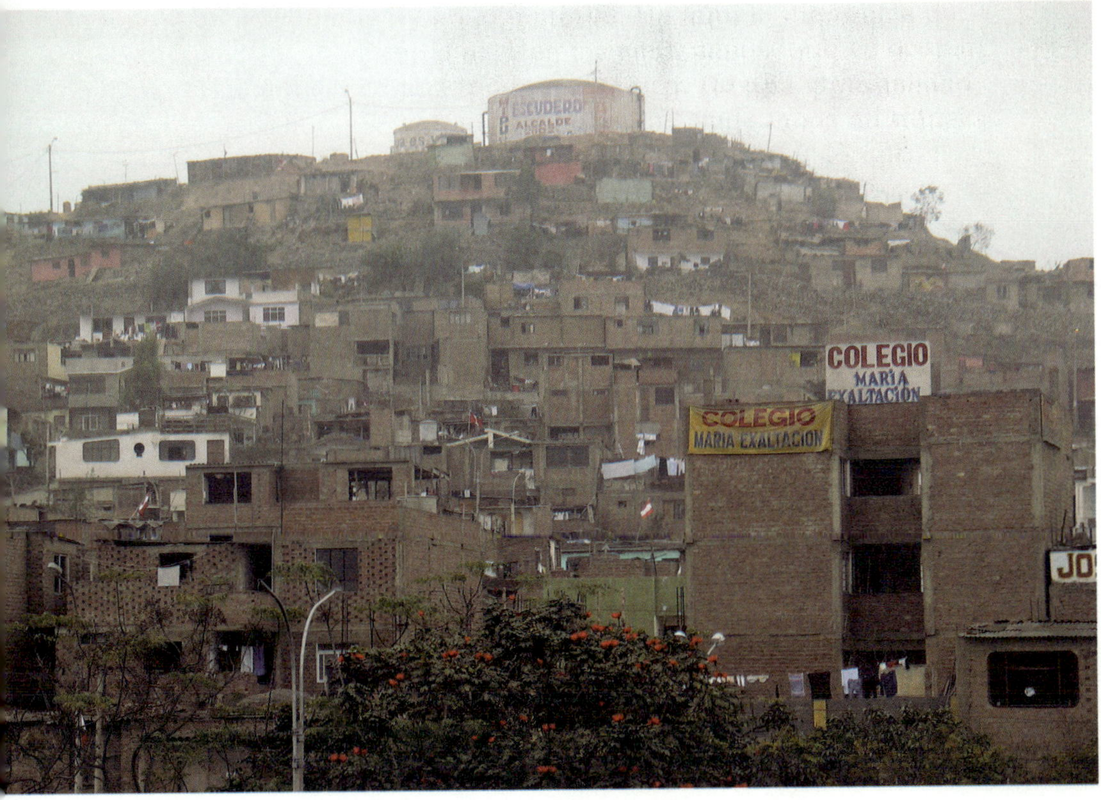
ESCUDERO
ALCALDE
COLEGIO
MARÍA
EXALTACIÓN
COLEGIO
MARIA EXALTACION

BUTIFARRAS
BUTIFARRAS
Y
CHAMPUS

Date un gusto.
saga falabella
sagafalabella.com

PELUQUERIA
Madeley

TEMPLO MAYOR
PLAZA DE LAS 3 CULTURAS
Mercado de
San J

PENSA

SERVICIO
ELECTRICO
ERVICIO
ELECTROMECA
L58615

México DF (México)

Población: 8.720.916 (2005)
Superficie: 1.479 km²
Densidad: 5.896 hab./km²
Pobl. con 27 municipios conurbanos: 22.728.411 (2005)
Porcentaje de población del país: 21,5%

México DF imaginado

Personaje identificativo: **el Presidente de la República**
Le gusta más de su ciudad: **el clima y su gente**
Color imaginado: **gris**
Calle más peligrosa: **Tepito**

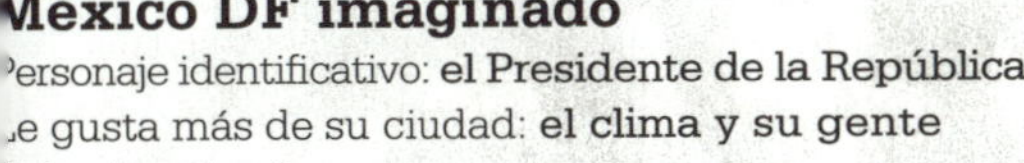

JUGOS Y LICUADOS
COCKTELES Y AGUAS

PIO
ECINTO
MENTOS
BASURA
OS, DULCES,
EL COMERCIO
LUGAR
ACIAS
TRACION
QUE NO LE SORPRENDAN
DEBIDO A LOS CONSTANTES
ABUSOS
DE PERSONAS QUE PIDEN
DINERO A CAMBIO DE
ESTAMPAS, MEDALLAS ETC.
LAS AUTORIDADES DE ESTA
BASILICA, RECOMIENDAN
QUE TENGAN CUIDADO
PARA QUE NO LE ENGAÑEN

"CASO BUENOS AIRES... AJUSCO"
El 8 de septiembre de 1997, fueron
secuestrados, torturados, asesinados
y descuartizados por S.S.P. Zorros
y Jaguares los jovenes...
† ROMÁN MORALES ACEVEDO
† CARLOS ALBERTO LÓPEZ INÉS
† ÁNGEL LEAL ALONSO
Su sangre inocente, clama justicia
condena ejemplar para Policías asesinos

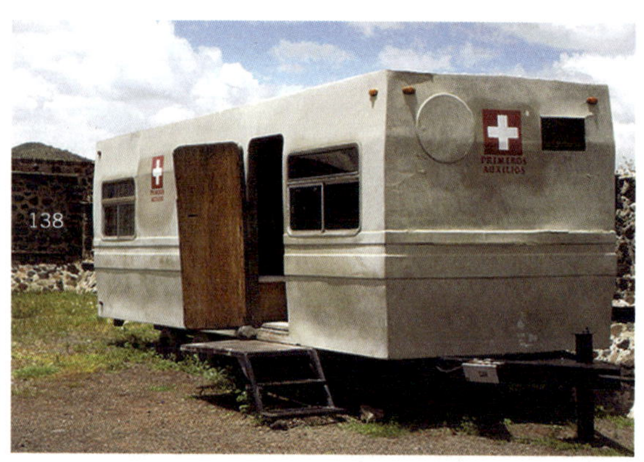

México DF imaginado
Miguel Ángel Aguilar[1]

Un primer tema recurrente en la experiencia y los imaginarios de los habitantes de Ciudad de México se aglutina alrededor del miedo. Éste es un tema fuertemente asentado en la valoración de la ciudad y ha mostrado ser mutable a partir tanto de las dinámicas sociales y políticas locales, como de la extensión en el uso de tecnologías de comunicación. En un primer momento de la investigación, en el año 2001, se realizó la aplicación de encuestas para conocer las dimensiones más significativas de los imaginarios en la ciudad. Esto permitió tener una aproximación de conjunto a las maneras en que el miedo era representado y ubicado por los ciudadanos. Con todo, desde ese momento hasta la fecha se han dado eventos que han modificado dicha percepción.

Ha ocurrido un desplazamiento importante en el que se observa que de ubicar el miedo en barrios y zonas precisas de la ciudad se ha pasado a una sensación difusa en relación con la comunicación y el transporte en la ciudad. El miedo se ha deslocalizado y actualmente tiene que ver con la posibilidad de que a través de una llamada telefónica se reciba la noticia de que algún pariente ha sido secuestrado, algo que

suele comunicarse a través del teléfono celular o móvil. El desenlace, normalmente, es el tener que dejar dinero en algún lugar acordado, o bien comprar tarjetas para móvil y proporcionar estos números a los "secuestradores". Habitualmente se trata de un montaje del que forma parte la puesta en escena de supuestos "gritos" del secuestrado. Hay aquí una simulación de algo temido y, con todo, sus efectos son la creación de una realidad intolerable para quien la vive. Esto genera incertidumbre en relación al teléfono y a las llamadas telefónicas de extraños. El miedo se instala en la casa y en un aparato de uso cotidiano. Lo cercano se aleja. La ambigüedad del teléfono móvil sirve para brindar la seguridad de estar localizable y es a la vez el instrumento mismo para la extorsión.

Un segundo punto tiene que ver con la experiencia de la calle como escenario de lo amenazante. La movilidad en la ciudad es inevitable, y la condensación de los fantasmas urbanos suele ocurrir en relación con el uso del transporte público, sean éstos el accidente o el asalto. El uso del taxi, encuentro encapsulado entre extraños, ha sido marcado igualmente como posibilidad del *secuestro express*, las más de las veces para obtener dinero de las tarjetas de crédito.

Por último, el miedo expresa la politización de la ciudad. La marcha ciudadana contra la violencia, que reunió a más de cien mil personas en junio de 2004, fue interpretada por muchos como una crítica al Jefe de Gobierno de la ciudad, quien más tarde se postularía para la presidencia del país. Éste, a su vez, la desdeñó calificándola de movimiento de sectores medios y altos y denunciando que formaban parte de una campaña empresarial en su contra. Así, de manera explícita, el tema de la inseguridad urbana se ha vuelto bandera política al tiempo que el ciudadano se vislumbra como víctima en la mitad de una transición política incierta. Ubicar el miedo en lugares precisos creaba el efecto de "liberar" el resto de la ciudad de estos fantasmas;[2] pero al deslocalizarlo éste se generaliza y, en momentos, asfixia.

Por lo que hace a las rutinas ciudadanas cabe apuntar que la ciudad cumple en más de un sentido funciones ubicadas tradicionalmente en el ámbito estricto de lo doméstico o lo privado. Al ser el desplazamiento urbano fundamental, dada la escala de la ciudad, los habitantes reelaboran aquí su esfera doméstica frente a otros: arreglo personal, consumo de alimentos, estudio, trabajo, enamoramientos y desenamoramientos, todo esto ocurre en calles, automóviles y transportes públicos. Existe un pudor todavía practicado que es, goffmanianamente, la desatención cortés. Mirar sin mirar: te veo, pero finjo no hacerlo. Apuntaba

Georg Simmel, hace ya cerca de un siglo, que el desarrollo de los transportes creaba la situación inédita de pasar mucho tiempo sin hablar frente a otros. Estos pasajeros anónimos son testigos, sin embargo, de las interacciones entre otros usuarios del transporte, y de ahí emerge la visibilidad de lo privado.

La calle, a su vez, es el modo de vida de cada vez más personas. En la calle se vende casi todo: alimentos, juguetes, material para el trabajo, flores para la pareja, se quita el polvo al automóvil en lo que dura la luz roja del semáforo… Es tal la intensidad del comercio y la actividad en ciertos cruces de calles, que se crea la sensación de que no haría falta salir de ahí, salir de la calle. Pero también el miedo la ronda. En la novela *Hombre al agua*[3] el escritor Fabricio Mejía bosqueja una letanía urbana en la que leemos: "… una ciudad donde, en el mismo puesto de la calle, un tipo vende alarmas contra robo y llaves maestra para abrir puertas [...] una ciudad donde existe la misma posibilidad de que el que te amenaza con un cuchillo, te mate o esté tratando de vendértelo".

Y en medio de estas rutinas el carácter de los habitantes de la ciudad es referido en diversos tonos: agresivo, alegre, melancólico. Tal vez lo mejor sería pensarlo como mutable: dime dónde estás y te diré cómo te sientes. Mutismo en el transporte público, la melancolía mítica en las cantinas, desconfianza ante los extraños, complicidades en los mercados y en los barrios. Los estados anímicos bien pueden localizarse de acuerdo con el significado conferido a los espacios que los habitantes frecuentan. De entre ellos es tal vez el de lo local, el barrio, el conjunto habitacional de residencia, la zona en que se vive, el que resulta más pleno de significaciones positivas. Lo que se valora no son tanto sus cualidades intrínsecas, es más bien su dimensión de territorio conocido, transitado, experimentado, en suma, su condición de lugar conquistado al anonimato. Frente a la inmensa ciudad de la que difícilmente se puede tener un mapa mental –lo cual ya es en sí mismo amenazante–, el barrio resulta tener una escala humana, apropiable.

Sin embargo, hay también un ánimo de dibujar nuevos mapas. Una valoración recurrente de la ciudad atiende a que siempre hay algo por hacer, nuevos lugares para conocer, buscar el contagio de lo cosmopolita. Y es así como los y las jóvenes se inventan recorridos varios, de la pared *graffiteable* al cuerpo en movimiento en los circuitos alternativos de música, del centro comercial a la fiesta.

La ciudad quiere moverse rápido y sin embargo el desplazamiento es lento. Los medios de comunicación proponen, en cambio, una temporalidad veloz. Acontecimientos que se suceden sin tregua. Hay un rango de eventos que se proponen para su rápido consumo: se anuncian como parteaguas históricos y a los quince días son olvido. Es así como en el momento de realizar la encuesta, se juzgaron como acontecimientos importantes en la vida de la ciudad, en el último año, aquellos que habían sido ampliamente difundidos por los medios, tuvieran relación o no con lo urbano. Resaltan los casos de personajes vinculados con el mundo del espectáculo (un asesinato y un secuestro) que fueron objeto de una amplísima cobertura informativa. Los medios crearon la sensación de un presente común y, sobre todo, de que lo narrado ocurría no sólo en donde sucedieron los acontecimientos, sino también en donde se encontraba la audiencia, de aquí que se llegara a localizar lo sucedido como un tema urbano.

Con todo, hay eventos que han pasado a formar parte de la memoria "dura" de la ciudad. Un caso: el terremoto de 1985 ha sido fijado como fragilidad de la ciudad. Hay todavía un puñado de edificios "zombis", no están ni muertos ni vivos, ni demolidos ni rehabilitados. Pasamos de largo frente a ellos, como una marca inquietante. La persistencia del terremoto en el presente es múltiple: indicaciones en edificios sobre qué hacer en caso de emergencia, simulacros de desalojos, historias familiares de participación civil, evocaciones de ciudadanos que se reconocieron como tales entre escombros rebasando así con su actuar a un gobierno local para el cual eran invisibles.

La memoria urbana no sólo atiende a eventos, requiere también ubicarlos, dotarlos de un lugar en el que sea posible mirar el tiempo. El centro de la ciudad y el Zócalo cumplen el papel de ser el lugar de la memoria, de las memorias. Como bien apunta Carlos Monsiváis: "Almacén de la nostalgia, sede de las protestas, asiento de (algunos) de los poderes, confederación del desgaste integral y de los temores remodelados, el Zócalo es un espacio irrenunciable".[4] Se conjugan aquí lo nacional, lo urbano y lo personal. Espacio plástico, mutable en función de sus múltiples e imprevisibles usos, un día presenta una configuración, otra al siguiente. Es el recipiente de imágenes políticas y urbanas. El Zócalo permite imaginarios múltiples al ser un espacio vacío, caminarlo puede ser un acto de memoria, de resistencia civil o simplemente de tránsito obligado.

1 Profesor-investigador de la Licenciatura en Psicología Social y de Geografía Humana de la UAM-I.
2 Vergara, "Niveles, configuraciones y prácticas del espacio", en Patricia Ramírez Kuri y Miguel Ángel Aguilar (coords.), *Pensar y habitar la ciudad: afectividad, memoria y significado en el espacio urbano contemporáneo*, Anthropos-UAM-I, Barcelona, 2006.
3 Planeta-Joaquín Mortiz, México, 2004.
4 El Centro Histórico de la ciudad de México, Turner, Madrid, 2006.

Montevideo (Uruguay)

Población: **1.325.968 hab. (2004)**
Superficie: **525,54 km²**
Densidad: **2.523 hab./km² (2004)**
Población área metropolitana: **1.668.335 (2004)**
Porcentaje de población del país: **41,4%**

Montevideo imaginado

Personaje identificativo: **Anama**
Le gusta más de su ciudad: **Rambla**
Color imaginado: **azul**
Calle más peligrosa: **El Cerro**

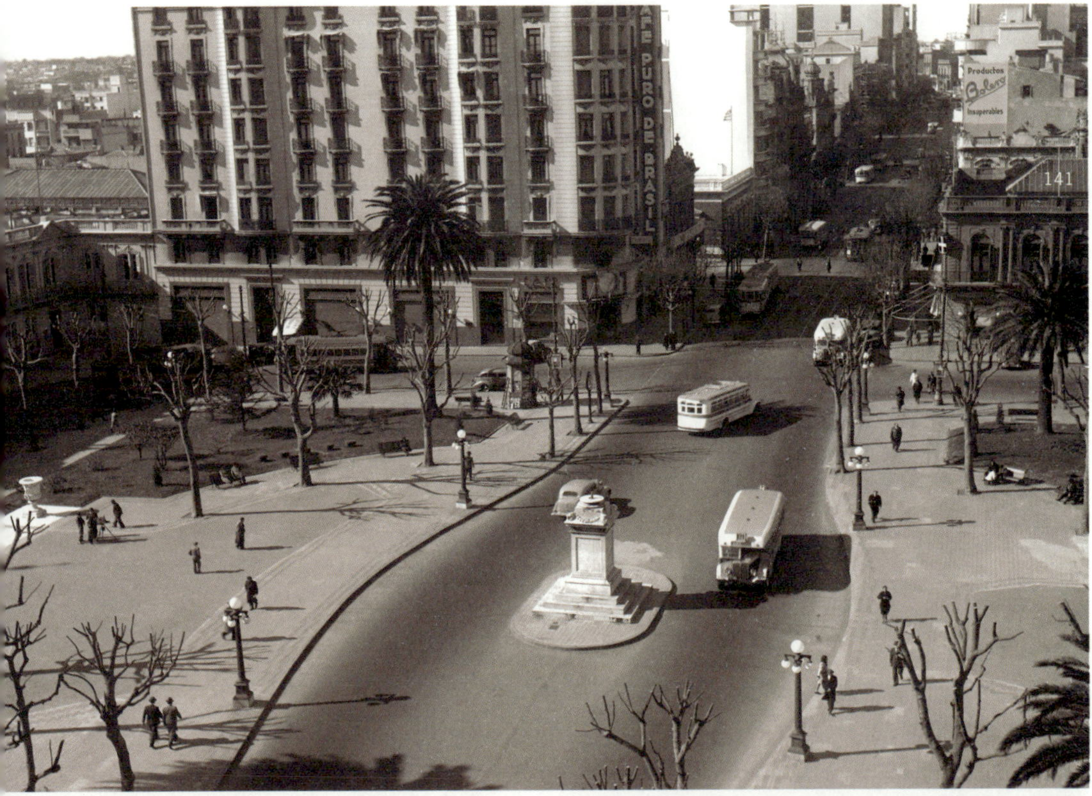
PURO DE BRASIL
Productos
Insuperables

694

Smith

SUR

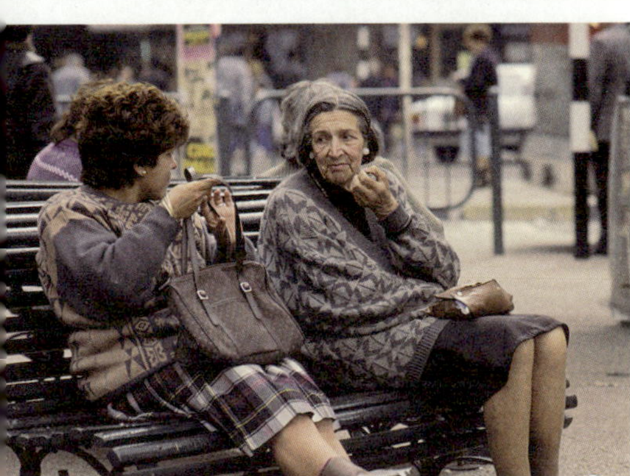

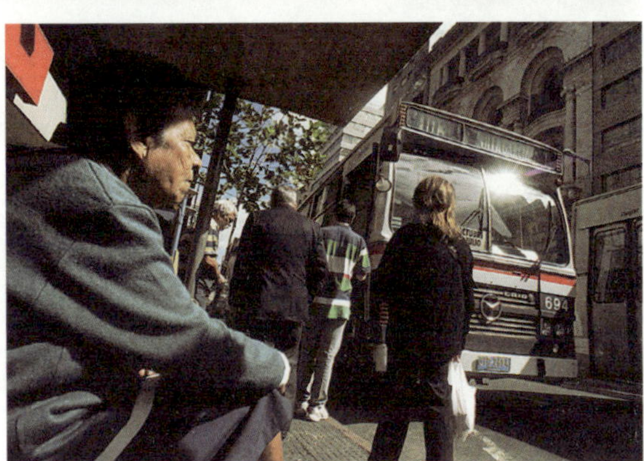

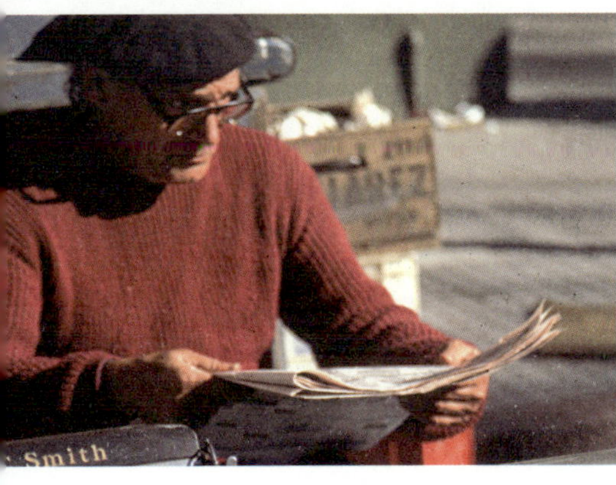

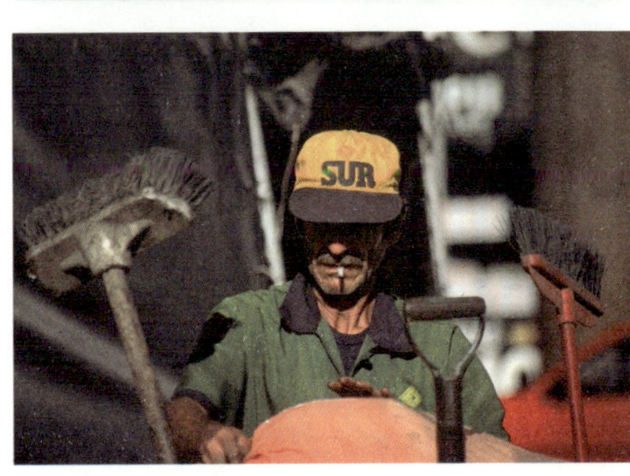

POR LA DIGNIDAD
LATINOAMERICANA
CUBA SI
YANKIS FUERA
PCU
SUR
SUR

IMPUNI

publicartel
Me gustaría
vivir en un barrio
más seguro.
Usted puede ayudar.
Participe en las Comisiones
de Seguridad Barrial.

Quito (Ecuador)
Población: 1.413.694 (2001)
Superficie: 4.204 km²
Densidad: 336,3 hab./km²
Población con conurbana: 1.841.200 (censo 2001)
Porcentaje de población del país: 12,8%

Quito imaginado
Personaje identificativo: **Flórez Milo**
Le gusta más de su ciudad: **el paisaje**
Color imaginado: **azul**
Calle más peligrosa: **24 de Mayo**

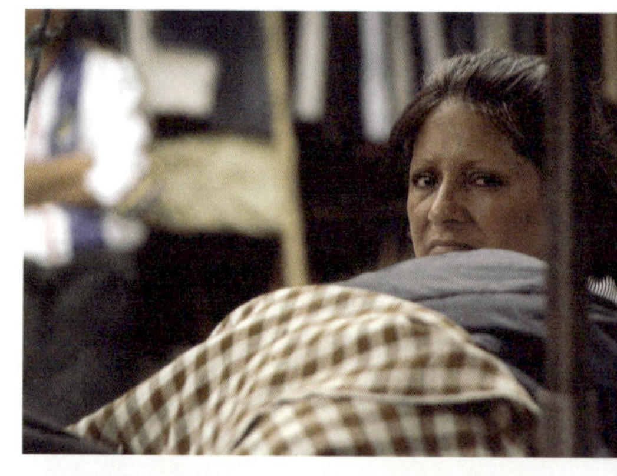

S ENSUEÑOS
AS ·EDREDONES·CORI
AS ·SABANAS

Quito imaginado

Fernando Carrión M.[1]

Vivimos un momento de perplejidad respecto de lo que es y será la ciudad, en tanto los cambios que ha experimentado llevan a ciertos académicos a predecir su muerte, sea porque se diluyó la diferencia con el campo, se urbanizó la población o se pulverizó la variable territorial con las nuevas tecnologías de la comunicación. También hay estudiosos que viven en una encrucijada al no atinar una definición reconocida por la comunidad científica. Y allí están los conceptos de "post-ciudad", "ciudad difusa", "metapolis", "ciudad en red", "global" o "informacional", entre otros, los cuales muestran las mutaciones de la ciudad así como la insuficiencia de la teoría para entenderla. Queda claro que hoy la ciudad no puede comprenderse desde las definiciones clásicas que la oponían al campo, la creían un conglomerado denso y heterogéneo de habitantes, la concebían a partir de su base económica de carácter industrial o de servicios o la entendían como frontera y no de integración.

Hoy la ciudad exige un cambio de mirada para entenderla, y ahí aparece la aportación de la teoría de los *Imaginarios urbanos* para hablarnos de la impor-

ancia que tiene la ciudadanía en su comprensión.
Nos dice que la ciudad no es sólo un conjunto de
edificios, infraestructuras, servicios sino también
lo que la gente imagina al vivirla; es decir, aquella
visión pluricultural venida de la población que la
habita y construye desde sus imaginarios. Actualmente participan en el proyecto *Culturas urbanas
desde sus imaginarios sociales* más de 300 personas
altamente cualificadas –procedentes de América
Latina, Europa y EE UU–. Nunca se había hecho un
esfuerzo académico tan ambicioso como éste, que
conjuga simultáneamente tres dimensiones relacio-
nales: una *transurbana*, que mira los ejes comunes
de las ciudades estudiadas; otra *interurbana*, que
revela cómo nos vemos; y, finalmente, la *intraurbana*,
que extrae la esencia de la ciudad imaginada: la
multiculturalidad que imagina y construye. Es decir,
un gran estudio colaborativo y comparativo de la
ciudad de hoy y no una colección de estudios de caso.

Para este trabajo se diseñó un cuestionario que se
aplicó en todas las urbes, teniendo como eje una
tipología analítica compuesta por: la ciudad, los
ciudadanos y los otros. La metodología usada busca
recuperar la voz de los ciudadanos para que digan
su verdad respecto de la ciudad, recurriendo a encuestas, fotografías, postales, recortes de prensa,
anuncios, archivos de TV y radio. Con este cúmulo
de información la gente, los medios de comunicación,
las instituciones y los gobiernos proyectan y construyen los imaginarios urbanos que identifican una
ciudad.

El proyecto afirma que los imaginarios urbanos son
una realidad social construida desde los habitantes.
Por eso se vive la ciudad y su cotidianeidad desde
las percepciones que se tiene de ella. Así, por ejemplo:
¿cómo separar a García Márquez de las ciudades del
Caribe colombiano o a Mario Vargas Llosa de Lima?
Lo mismo respecto a Guayasamín y sus Quitos, Gardel
del Buenos Aires querido o Pelé de Santos. También
en algunos casos los personajes populares confieren
la existencia a una ciudad o a partes de ella: las
Madres son la Plaza de Mayo o Gaudí es Barcelona.
Son, en definitiva, los imaginarios que la gente construye desde sus personajes.

Los habitantes de las ciudades estudiadas se imaginan que viven en urbes más grandes de lo que son;
lo cual revela la percepción del gigantismo con el
que nos vemos. Asunción es conocida por el fútbol,
Bogotá por la violencia, Montevideo por la nostalgia.
Pero también cada ciudad tiene un lugar emblemático
por el que se la conoce: las Ramblas de Barcelona,
el monte Ávila de Caracas, el Zócalo de México, el
centro histórico de Quito y la avenida Paulista de
São Paulo.

Según la gente hay ciudades grises, azules y verdes.
Si nos guiamos por la cromática dominante, se podría
decir que el imaginario de las ciudades de América
Latina es gris. Una ciudad gris es fría. Una ciudad
cálida y de color ladrillo es alegre. Una ciudad percibida como violenta tiene patrones sociales de temor.
Las ciudades tienen un olor característico: la parrilla
en Buenos Aires, la vainilla en Miami, los orines en
Quito, el *smog* en Santiago; hay calles masculinas
o femeninas; espacios de encuentro y desencuentro;
lugares para el amor y el odio.

Quito está en el estudio regional y su libro ha visto
la luz, y en él los imaginarios de la historia y la
geografía están presentes. Es una urbe cuya gente
vive pegada a la geografía, porque es una ciudad
del sol nacida al pie de un volcán y a la vez con una
altura celestial ubicada equinoccialmente. Aparece
una ciudad construida como montaña rusa, por el
vértigo de la vida cotidiana y por su emplazamiento
en la cordillera de los Andes. La gente está siempre
de subida o de bajada, y por eso siempre se la ve
desde arriba o desde abajo; lo cual la convierte en
una ciudad visible. Por eso los habitantes, viajeros,
cronistas, narradores y poetas han hecho que Quito
sea algo más que una línea imaginaria ubicada en
la mitad del mundo.

Históricamente la ciudad tuvo un momento en
que su población dio la espalda a sus orígenes; a
la manera de las tesis freudianas de negar su inicio
para posteriormente asumir su condición urbana.
Quito construyó una barrera frente al centro histórico,
primero como forma de negarlo y luego como una
manera de renacer como ciudad, cosa que ocurrió
en los años setenta, cuando se declaró Patrimonio
de la Humanidad y de la mano de un fenómeno
natural súbito: el terremoto de 1987, que generó
efectos devastadores en la arquitectura y el urbanismo pero que a su vez llamó la atención sobre el
significado de la génesis de la ciudad. A partir de
entonces se redescubrió el valor de la historia a
través de lo que se añora, a la manera de la pérdida
de un amor que cobra vida cuando desaparece. Allí
es donde encontramos el imaginario de la ciudad
de Quito en la historia y la geografía.

1 Profesor de Sociología de la Comunicación en la Universidad Politécnica
Salesiana de Ecuador.

Santiago (Chile)

Población: **6.038.974 (2002)**
Superficie: **641,4 km²**
Densidad: **9.415,3 hab./km²**
Porcentaje de población del país: **37%**

Santiago imaginado

Personaje identificativo: **Pedro Valdivia**
Le gusta más de su ciudad: **los parques**
Color imaginado: **gris**
Calle más peligrosa: **La Legua**

Vota positivo
+Vota CAMBIO
MARCELA
CUBILLOS
SE LA JUEGA POR LAVÍN
Jorge
Burgos
Diputado E-6

FUENTE DE SODA DON PEPE
$ 590 $ 500 $ 590 $ 550 $ 500 $ 550 $ 500 $ 550

CHILE GANA

POLICÍA DE INVESTIGACIONES DE CHILE
NIÑOS
PERDIDOS
800 200122
TELEFÓNICA

TARIFA
$280
TARIFA
$80
ESCOLAR
COBRADOR HUMANO

ADMISIÓN
2002
LA MISMA VOCACIÓN, DISTINTO UNIFORME.
ADMISIÓN
2002
LA MISMA VOCACIÓN, DISTINTO UNIFORME.

GRACIAS
POR FAVORES
CONCEDIDOS
J. MONCADA
ABRIL 2002
"PEPITO"
GRACIAS
POR FAVOR
CONCEDIDO
GRACIAS PEPITO
FAVOR CONCEDIDO

São Paulo (Brasil)

Población: **11.052.985 (julio 2006)**
Superficie: **1.522,986 km²**
Densidad: **7.257,5 hab./km²**
Población área metropolitana: **20.000.000 aprox.**
Porcentaje de población del país: **10,63%**

São Paulo imaginado

Personaje identificativo: **Paulo Maluf**
Le gusta más de su ciudad: **la diversidad cultural**
Color imaginado: **gris**
Calle más peligrosa: **JD Ângela**

Imaginarios urbanos desde América Latina.
Tradiciones y nuevas perspectivas

Alicia Lindón,[1] Daniel Hiernaux[2]

I

En el siglo XVII, el del gran racionalismo, "la imaginación fue puesta sistemáticamente al margen de las facultades del espíritu" (Guenancia, 2006: 43), otorgándosele la centralidad a otra capacidad del ser humano: la razón. Al constituirse ésta en el origen y el final de toda reflexión, lentamente —a lo largo de los dos siglos siguientes— se fue dando lo que Max Weber llamó el desencantamiento del mundo (*Entzauberung der Welt*), es decir, la separación de lo sagrado y lo mágico de la vida cotidiana. Con ello la vida social se racionalizó, o al menos se creó la ilusión de que la sociedad moderna estaba regida por la razón: una forma racionalista de concebir la racionalidad.

Y es en el siglo XX cuando se iniciará la revalorización de lo imaginario en el contexto del nuevo florecer de los idealismos. Así se va reconociendo la capacidad de lo imaginario para organizar y elaborar las imágenes que percibimos, y que luego emergen en nuestro contacto con el mundo, casi como filtro.

Sin embargo, fue justo a finales del siglo XX cuando el desmoronamiento de los grandes discursos, los conocidos meta-relatos, permitió revalorizar más intensamente aspectos de la subjetividad que habían sido soslayados por el rígido cartabón de la racionalidad cartesiana. Como ha señalado Roland Barthes (1997), toda producción humana está mediada por el intelecto, sea científica o míticamente. Por eso, la mediación del intelecto no debe reducirse a lo racional, también puede ser imaginativa. Sobre estas bases, hacia los años noventa, los imaginarios y la subjetividad social ganan terreno en las ciencias sociales, y terminan por ser aceptados como una ventana legítima para comprender distintas dimensiones de la vida social. En buena

---

1 Profesora-investigadora titular de la Licenciatura en Geografía Humana y del Posgrado en Estudios Laborales de la Universidad Autónoma de México-I. Miembro del Área de Investigación Espacio y Sociedad. Geógrafa y Doctora en Sociología. Miembro del Sistema Nacional de Investigadores (nivel 2). alindon@prodigy.net.mx

2 Profesor-investigador de la Licenciatura en Geografía Humana y el Posgrado en Estudios Laborales de la Universidad Autónoma de México-I. Miembro del Área de Investigación Espacio y Sociedad. Urbanista y Doctor en Geografía. Miembro del Sistema Nacional de Investigadores (nivel 3). danielhiernaux@gmail.com

 medida esto se ha dado de la mano del auge creciente de los enfoques constructivistas, en los cuales lo imaginario y la subjetividad son vistos a la luz del mundo material, evitando así las miradas puramente idealistas.

Actualmente, parecería que se ha completado el giro hacia la aceptación de lo subjetivo y los imaginarios como parte de la vida social. Incluso asistimos a la paradoja de que estos temas empiezan a desplazar a otros más vinculados a la razón. Concatenado con esto se ha dado la multiplicación de una terminología propia y, al mismo tiempo, también una notoria polisemia en torno a los principales conceptos de este campo temático. Por ejemplo, hay una verdadera familia de voces ligadas a "imagen", como son lo *imaginal*, la *imaginación*, lo *imaginario*, y otras que, si bien no son parte de la misma familia de palabras, integran otras familias emparentadas conceptualmente, aunque de raíces distintas: éste es el caso de las familias de voces derivadas de "representación" y "símbolo".

Frente a esta multiplicación terminológica y a su polisemia, caben algunas aclaraciones. La representación es una forma de traducir en una imagen mental, una realidad material no presente o bien una concepción. En cambio, el imaginario es más que eso: es "... una superación de la simple reproducción generada por la representación, hacia la imagen creadora" (Legros *et al.*, 2006: 83). El imaginario es entonces un proceso dinámico que otorga sentido a la simple representación mental y que guía la acción. La imaginación es una forma de acceso a la realidad, "... el proceso por el cual se realiza la representación-transfiguración simbólica [...] mientras que el imaginario es la capacidad, la fuerza de esta transformación" (Grassi, 2005: 16).

Esto permite comprender la relevancia que ha adquirido la noción de imaginario en las últimas décadas: el imaginario es una fuerza actuante, no una simple representación, sino una manera de asimilar la realidad vivida y actuar en ella. No obstante, se debe reconocer que aún hay muchos estudiosos de los imaginarios que los siguen viendo en esa perspectiva más limitada, en la cual el imaginario es la representación. En estos casos, la limitación deriva de considerar a la imagen representada como idéntica al fenómeno observado, perdiendo así la capacidad creativa, fantasiosa, distorsionadora de la realidad, propia del intelecto.

La segunda familia de voces asociadas con el imaginario es la del símbolo. Pero la relación imaginario-símbolo es muy diferente a la relación imaginario-representación. Mientras la primera enriquece, la segunda reduce. El imaginario no puede deslindarse del símbolo. Como señala Abilio Vergara (2001: 51): "El imaginario tiene necesidad del símbolo para expresarse, para salir de su condición de virtualidad, 'para existir'. [...] porque el símbolo presupone la capacidad de ver una cosa que ella no es [...] tiene la facultad de poner una cosa y una relación que no existen". Por ello, los símbolos vinculan elementos inicialmente desvinculados. A diferencia del signo, que es representativo, el símbolo es implicativo. En este sentido, Patxi Lanceros (1997) entiende al símbolo y los imaginarios a través de la metáfora de "la sutura en una herida o en una fisura", es decir, el símbolo es la unión de elementos no unidos inicialmente.

En América Latina este interés creciente por los imaginarios como perspectiva clave se asocia a dos circunstancias centrales: una es el auge que vienen tomando las aproximaciones cualitativas, no ajeno a las limitaciones evidenciadas por las visiones cuantitativas sin que ello haya derivado necesariamente en visiones dicotómicas. Muchas veces, esto ha generado diversas triangulaciones. La otra circunstancia que contextualiza el estudio de los imaginarios en América Latina es la constitución de miradas crecientemente más transdisciplinarias, camino en el cual el pensamiento latinoamericano ha mostrado menos ataduras que otros. Posiblemente, esto se relaciona con el hecho de que las tradiciones disciplinarias no tienen historias tan densas ni extensas. Aunque tal vez también se asocie a que las realidades latinoamericanas suelen desbordar todos los esquemas interpretativos disciplinarios. Así, los imaginarios se han constituido en un enfoque (o mejor aun, en múltiples enfoques) que tiene la capacidad de articular pensadores y conceptos procedentes de diversas ciencias sociales, particularmente, la psicología, la sociología, la antropología, las ciencias de la comunicación, la geografía humana, los estudios culturales y la semiótica. Indudablemente, estas tradiciones disciplinarias tan diversas también se han nutrido de distintas fuentes filosóficas, todas ellas más o menos identificadas dentro de las filosofías existencialistas y fenomenológicas.

Esta conjunción de disciplinas involucradas ha llevado a distintos replanteamientos. Por ejemplo, la geografía humana articula los imaginarios con el espacio, los lugares y el territorio. En este sentido se puede mencionar la propuesta del geógrafo Bernard Debarbieux (2003: 489): "El imaginario geográfico es un conjunto de imágenes 'mentales' relacionadas entre sí, que confieren —sea para un individuo o un grupo— un significado y una coherencia relativa a una localización, una distribución o la interacción de fenómenos en el espacio. El imaginario contribuye a organizar las concepciones, las percepciones y las prácticas espaciales".

En este sentido, buena parte de lo que se viene estudiando bajo la expresión de "imaginarios" parece sustentarse en lo que Alfred Schutz, a mediados del siglo XX, consideró bajo el concepto de *Wissensvorrat* o "acervo de conocimiento" (Berger y Luckmann, 1997: 29-42). Para este filósofo-sociólogo, el conocimiento de una sociedad (tanto de sentido común como científico) constituye un gran "acervo o reservorio de conocimiento social" que las personas van incorporando (a través de la socialización), apropiando y replanteando a lo largo de las experiencias que integran su trayectoria de vida. A partir de ese acervo de conocimiento social, y dependiendo de las particulares experiencias biográficas de cada uno, las personas integran su propio acervo subjetivo de conocimiento. De modo tal que los acervos de cada persona siempre tienen sectores compartidos con otros. Esos fragmentos compartidos son los que permiten sostener la vida social, la interacción y la comunicación.

II

En América Latina, los estudios urbanos constituyen un campo destacado, con trayectorias académicas intensas que superan las tres décadas. Este interés por lo urbano encuentra su razón de ser en los acelerados procesos de urbanización de casi todos los países de la región, las conocidas macrocefalias, la extensión desmesurada de las periferias y otros fenómenos urbanos que han generado una honda preocupación en los pensadores latinoamericanos.

Estos estudios urbanos han tenido desde sus inicios una característica que ha sido una verdadera marca: han congregado a especialistas de distintas disciplinas. Así, si en América Latina la interdisciplinariedad —y luego, la transdisciplinariedad— siempre ha sido vista con buenos ojos, en el campo de los estudios urbanos ha sido la única forma de producir conocimiento.

No obstante, este campo ha estado marcado durante largos años por enfoques que han dado preeminencia a los componentes materiales, en términos del espacio construido y también en términos socio-económicos. Seguramente, esto no ha sido ajeno al pensamiento marxista que atravesó y marcó las diversas disciplinas sociales en América Latina. Sin lugar a dudas, ello ha permitido avanzar en el conocimiento de las metrópolis y constituir así una tradición bastante fuerte en relativamente escaso tiempo. Sin embargo, y sobre todo a partir de los años noventa, se va evidenciando que en ese devenir han quedado relegadas del análisis dimensiones que son parte fundante del fenómeno urbano. Básicamente se trata de los componentes socio-culturales asociados al espacio urbano, la espacialidad y la territorialidad. De manera tal que aquella tradición de estudios urbanos hoy nos resulta insuficiente.

Esto permitió ir construyendo abordajes urbanos desde estas dimensiones socio-simbólicas, o bien miradas que articularan lo socio-económico y material con lo socio-simbólico. En este camino, los imaginarios y la subjetividad social ofrecieron una posibilidad de renovación del campo, que a veces se ha perfilado como "estudios de culturas urbanas" y otras, enfatizando el componente espacial, se ha planteado como la "construcción social del espacio urbano" y la "construcción social de la ciudad".

En este contexto, el estudio de los imaginarios se ha orientado a reconstruir imaginarios sobre el espacio urbano, sobre lugares de la ciudad, sobre la ciudad como un todo, sobre fragmentos de la ciudad, sobre las prácticas espaciales con las cuales sus habitantes hacen la ciudad, los barrios, las calles, las casas (García Canclini, 1998).

En ese sentido Armando Silva ha afirmado que: "Los estudios sobre imaginarios se dedicarán a entender cómo construimos, desde nuestros deseos, modos grupales de vivir, de habitar y deshabitar nuestras ciudades" (Silva, 2001: 107-108). Ubicar los imaginarios urbanos a la luz de los modos de vida urbanos, los modos de habitar las ciudades, es una forma de expresar que los imaginarios urbanos se concretan en las prácticas cotidianas en la ciudad, sin que ello implique que estas prácticas se limiten a las desplegadas en los espacios exteriores. En todo caso, habría que advertir que la subjetividad que se canaliza en cada práctica no sólo emana de los deseos, sino que muchas veces también tiene sus fuentes en códigos sociales incorporados y reproducidos. En otras palabras, si en la subjetividad social los deseos de los individuos orientan una parte del hacer cotidiano más o menos apegado a la libertad y a lo creativo, no se debe olvidar que otra parte de la subjetividad que se canaliza en las prácticas expresa el deber hacer, lo tradicional, lo consensuado.

La diversidad de modos de habitar la ciudad, la heterogeneidad de prácticas que se despliegan en la ciudad expresan los distintos imaginarios, pero a su vez también dan cuenta de los distintos tipos de sujetos sociales, de la pertenencia a distintos grupos. En otras palabras, la heterogeneidad imaginaria está asociada a los "puntos de vista" de los diversos grupos sociales de una ciudad. Por ejemplo, Silva ha hablado de la existencia de una ciudad masculina y otra femenina en el caso de

Bogotá. Pero también se ha mostrado en otras ocasiones que una misma ciudad puede ser "practicada" (Delgado, 1999) de diferente forma por distinto tipo de habitantes, y en esas formas de practicarla están contenidos distintos imaginarios: así, se habla de la ciudad practicada e imaginada por los jóvenes, o por los ancianos. Por ejemplo, Graham Rowles (1978) mostró el sentido que toma para un grupo de ancianos habitantes de una calle, un lugar emblemático de su ciudad, como es el cementerio. Así, aquel cementerio era practicado y significado por esos ancianos de una manera particular y diferente a como lo era para el resto de los habitantes de esa ciudad del este de Estados Unidos, aunque en términos referenciales y materiales, se tratara de la misma ciudad. Esto también muestra que algunos imaginarios están referidos a lugares muy delimitados o de reducidas dimensiones, al mismo tiempo que están anclados en grupos sociales muy reducidos.

Aunque también suele ocurrir que otros imaginarios están anclados en grupos sociales extensos, e incluso pueden referirse a la ciudad como un todo, o al menos a amplias zonas de la ciudad. Por ejemplo, otros estudiosos han hablado de una ciudad diurna y otra nocturna con referencia a la misma ciudad. Por ejemplo, Mario Margulis (1994) habla de la ciudad de Buenos Aires practicada nocturnamente, particularmente por los jóvenes, como una ciudad diferente a la que se expresa en las prácticas e imaginarios de quienes la habitan (al menos en sus calles y espacios abiertos) de manera diurna.

Así, dentro de un particular grupo social –sea instituido como tal o no– se podrá encontrar cierta similitud, siempre parcial, entre los "puntos de vista" de sus diversos miembros, lo que puede generar entendimiento, códigos compartidos, experiencias reconocidas mutuamente, empatía y significados atribuidos a la ciudad o sus fragmentos también compartidos por sus miembros. Todo esto expresa que tienen si no imaginarios compartidos, al menos fragmentos de ellos que les son comunes, un trasfondo de sentido que los une, un acervo (o *stock*) de conocimiento semejante. En última instancia, esos fragmentos de imaginarios compartidos son lo que contribuye al establecimiento del vínculo social y a practicar la ciudad de maneras similares.

Otro rasgo que ha sido encontrado en ciertos imaginarios urbanos es su carácter de imaginarios dominantes e incluso colonizadores. Nos referimos a aquellos imaginarios urbanos que no sólo están anclados en un grupo social, sino que son asumidos por muchos otros grupos sociales, incluso de diferentes ciudades y distintos países (Hiernaux, 2006). En estos casos, se ha encontrado empíricamente que en el contexto territorial en el cual surge inicialmente el imaginario en cuestión, pudieron haber existido referentes empíricos desde los cuales se construyó esta trama subjetiva. Sin embargo, cuando ese imaginario "migra" y es incorporado por distintos grupos sociales de otras ciudades, suele ocurrir que esos referentes empíricos no existen, pero ello no impide que este imaginario sea asumido por distintos sujetos sociales. En cierta forma esto ha ocurrido con el imaginario suburbano, es decir, aquel que concibe las periferias y los suburbios como espacios en los cuales sus habitantes pueden llevar una vida tranquila y en un medio próximo a la naturaleza. En las ciudades americanas en las cuales surge este imaginario, existían rasgos empíricos sobre los cuales se construyó esa trama de sentido. En las ciudades latinoamericanas se ha instaurado ese imaginario, por ello puede ser considerado como un imaginario dominante, aunque en términos prácticos esas periferias no aseguren ni una vida tranquila ni una vida natural para sus habitantes (Lindón, 2006).

Los imaginarios urbanos también se construyen sobre el agrado que les representa a ciertos sujetos sociales habitar o transitar por cierta zona de una ciudad o por cierta ciudad. En estos casos se han construido imaginarios urbanos de tipo *topofílico*, en los cuales el eje de la construcción imaginaria es el gusto y agrado que se siente por el lugar (Yori, 1999). Es posible que ese gusto se ancle en diferentes rasgos del lugar, reales o fantasiosos, por ejemplo, la presencia de rasgos naturales. El imaginario *topofílico* de lo "verde", como expresión de la naturaleza, es bastante difundido. En ocasiones los estudios sobre imaginarios urbanos se preguntan por el color con el cual los habitantes identifican a una ciudad. Éste es un aspecto relevante, y sin embargo también se puede profundizar reconstruyendo todo el imaginario que está entrelazado detrás de cada uno de los colores escogidos.

En otros casos, suele ocurrir que el sentido *topofílico* se ancle en circunstancias históricas asociadas al lugar, o bien a perspectivas visuales (de tipo paisajístico) que se pueden obtener desde el lugar, como suele ocurrir con los lugares altos; o simplemente a las ventajas y comodidades que representan distintos servicios y equipamientos urbanos disponibles en el lugar. Un caso particular de imaginarios urbanos *topofílicos* son los imaginarios turísticos con los que se dota a ciertas ciudades. Es frecuente que estos imaginarios turísticos se construyan en vectores de fuerza sin precedentes, que guían el viaje turístico hacia y en territorios deconstruidos y reconstruidos a partir de estas tramas subjetivas colectivas sui géneris. Esto es particularmente notorio en el caso de las denominadas ciudades

164 balnearias, en las cuales los imaginarios urbanos turísticos suelen producir una "sutura" que une la playa, el mar y el sol con el sentido de beatitud o bienaventuranza (Hiernaux, 2002).

De manera inversa, suelen construirse imaginarios de tipo *topofóbico*, es decir, imaginarios fundados en el desagrado y el rechazo por habitar o circular por cierto lugar. También en estos casos suele ocurrir que el rechazo por el lugar se haya construido a partir de rasgos físicos, que incluso pueden desaparecer sin que así lo haga el rechazo por el lugar. En otros casos, el rechazo se debe a aspectos más bien míticos y fantasiosos atribuidos al lugar. También resulta usual la construcción de un imaginario *topofóbico*, en el cual el rechazo se funda en que el lugar (por ejemplo, un barrio) ha sido apropiado progresivamente por nuevos habitantes que son considerados diferentes. En esos casos, el rechazo por la alteridad se traslada al lugar y se construye toda una trama de sentido. Algo que suele ocurrir en relación a aquellos barrios de diferentes ciudades en los que, en un momento dado, comienzan a llegar nuevos residentes cuya pertenencia étnica es diferente a la de los anteriores habitantes del lugar.

Una variante de los imaginarios *topofóbicos* que acabamos de comentar es lo que ha sido estudiado como "existencia negativa". Se trata de los estudios que encuentran la emergencia de expresiones puntuales de un imaginario urbano construido en torno al rechazo y la negación de un lugar y sus habitantes, que son considerados diferentes. Por ejemplo, Adolfo Benito Narváez (2000) encuentra que los habitantes de un barrio excluido de Monterrey, colindante con un conjunto residencial de clase media, al hablar sobre su espacio de vida marcaban una frontera intensa con ese conjunto residencial. La particularidad de esa frontera era que le otorgaban el sentido de la negación, es decir, más allá de la frontera "no existía nada", cuando en términos concretos existía ese conjunto que a ellos les representaba su propia exclusión, y por eso lo negaban. Estos imaginarios son formas de elaborar la fragmentación y la segregación urbana. En el reverso de estas investigaciones están las que han encontrado imaginarios que invisibilizan a los excluidos (Pereira Leite, 2005).

Un caso particular pero de creciente interés en América Latina es el estudio de los imaginarios urbanos del miedo, y los emparentados imaginarios urbanos de la seguridad. En esta línea se puede señalar que se han abierto dos subcampos, y ambos han generado numerosas investigaciones empíricas. Uno está definido en torno al estudio de la construcción social del miedo (Reguillo, 2000; Reguillo

2001; Rotker, 2000), la violencia urbana (Reguillo y Godoy, 2005) o bien la resignificación de los espacios públicos, básicamente de calles y espacios abiertos, así como la redefinición del tipo de prácticas que pueden realizarse en ellos (Lindón, 2005).

El segundo subcampo resulta del estudio de las prácticas asociadas al miedo y la búsqueda de la seguridad, básicamente las que conllevan la reclusión domiciliaria (López, Méndez y Rodríguez, 2006; Lindón, 2006), así como los imaginarios que resultan a la luz de la construcción material de las denominadas urbanizaciones cerradas o barrios cerrados (Cabrales Barajas, 2002; Borsdorf, Hidalgo y Sánchez, 2006), que incluso a veces se designan con una expresión de fuerte carga simbólica, "barrios amurallados", recurriendo al símbolo de la muralla medieval. En buena medida esos imaginarios, como se ha constatado empíricamente, se construyen sobre pautas como las de la seguridad, la invisibilidad, la exclusividad incluso, la simulación (Méndez, 2002; López, Méndez y Rodríguez, 2006), o la fantasía de los fuertes lazos comunitarios (Lacarrieu, 2002).

Los imaginarios urbanos suelen dejar marcas en el territorio, ya sean marcas perdurables, como pueden ser diversas formas espaciales, inscripciones (como graffiti), o bien marcas efímeras como puede ser la presencia circunstancial de un grupo de personas en un cierto lugar. En las antípodas de las marcas perdurables se pueden identificar las marcas fugaces. Se trata de aquellas que suelen resultar de las presencias cotidianas de personas o rituales cotidianos, en ciertos lugares de las ciudades.

En cuanto a las marcas efímeras (ni tan breves como las fugaces, pero tampoco tan estables como las permanentes) se puede recordar que en casi todas las ciudades latinoamericanas es reiterada la realización de mítines y concentraciones para plantear diversas demandas ciudadanas. También es usual que esas concentraciones se realicen en lugares que simbolizan los poderes políticos de las ciudades, como las plazas centrales o bien sobre vías principales de circulación. En este sentido se han realizado investigaciones que indagan cómo la realización de un ritual o un conjunto de prácticas en lugares cargados simbólicamente puede estar expresando un imaginario ciudadano. Se pueden citar los trabajos de Abilio Vergara sobre Lima y en particular ciertos "rituales de limpieza" (lavado de banderas) realizados en la Plaza San Martín, como también algunos estudios de Sergio Tamayo sobre la Ciudad de México. En esos casos la concentración de personas no es una marca perdurable, sino efímera, pero no por ello pierde su valor simbólico ni deja de expresar un imaginario.

BIBLIOGRAFÍA

Barthes, Roland, *La aventura semiológica*, Paidós, Barcelona, 1997.

Berger, Peter y Thomas Luckmann, *Modernidad, pluralismo y crisis de sentido. La orientación del hombre moderno*, Paidós, Barcelona, 1997.

Borsdorf, Axel; Rodrigo Hidalgo y Rafael Sánchez, "Los megadiseños residenciales vallados en las periferias de las metrópolis latinoamericanas y el advenimiento de un nuevo concepto de ciudad", en Horacio Capel y Rodrigo Hidalgo (ed.), *Construyendo la ciudad del siglo XXI: Retos y perspectivas urbanas en España y Chile*, Universidad de Barcelona-Pontificia Universidad Católica de Chile, Santiago, 2006, págs. 323-336.

Cabrales Barajas, Luis Felipe (ed.), *Latinoamérica: Países abiertos, ciudades cerradas*, Universidad de Guadalajara-UNESCO, Guadalajara, 2002.

Debarbieux, Bernard, "Imaginaire géographique", en Jacques Levy y Michel Lussault (dirs.), *Dictionnaire de la Géographie et de l'Espace des Sociétés*, Belin, París, 2003, págs. 489-491.

Delgado, Manuel, *El animal público: Hacia una antropología de los espacios públicos*, Editorial Anagrama, Barcelona, 1999.

García Canclini, Néstor (coord.), *Cultura y comunicación en la Ciudad de México*, 2 tomos, Grijalbo-Universidad Autónoma Metropolitana, México, 1998.

———, *Imaginarios urbanos*, Eudeba, Buenos Aires, 1997.

Grassi, Valentina, *Introduction à la sociologie de l'imaginaire: Une compréhension de la vie quotidienne*, Érès, Ramonville Sain-Agne, 2005.

Guenancia, Pierre, "La critique cartésienne des critiques de l'imagination", en Cynthia Fleury (coord.), *Imagination, imaginaire, imaginal*, Presses Universitaires de France, Collection Débats, París, 2006, págs. 43-76.

Hiernaux, Daniel, "Turismo e imaginarios", en Daniel Hiernaux, Allen Cordero y Luisa Van Duynen, *Imaginarios sociales y Turismo sostenible*, Cuaderno de Ciencias Sociales, núm. 123, FLACSO, San José de Costa Rica, 2002, págs. 7-32.

———, "Los centros históricos: ¿espacios posmodernos? (de choques de imaginarios y otros conflictos)", en Alicia Lindón, Miguel Ángel Aguilar y Daniel Hiernaux (coords.), *Lugares e imaginarios en la metrópolis*, Anthropos-Universidad Autónoma Metropolitana Iztapalapa, Barcelona-México, 2006, págs. 27-41.

Lacarrieu, Mónica, "La comunidad: el mundo imaginado en las urbanizaciones privadas de Buenos Aires", en Luis Felipe Cabrales Barajas (ed.), *Latinoamérica: Países abiertos, ciudades cerradas*, Universidad de Guadalajara-UNESCO, Guadalajara, 2002, págs. 177-216.

Lanceros, Patxi, *La Herida Trágica*, Anthropos, Barcelona, 1997.

Legros, Patrick *et al.*, *Sociologie de l'imaginaire*, Armand Colin, colección Cursus, París, 2006.

Lindón, Alicia, "Figuras de la territorialidad en la periferia metropolitana: Topofilias y topofobias", en Rossana Reguillo y Marcial Godoy Anativia (coords.), *Ciudades Translocales: Espacios, Flujo, Representación. Perspectivas desde las Américas*, Social Science Research Council-ITESO, Guadalajara, 2005, págs. 145-172.

———, "Del suburbio como paraíso a la espacialidad periférica del miedo", en Alicia Lindón, Miguel Ángel Aguilar y Daniel Hiernaux (coords.), *Lugares e Imaginarios en las Metrópolis*, Anthropos-UAM, Barcelona, 2006, págs. 85-106.

López Lévi, Liliana; Eloy Méndez e Isabel Rodríguez, "Fraccionamientos Cerrados, Mundos Imaginarios", en Alicia Lindón, Miguel Ángel Aguilar y Daniel Hiernaux (coords.), *Lugares e Imaginarios en las Metrópolis*, Anthropos-UAM-I, Barcelona, 2006, págs. 161-170.

Margulis, Mario, *La cultura de la noche*, Espasa Calpe, Buenos Aires, 1994.

Mejía Madrid, Fabricio, *Hombre al agua*, Planeta-Joaquín Mortiz, México, 2004.

Méndez, Eloy, "Espacios de la simulación", en Luis Felipe Cabrales Barajas (ed.), *Latinoamérica: Países abiertos, ciudades cerradas*, Universidad de Guadalajara-UNESCO, Guadalajara, 2002, págs. 65-92.

Monsiváis, Carlos, *El Centro Histórico de la Ciudad de México*, Turner, Madrid, 2006.

Narváez, Adolfo Benito, *Crónicas de los viajeros de la ciudad*, Universidad de Mendoza-Universidad Autónoma de Nuevo León-Editorial IDEARUM, Mendoza, 2000.

Pereira Leite, Marcia, "Miedo y representación comunitaria en las favelas de Río de Janeiro: Los invisibles exiliados de la violencia", en Rossana Reguillo y Marcial Godoy (coords.), *Ciudades Translocales: Espacios, Flujo, Representación. Perspectivas desde las Américas*, Social Science Research Council-ITESO, Guadalajara, 2005, págs. 365-392.

Reguillo, Rossana, "Imaginarios locales, miedos globales: construcción social del miedo en la ciudad", en *Estudios: Revista de Investigaciones Literarias y Culturales*, núm. 17, Universidad Simón Bolívar, Caracas, 2001, págs. 47-64.

———, "La construcción Social del Miedo: Narrativas y Prácticas Urbanas", en Susana Rotker (ed.), *Ciudadanías del Miedo*, Nueva Sociedad-The State University of New Jersey, Caracas, 2000.

——— y Marcial Godoy (coords.), *Ciudades Translocales: Espacios, Flujo, Representación. Perspectivas desde las Américas*, Social Science Research Council-ITESO, Guadalajara, 2005.

Rotker, Susana (ed.), *Ciudadanías del Miedo*, Nueva Sociedad-The State University of New Jersey, Caracas, 2000.

Rowles, Graham, *The Prisoners of Space? Exploring the Geographical Experiences of Older*, Westview Press, Boulder Colorado, 1978.

Silva, Armando, "Imaginarios: estética ciudadana", en Abilio Vergara Figueroa (coord.), *Imaginarios: Horizontes plurales*, CONACULTA, México, 2001, págs. 107-130.

———, *Imaginarios Urbanos: Cultura y Comunicación urbana*, 3.ª edición aumentada, Tercer Mundo Editores, Bogotá, 1997.

Vergara Figueroa, Abilio (coord.), *Imaginarios: Horizontes plurales*, CONACULTA, México, 2001.

———, "Niveles, configuraciones y prácticas del espacio", en Patricia Ramírez Kuri y Miguel Ángel Aguilar (coords.), *Pensar y habitar la ciudad: afectividad, memoria y significado en el espacio urbano contemporáneo*, Anthropos-UAM-I, Barcelona, 2006.

Yori, Carlos Mario, *Topofilia o la dimensión poética del habitar*, Centro Editorial Javeriano CEJA-COLCIENCIAS, Bogotá, 1999.

La imaginación frente al *Imagineering*

Dean MacCannell[1]

> "En Eudoxia, que se extiende hacia arriba y hacia abajo, con callejas tortuosas, escaleras, callejones sin salida, chabolas, se conserva un tapiz en el que puedes contemplar la verdadera forma de la ciudad. A primera vista nada parece semejar menos a Eudoxia que el dibujo del tapiz, ordenado en figuras simétricas que repiten sus motivos a lo largo de líneas rectas y circulares, entretejido de hebras de colores esplendorosos… Sobre la relación misteriosa de dos objetos tan diferentes como el tapiz y la ciudad se interrogó a un oráculo. Uno de los dos objetos —fue la respuesta— tiene la forma que los dioses dieron al cielo estrellado y a las órbitas en que giran los mundos, el otro no es más que su reflejo aproximado, como toda creación humana." Italo Calvino, *Las ciudades invisibles*

El proyecto *Imaginarios urbanos* de Armando Silva se centra en "cómo construimos, a partir de nuestros deseos y sensibilidades, formas colectivas de ser, vivir, habitar y abandonar nuestras ciudades". Un proyecto comparable, en el título y el contenido, al de *Las ciudades invisibles* de Italo Calvino, quien nos presenta una vívida antología de ciudades imaginarias, cada una con un nombre de mujer —Leonia, Clarice, Sophorina, Eudoxia, etcétera–, explorando los límites de lo que podría ser una ciudad merecedora de nuestro afecto.

En la América del *English only*, al norte del Río Grande, contamos con nuestros héroes del urbanismo moderno que también imaginan alternativas a las distopías de *Blade Runner*, de Dick, o de *Hijos de los hombres*, de P. D. James. Éstos se aliarían sin duda con Armando Silva y Calvino en la busca del mismo objetivo, a saber, una ciudad merecedora de nuestro afecto. En este grupo incluiría a Mike Davis, Edward Soja y Michael Sorkin.

Lo que aporta Armando Silva a sus aliados intelectuales del norte (entre los cuales tengo a bien contarme) es una sensibilidad delicada y atenta al detalle con respecto al papel que desempeña la imaginación popular en la creación de la ciudad futura. De este modo descubrimos la riqueza de sus investigaciones: de los graffiti

1 Profesor de Diseño medioambiental en la University of California (Davis). Sus escritos tratan sobre los aspectos sociales y culturales del turismo, el arte, la arquitectura, el diseño y el urbanismo.

en cuanto expresión explosiva y sin censurar del antiautoritarismo juvenil urbano con intenciones macropolíticas; de los álbumes de fotos familiares que dan testimonio silencioso y digno del desmoronamiento del orden de la familia tradicional ante la presión del desplazamiento geográfico y de otras realidades de la existencia urbana posmoderna; de actos individuales y colectivos de protesta que poseen y manifiestan una importancia simbólica que sobrepasa su expresión local; de gentes que se echan a la calle para airear sus reivindicaciones a diestro y siniestro, o sencillamente salen en masa de una manera festiva; los olores y colores de la ciudad; el concurso de belleza; los rostros en la multitud; las fantasías sexuales y criminales. En palabras del propio Silva, lo que le interesa es el imaginario urbano "asociado con la fecundidad simbólica del lenguaje; el imaginario como una inscripción psíquica que se manifiesta mediante la perspectiva de una lógica inconsistente; y el imaginario en tanto constructo social".[2]

Se trata de un imaginario que se opone dialécticamente al "Imagineering" (palabra compuesta de "imaginación" + "ingeniería") de Disney, en el que la empresa del entretenimiento, dedicada a diseñar parques temáticos, se brinda a soñar por nosotros. Para mí, el momento más deprimente de la obra de Silva se encuentra avanzado el proyecto de *Álbumes Familiares*, cuando una familia colombiana que se ha trasladado y vive en Nueva York documenta fotográficamente su nuevo lugar de vacaciones favorito: Disneyworld. Han desaparecido las alegres imágenes de las disparatadas fiestas de disfraces y con las caras pintadas, los picnics, las *quinceañeras* con enormes ramos de flores y trajes largos elegantes, los baños de los bebés y los nuevos descapotables: mil y una maravillas imaginadas. Ahora la libido se ve estrechamente encauzada hacia una mascota corporativa: un ratón de dibujos animados.

Y es precisamente la insistencia de Silva en el *poder de la imaginación cotidiana* lo que se echa en falta, y se necesita, en Norteamérica, y en los análisis norteamericanos. En *City of Quartz*, Mike Davis se refiere a Los Ángeles como un espacio que se asemeja al inconsciente de la posmodernidad, simultáneamente machacón y repelente, el equivalente geográfico de la música *heavy metal*. Es evidente que Davis no quiere renunciar a la esperanza en el caso de Los Ángeles ni negar su potencial para reinventar lo urbano. Pero tropieza con muchas dificultades en su búsqueda del mecanismo de esa transformación. En *Postmodern Geographies*, Edward Soja propone un método para la comprensión de la ciudad mundial que está emergiendo. Esta nueva ciudad sin

---

2 *Urban Imaginaires from Latin America*, Documenta 11, Hatje Cantz, Kassel, 2003, pág. 23.

límites definidos, sostiene Soja, está constituida por una sucesión de estratos de textos geográficos ocultos, con una simultaneidad y unas cualidades paradójicas ilimitadas. A Soja le interesa sobre todo sacar a la luz lo soterrado, lo oculto y lo invisible. Realiza un trabajo magistral al desvelar el orden económico que subyace bajo el manto semiótico. Pero lo "oculto" no es lo "imaginario". Lo oculto de Soja está siempre presente, por ejemplo: el centro de Los Ángeles. Sencillamente aguarda a que el maestro lo desvele. En sus perspicaces críticas a las prácticas actuales de planificación urbana, Michael Sorkin documenta la propagación a escala mundial de copias de la "Mainstreet USA" de Disney (la "calle mayor" estadounidense) en los nuevos proyectos de urbanización y de reurbanización de los barrios céntricos. Con una dura crítica de lo que denomina *Variations on a Theme Park* ("Variaciones sobre un parque temático") y de la nueva "arquitectura de equivalencia universal", Sorkin suma su voz a la de otros que reclaman un urbanismo alternativo convincente.

Lo imaginario, según Silva, es algo que todavía no se ha hecho realidad del todo. Es el potencial que planea sobre nuestros actos simbólicos, o "conciencia de la ausencia". Si se me permite hablar un momento desde una perspectiva fenomenológica técnica, Silva ha situado sus estudios donde la carencia psíquica se topa con raros momentos de conciencia de la ausencia. No es extraño que los críticos impregnados de empirismo angloamericano tengan ciertas dificultades para captar lo imaginario. Aparte de las semejanzas en el lenguaje, no veo la menor relación entre los *Imaginarios urbanos* de Silva y la "Imagined Community" sobre la que escribió Benedict Anderson. El "imaginario" de Anderson plantea la cuestión del nacionalismo: ¿cómo es posible que personas que tienen poco o nada en común, aparte de su identificación con una nación Estado, vayan de buena gana a la guerra y sacrifiquen sus vidas por una ilusión fantasiosa de unidad nacional? Se trata de una pregunta importante, sobre todo en Estados Unidos: ¿cómo se crea una ficción positiva (aunque peligrosa) a partir de la carencia de relación personal? Los *Imaginarios urbanos* de Armando tienen un punto de partida distinto, incluso opuesto, al examinar las "formas de mediación y las relaciones que existen entre los ciudadanos y la ciudad".[3] Es posible que en la brecha que separa los textos críticos y el trabajo de estudio de Michael Sorkin sí exista un imaginario urbano que merezca tal nombre. Se trataría de sueños a macroescala: barrios, ciudades y regiones urbanas enteros, funcionales, bellos, humanos y sin

---

3 *Ibid.*, pág. 23.

 precedentes en las prácticas actuales. Pero en general, la cualidad refractiva, de piedra preciosa, de los imaginarios urbanos de Silva no aparece en los mejores y más acreditados análisis realizados en Norteamérica.

El proyecto de Silva no pretende transportarnos a lugares imaginarios, a utopías o a distopías, sea Aztlán, la Atlántida, Oz, El Dorado, Xanadú, o "Mainstreet USA". Lo "urbano" de esta importante obra no puede representarse en dos dimensiones, ni siquiera en tres. Silva trae a colación la metáfora de la mariposa como apropiada para dar cuenta de los "frágiles, evanescentes sueños y fantasías" que constituyen el imaginario que él quiere atraer a la existencia real. Intentemos captar la belleza y el significado de una nube de imágenes individuales, de todos nuestros sueños en formación, volando entre la tierra y el cielo en un orden que no deja de cambiar, que responde primero al tiempo y luego al espacio. Seguidamente podríamos empezar a percatarnos de todo el potencial de nuestras nuevas ciudades sin límites y a tratarlas con el afecto que merecen, como una especie de frágil "segunda naturaleza".

Esta forma de pensamiento encuentra una enorme resistencia, sobre todo al norte del Río Grande. Esta resistencia se da tanto en la teoría como en la práctica política. Mientras escribo estas líneas, mi gobierno está levantando un muro de cemento, acero, alambre de espino y dispositivos "anti-intrusión" de tecnología avanzada para sellar la frontera sur con México y el resto de América Latina. Se trata tan sólo de la expresión más reciente, literal y concreta del aislamiento autoimpuesto de Estados Unidos frente al tipo de pensamiento que anima el proyecto de *Imaginarios urbanos*. Si sale adelante, este muro supondrá un desastre psíquico y cultural para Estados Unidos. Afortunadamente, ningún muro ha conseguido poner límites efectivos a la imaginación. Es más, como también ocurre en el caso del velo, el muro produce el efecto contrario. Sirve como estímulo para la imaginación. En una concreción real maravillosa de un nuevo imaginario urbano, los millones de personas que han cruzado de sur a norte la frontera ya han cambiado, y para bien, el aspecto y la atmósfera de zonas de Estados Unidos. Los inmigrantes han traído consigo una nueva paleta de colores, nuevas formas musicales, nuevas celebraciones (*quinceañeras*, el día de los muertos), nuevas iniciativas económicas (micronegocios, talleres de mecánica en la acera, etcétera), *placitas* típicas arrancadas a solares vacíos, nuevos usos de las calles para vender, parques multiusos, y desfiles de coches y bicicletas "customizados". Estos y miles de otros detalles semejantes están cambiando la faz de las ciudades del sudoeste de Estados Unidos, volviéndolas inmensamente más habitables de lo que los fríos cálculos de los urbanistas angloamericanos habrían podido hacerlas jamás.

Si California se diferencia del resto de la nación, si es un lugar más agradable para la existencia humana cotidiana, debe en buena medida esa distinción a los imaginarios urbanos de sus inmigrantes.

Como bien sabe cualquier inmigrante, no toda California es acogedora. Justo a este lado del muro, hay una segunda línea defensiva. Orange County, en California, que se extiende hasta 150 kilómetros al norte de la frontera constituye en sí un entorno hipercontrolado, hostil a cualquier nueva reorganización del pensamiento y el espacio. Armando Silva describe acertadamente Orange County como un archipiélago de zonas residenciales *teleotípicamente* estériles incrustadas en la matriz de las nuevas corporaciones empresariales que brotaron tras la desregulación federal de las finanzas, las telecomunicaciones, etcétera. Silva señala que el condado se está presentando como modelo para la construcción de nuevas comunidades en todo el mundo y, de hecho, ya existe una nueva zona residencial de Pekín, en China, llamada "Orange County". En Orange County (el de California, no el de Pekín) los ciudadanos se sienten orgullosos de su conservadurismo político y han votado por abrumadora mayoría a Richard Nixon, Ronald Reagan y los dos Bush. Y aun así, pese a la repugnancia que les produce el "gran gobierno" y la "interferencia gubernamental", se han sometido de buena gana a más restricciones y controles que alguien que viviera bajo un régimen socialista. Estas restricciones están pensadas para impedir que el tipo de colores, música y vida callejera vibrantes y la humanidad exuberante asociados con los inmigrantes se instalen en Orange County.

Las normas que imponen los ciudadanos de Orange County a modo de testimonio de su blancura puritana son estrafalarias y delirantes. Mediante una serie de regulaciones cuasi-gubernamentales, pero aparentemente legales, que se aplican a escala de vecindario, penalizan a cualquier vecino por poseer perros de razas cruzadas, por pintar sus casas con otros colores que no sean los tres tonos de gris y marrón claro permitidos, por tener especies de plantas que no sean las aprobadas en sus jardines, por colgar cortinas en sus ventanas de otro color que no sea el beige oficial, por exhibir carteles políticos, etcétera. Por un lado, profesan un apasionado compromiso con la "libertad de la interferencia gubernamental", mientras que, por el otro, establecen una amplia serie de restricciones sobre los detalles más ínfimos de su comportamiento y aspecto personal. El no ajustarse a esos criterios puede tener como consecuencia severas penalizaciones que van de onerosas multas a demandas judiciales e incluso el destierro. Las contradicciones aquí son tan descarnadas que los residentes deben fantasear sobre su existencia como si fuera una especie de otra vida. El lema oficial de Orange County, pegado en los parachoques de los coches de los residentes, reza: "Otro día en el paraíso".

El lugar que ocupa Orange County en la narración de los imaginarios urbanos es el del ejemplo negativo de la anti-imaginación. En este sentido, es oportuno señalar algunas ironías. Silva presentaba la mariposa como metáfora del imaginario urbano. En Orange County la imagen no es tanto una metáfora cuanto una realidad de la naturaleza. De manera similar a ciertos desplazamientos humanos, la mariposa monarca emigra anualmente de México a California, pero no se detiene en Orange County, prefiriendo continuar hacia el norte, a los climas más hospitalarios de Monterrey y Carmel, en la costa central de California.

Para mí, la ironía más sintomática de todo esto procede de una leyenda azteca. Según la tradición de los nativos, la tierra de origen de los aztecas, la mítica Aztlán, se ubicaba justo al norte de la frontera actual entre Estados Unidos y México. Sí, en lo que hoy es Orange County, estado de California, o muy cerca. La mayoría de los expertos sostienen, sin embargo, que ésa no es la historia verdadera. Los especialistas nos dicen que los diversos grupos que vagaban juntos por los desiertos y con el tiempo llegarían a Tenochticlán (la Ciudad de México actual), y que, con más tiempo, acabarían fundando el imperio azteca, se desplazaron, como mucho, 700 kilómetros desde el norte, y no provenían de la zona sur de California, que se encuentra a 2.500 kilómetros. Pero algo de verdad debe de haber en las leyendas aztecas porque esos mismos expertos que cuestionan la ubicación del Aztlán mítico nos dicen también que el límite septentrional del uto-azteca, el lenguaje original de los pueblos que hablaban nahuatl del valle de México, entre ellos los aztecas, es la zona conocida hoy en día como los condados de Orange, Los Ángeles y Santa Bárbara, en California. En esta cuestión prefiero adoptar el punto de vista de los narradores nativos. Esto daría una nueva perspectiva a la polémica oleada actual de inmigrantes procedentes de México. ¿Son gente que intenta aprovecharse de la entrada ilegal en "nuestro" país o son personas que simplemente intentan volver a su lugar de origen con la esperanza de solventar lo que ha ido mal durante su ausencia? Asumo la lógica que nos ha dado Armando Silva, una lógica que nos permite imaginar la realidad de la segunda posibilidad.

El artista Francisco Zaballa, un azteca de Cuernavaca, que tiene estudios de ingeniero aeronáutico, vive en la actualidad en San Francisco, California. Desde el punto de vista de su pueblo, ha regresado a Aztlán. Ha embellecido la tierra natal mítica de sus ancestros con varios hermosos proyectos, entre ellos puertas en edificios públicos y entradas a jardines públicos que habían sido rechazados antes. En varios de estos proyectos ha llevado los métodos y el planteamiento de una forma artística popular mexicana, frágil, privada y a pequeña escala, el "papel picado", a composiciones escultóricas a gran escala de acero dulce. La inesperada estética resultante deja sin aliento. El desplazamiento subversivo de lo que ocupaba lugares marginales a espacios de honor en la comunidad, la transformación de lo frágil en algo tan fuerte como el acero y la dependencia de estas nuevas formas simbólicas de una humilde tradición popular son ilustrativos de la fuerza del movimiento hacia el norte de los imaginarios urbanos.

Imaginarios urbanos me parece, antes que nada, un valeroso experimento que descubre unos fundamentos nuevos para el urbanismo, una nueva lógica, y señala las nuevas direcciones que el urbanismo podría seguir. Se trataría, como el mismo Silva ya ha explicado, de un urbanismo sin fronteras, que encarnaría todos los mejores sueños que abrigamos para nosotros mismos. El empeño de *Imaginarios* es volver al pacto social original, el que promueve el bien público por encima de los intereses privados. Estoy convencido de que la idea de *Imaginarios* puede desempeñar un papel decisivo en cualquier parte, pero, sobre todo, aquí, donde me encuentro, al norte de la frontera, en Estados Unidos de América, donde los avatares del Capital intentan convencernos de que un dólar equivale a un voto.

Silva está reuniendo unos potentes cimientos psicoanalíticos para nuestro urbanismo moderno e intenta asentarlos rápidamente dado que tantas de nuestras ciudades parecen estar desmoronándose. Este impulso teórico llega más hondo que cualquier programa político actual. Pero la tarea requiere una previa división de nuestra interpretación de la fantasía en dos tipos a los que todavía tiene que dárseles un nombre. Podrían denominarse fantasía de la derecha y fantasía de la izquierda, que ahora se superponen con las del sur y el norte. ¿Por dónde empezamos a interpretar esta partición geopolítica y su importancia para el futuro de nuestras ciudades? El origen de los dos tipos de fantasía se halla en la escisión entre el significante y el significado. Desde Saussure sabemos que hay una perforación o un punto de desgarro entre el significante y el significado en el núcleo mismo del signo. Lacan ha explicado este mismo punto de desgarro en el acceso al inconsciente. Por un lado, esta perforación nos permite imaginar e incluso crear innumerables nuevos significados y mundos. Éste es el tipo de fantasía que da lugar a los relatos de Silva con graffiti, álbumes familiares, Orange County, la protesta, etcétera. Por el otro, la perforación puede ser parcheada y reforzada por la siguiente fantasía: a saber, que el vínculo existente entre el significante y el significado es el original, el apropiado, y el único legítimo, que ni individualmente ni en grupo podemos cambiar los términos de nuestra existencia urbana, que ni siquiera deberíamos intentarlo.

Empecemos con la fantasía de la derecha. En este contexto podríamos decir "imaginación" de la derecha. La cuestión ya tiene un estudio definitivo en la obra de Roland Barthes *El mito hoy*. Esta fantasía no nos lleva a identificarnos con la creación de las cosas que usamos o con los mitos con los que vivimos, ni a preocuparnos por lo que falta en nuestras vidas. Es el tipo de fantasía que niega la historia y el lenguaje mientras celebra el *statu quo*. Un espectacular ejemplo de este tipo de fantasía fue el momento *top gun* del presidente George W. Bush hace tres años, cuando aterrizó en un portaviones engalanado con un gigantesco cartel que rezaba "MISIÓN CUMPLIDA". No podía haber mejor eslogan para toda la fantasía de la derecha. Todo lo que es, debe ser. En lugar de abrir un mundo de nuevos comienzos y posibilidades, la fantasía de la derecha representa el mundo y cuanto hay en él como "productos acabados", como misiones cumplidas. Las jerarquías se nos imponen desde fuera. Los lugares que ocupamos son los que nos corresponden. Vivimos en un instante infinito al final de la historia. Se niega la importancia de los acontecimientos que condujeron a la desigualdad entre sexos, clases, naciones, grupos étnicos y religiones, y las jerarquías actuales se convierten en naturales. Mantener este conjunto de creencias requiere un enorme trabajo de la fantasía. "Los hombres son los líderes naturales porque son más racionales." "Los pobres son pobres porque no quieren trabajar." "Occidente se ha impuesto al resto del mundo debido a su superioridad natural." "El protestantismo cristiano da mayor importancia a la libertad y la responsabilidad individuales y por eso es más moderno y democrático que las demás religiones." Cuando ejemplos como los anteriores se multiplican exponencialmente hasta el infinito ponen de manifiesto el papel de autoridad de referencia desempeñado por la fantasía de la derecha.

Contemplado desde este punto de vista, Estados Unidos es una verdadera "Tierra de fantasía". Pero la fantasía también puede dar un giro a la derecha en Latinoamérica y en cualquier otro lugar. En una de las primeras publicaciones de *Imaginarios urbanos*, Nelly Richards documenta el caso de las mujeres partidarias de Pinochet que salieron a las calles cuando fue encausado por sus crímenes. Esas mujeres estaban tan infectadas por sus fantasías que se manifestaban no ya para apuntalar un régimen existente sino uno que había desaparecido hacía mucho, un régimen del pasado. Eran incapaces de ver la violencia y las desapariciones que habían tenido lugar ante sus propios ojos. Por el contrario, preferían fantasear que la vida bajo Pinochet era la mejor en el mejor de los mundos posibles. Estaban dispuestas a luchar contra cualquier cosa (la detención de Pinochet) que pudiera perturbar no tanto sus condiciones reales de existencia cuanto sus fantasías.

Silva acierta cuando subraya que el miedo es el tema central de la fantasía de la derecha. Este tipo de fantasía siempre funciona con el miedo aunque, sistemáticamente, intente ocultárselo a sí misma o traspasarlo a otros. El miedo principal de la derecha es que los insustanciales fundamentos de su vida de fantasía salgan a la luz. De manera que la derecha combate el miedo con el miedo: miedo a la impotencia, a lo desconocido, al cambio y la diferencia, o al "otro". Son las bravatas de un matón que, en el fondo, es un cobarde. Piénsese en cuántos defectos personales y colectivos pueden taparse con la fórmula: "Lo único malo de este país son las hordas de inmigrantes que entran en tropel por nuestras fronteras".

Estas cuestiones se presentan en una divertida estampa que nos expone Silva, extraída, una vez más, de Orange County, California. Se trata del extraño caso del "cagón anónimo". Según el relato de Silva, en 1995 alguien empezó a dejar excrementos humanos en horas y ubicaciones aleatorias en los prístinos vecindarios de Orange County. El gesto fue un duro golpe directo al centro de la imagen que tenían de sí mismos los residentes. ¿Recuerdan lo de "otro día en el paraíso"? Según parece, los ángeles no cagan. La reacción fue una especie de contagio de miedo histérico que se propagó por toda la comunidad. La policía desplegó aparatos de vigilancia de tecnología avanzada e incluso esparció sustancias químicas en el césped preparadas a propósito para explotar al entrar en contacto con materia fecal. Se publicaron advertencias en chino, vietnamita y español. ¿Cuándo se tranquilizó la comunidad? No fue cuando se atrapó al cagón, pues no se llegó a detenerlo. Ni siquiera cuando cesaron los "ataques". Fue cuando los análisis científicos de las formas y el contenido de las heces indicaron que el perpetrador era con toda probabilidad de origen asiático. De manera que no era la expoliación de sus céspedes lo que inquietaba a la comunidad, sino que lo amenazado era la fantasiosa imagen que tenían de sí mismos los residentes. Cuando los análisis científicos les aseguraron que el cagón fantasma no era de origen euroamericano, con lo que se recuperaba su autoestima y se reforzaban sus estereotipos contra los orientales, volvió la calma.

Se ha de decir en favor de Silva que no se alarga demasiado sobre las fantasías de la derecha. El caso de Orange County y el "hombre araña de Caracas" son ejemplos excepcionales. Allá donde el miedo (al terrorismo, por ejemplo) parece formar parte de manera inevitable de la vida urbana moderna, él se apresura a descubrir su potencial para alimentar una "máquina paranoica imparable que se alimenta de sí misma".[4] El interés de Silva en el "listo para llevar" ideológico se centra sobre todo en las maneras en que no consigue ajustarse.

Imaginarios celebra otro tipo de fantasía que está del lado del arte, del pleno potencial del lenguaje, la historia y la imaginación. Willy Apollon ha definido el arte como la rama de la actividad humana que siempre crea una brecha para su propia subversión futura. La brecha en *Imaginarios urbanos* es como una abertura focal que capta la convergencia entre las nuevas ideas sobre lo colectivo, el arte público y el futuro de la ciudad. En sus propias palabras, Silva intenta "dar visibilidad a las relaciones insuficientes de sentidos desplazados que vemos todos los días".[5] Está procurando conscientemente dotar de poder a la ciudadanía con los mismos métodos que utiliza el arte para ofrecer recursos nuevos y poderosos para crear y poner en práctica mejores visiones del mundo. Hoy ya vivimos en una "ciudad" interminable con una abundancia infinita de deseos y emociones creados comercialmente. Armando se plantea si los ciudadanos de esta comunidad sin límites definidos son capaces de conseguir conquistas sociales a partir de sus deseos subversivos para crear potenciales nuevas formas sociales. ¿Este tipo de subversión puede adquirir la fuerza suficiente para convertirse en una nueva base para la formación de agrupaciones que hagan de la ciudad del futuro un reflejo de nuestra imaginación urbana hoy?

Victor Zaballa nos proporciona una antigua fórmula aplicable a la ciudad del mañana. Explica el concepto de "Toltecayolotl" como sigue: "Toltecayolotl, del que deriva el nombre del pueblo tolteca, impregna mi obra. En dos palabras, es la idea filosófica que sostiene que el arte, la ciencia, la ciudadanía y el humor están, o deberían estar, relacionados, y tenemos que esforzarnos por forjar vínculos inquebrantables entre ellos en todo lo que hacemos". Cuando lo escuché recordé la metáfora de las "mariposas" de Armando Silva para *Imaginarios urbanos*. El Toltecayolotl plasmado en la obra de Zaballa en California equivale a la llegada de una de esas mariposas monarcas de *Imaginarios* desde el sur. Sin la menor duda, recibo con flores al enjambre de ideas de Armando que llega desde el otro lado de la frontera.

---

4 Silva, Armando, *Global imaginaries: Fears, Bodies and Doubles*, en *The Journal of Culture and Unconscious* (vol. IV, núm. 2), San Francisco, 2004, pág. 6.

5 *Ibid.*, pág. 2.

Ciudadano, *mitodano*

Manuel Delgado[1]

Tenía razón Cornelius Castoriadis cuando, en su prólogo para la edición de 1985 de *Las encrucijadas del laberinto*, se quejaba de la trivialización de que estaba siendo objeto el concepto de *imaginario social*, que se había incorporado como naturalmente a todo tipo de discursos, tanto más o menos académicos como populares, de una manera además que hacía difícil reconocer en esas apropiaciones algún resquicio de lo que él había sugerido al plantear esa noción como central en su teoría.[2] Esa tendencia al abuso y a la falta de rigor en la utilización del concepto de *imaginario* no ha hecho sino agudizarse desde entonces.[3] La cuestión no estriba sólo en la polisemia disparada que inviste tal valor teórico, sino también en la manera en que éste ha sido mal tratado por todo tipo de oscurecimientos así como de banalizaciones. Así, de un lado, están todas las lecturas hermenéutico-culturalistas que han hecho del imaginario uno de los ingredientes con que nutrir una especie de jerga oscurantista que remite a no se sabe bien qué tipo de entidad abstracta, imposible de contornear teóricamente e ilocalizable en el mundo empírico; del otro, simplificaciones que se limitan a identificar mecánicamente la noción de imaginario con la noción marxista de "ideología" o la durkheimniana de "representación colectiva", de por sí también objeto recurrente de simplificación.

Si atendemos a ese ámbito concreto de lo que se presenta como *imaginarios urbanos*, el paisaje resulta entonces en especial desolador. Si en general los imaginarios han acabado sumergiendo lo que pudo haber sido su valor conceptual en un océano

---

1 Es profesor de Antropología en la Universidad de Barcelona; y autor, entre otros, de los ensayos *La ira sagrada*, *El animal público* y la más reciente *Sociedades movedizas*.

2 Castoriadis, Cornelius, *Los dominios del hombre. Las encrucijadas del laberinto*, Gedisa, Barcelona, 1986, págs. 19-26.

3 Con algunas excepciones que destacan por el esfuerzo realizado en definir el concepto con cierto rigor, a la manera como hacen, por ejemplo, Abilio Vergara en la primera parte de *Imaginarios: horizontes plurales* (Conaculta/INAH, México DF, 2001, págs. 11-75), o Armando Silva, en el prólogo a la tercera edición de *Imaginarios urbanos* (Arango Editores, Bogotá, 2006, págs. 18-89).

180 de distorsiones y opacidades –siempre basculando entre lo banal y lo soteriológico–, en las cercanías de las ciencias sociales de la ciudad, la categoría *imaginarios* –ahora con la denominación de origen "urbanos"– ha caído de pleno en manos de los llamados "estudios culturales", esa apoteosis de la superstición de la autonomía de los hechos culturales que está causando estragos en lo que es su ya larga agonía. Un seguimiento pormenorizado de los avatares de la escuela revela enseguida su escasez de aportes teóricos serios y solventes, difíciles de encontrar entre una maraña de artículos menores producidos con sospechosa copiosidad. La contribución metodológica de los *cultural studies*, ha sido, como insiste Carlos Reynoso a lo largo de su crítica,[4] pobre, y se ha reducido a una depredación de propuestas ajenas, entre ellas algunas de las impugnadas desde la propia corriente. El resultado: un eclecticismo que, como suele ser habitual, no hace sino disimular la mediocridad de sus resultados. Por otro lado, a pesar de presentarse como algo parecido a una antidisciplina, los estudios culturales han acabado propiciando nuevas formas de autoritarismo ortodoxo, a costa de desfigurar cada vez más lo que de valioso había en su propio proyecto inicial, derivado de la obra de Raymond Williams, Richard Hoggart o Stuart Hall, entre otros. En particular, en manos de los estudios culturales la noción de *imaginarios urbanos* ha acabado convirtiéndose –como culminación de su deriva– en instrumento al servicio tanto de la legitimación simbólica de las instituciones políticas de la ciudad como de la promoción mercadotécnica de sus singularidades estéticas de cara a promotores inmobiliarios, clases medias ávidas de nuevos y viejos "sabores locales", y al turismo, todo ello en un contexto generalizado de reapropiación capitalista de las metrópolis y de conversión de éstas en mero producto de y para el consumo.[5]

Es por ello –por los derroteros que está tomando la noción de imaginarios urbanos y el tipo de señores a los que ha acabado sirviendo– que convendría recuperar autores que empezaron hace años a usar el concepto de *imaginarios urbanos*, seguramente sin ni siquiera intuir en qué acabaría convirtiéndose con el tiempo. Me refiero a Raymond Ledrut, un autor pionero en este campo y a quien no se suele reconocer el valor de su aportación fundadora, en una línea muy alejada de

4 Reynoso, Carlos, *Apogeo y decadencia de los estudios culturales. Una visión antropológica*, Gedisa, Barcelona, 2000.

5 Véase al respecto Adrián Gorelik, "Imaginarios urbanos e imaginación urbana: Para un recorrido por los lugares comunes de los estudios culturales urbanos", en *Eure*, XXVIII/83 (mayo 2002), págs. 125-136.

las lecturas idealistas que monopolizan hoy la noción de imaginarios urbanos. Fue Ledrut quien acuñó en su momento la categoría teórica de *forma social* justo para remitirse a la interrelación intensa e íntima entre la morfología social y el orden de las representaciones, poniendo de manifiesto ya no su mutua dependencia, sino su indescirnibilidad mutua. Ledrut escribía: "El realismo banal quiere depurar la sociedad de sus imaginarios, pero olvida que éstos son reales y forman parte de la sociedad real... Esos imaginarios no son representaciones, sino esquemas de representación. Estructuran a cada instante la experiencia social y engendran tanto comportamientos como imágenes reales".[6]

La ciudad, en efecto, no es sólo una agrupación de volúmenes construidos, ni una trama de canales y conexiones, ni una sociedad de individuos, segmentos e instituciones. No es sólo suma de cantidades contables o estadísticas, sino organización o estructura de calidades socialmente establecidas. Una ciudad es sobre todo un campo de significaciones. Son esas significaciones las que proveen la materia prima de la que está hecha la experiencia urbana, que es justamente lo que el científico social toma como objeto de conocimiento. Experiencia como vivencia subjetiva, pero no menos como experimentación empírica, como conducta; emoción y textura; al tiempo sentimiento, sensación y acto. Como escribe Ledrut: "Las significaciones no existen en una ciudad en sí misma, separada de la práctica que llevan a cabo los hombres de un tiempo y de un mundo [...], no están ni en las cabezas ni en las cosas, están en la experiencia: aquí la experiencia urbana".[7]

Una sociedad —urbana, por ejemplo— no consiste en una acumulación de estratos superpuestos, el superior conteniendo las constelaciones ideológicas y el inferior la morfología social en sí. Una sociedad es un sistema de relaciones entre seres humanos, relaciones jerarquizadas según la naturaleza de sus funciones, cada una con un peso específico en la producción y reproducción social. Es decir, los imaginarios no son meras proyecciones especulares, a la manera como entienden las interpretaciones vulgares de la relación entre infraestructura y superestructura en Marx; ni modalidades ideales del sistema social, como ha venido pretendiendo el estructuralfuncionalismo menos exigente teóricamente. Si tuviéramos que plantearlo en términos marxistas, ese orden de significaciones —o al menos buena parte de sus

6 Ledrut, Raymond, "Société réel, société imaginaire", en *Cahiers Internationaux de Sociologie*, 82 (1987), págs. 42–45.

7 *Id.*, *Les images de la ville*, Anthropos, París, 1973, pág. 12.

182 elementos– no tendría por qué ser un mero sistema de meras proyecciones o emanaciones epifenoménicas, puesto que –como nos ha recordado Godelier–[8] la distinción entre infraestructura y superestructura no es una distinción entre niveles, ni entre instancias o instituciones –aunque así pueda aparecer–, sino que es sobre todo una distinción entre funciones. De igual forma que las representaciones colectivas no son en Durkheim un espejo de la realidad social, sino la *realidad social*, desvelada como constructo construido, pero deconstruible y reconstruible en todo momento. La infraestructura es, en Marx –recordémoslo–, una combinatoria de diversas condiciones materiales y sociales que permite a los miembros de una sociedad producir y reproducir los medios materiales de su existencia social. Tales condiciones son las ecológicas y geográficas concretas, las relaciones de producción, pero también las fuerzas productivas, que son los medios materiales e *intelectuales* que utilizan los miembros de dicha sociedad después de haberlos inventado, copiado o heredado. En nuestro caso –el de la ciudad– buena parte de esos esquemas de significación o imaginarios están ahí no como una ilusión espectral o un espejismo de la sociedad urbana, sino como un factor de cohesión, desarrollo y prosperidad, así como no menos de los conflictos que la desgarran y hacen que pase buena parte de su tiempo enfrentándose consigo misma. El imaginario –identificado aquí con lo que Godelier llamaría parte *ideática* o *ideacional*, que no ideal, de lo real– no debe ni puede ser objeto de hermenéutica o exégesis alguna, porque no es un mensaje oculto o un texto en cifra. Los imaginarios urbanos no representan a la ciudad –en el sentido de que están en su lugar y hablan o muestran en su nombre–, sino que *son* la ciudad. Una ciudad no connota, *es* las connotaciones que suscita, las conexiones, oposiciones, taxonomías que organizan significativamente sus elementos y permiten reconocerlos como unidades discretas –ese momento, ese sitio, aquella silueta, esta ausencia...–, de igual manera que los seres urbanos –habitantes o usuarios– no interpretan la ciudad, ni siquiera la leen, sino que simplemente la viven.

La noción de imaginario tampoco impugna la vieja premisa materialista según la cual son las condiciones objetivas de vida las que *en última instancia* determinan lo que las personas piensan de sí mismas y del mundo en que viven. Una puesta de relieve de los imaginarios y de su importancia no cuestiona lo que Lévi-Strauss, en su polémica con Sartre, llamaba "la indudable primacía de las infraestructuras".

8 Sigo en este párrafo a Godelier, Maurice, *Lo ideal y lo material*, Taurus, Madrid, 1989, págs. 165-168.

El imaginario se identifica con ese esquema conceptual que gobierna las prácticas, pero que no es ajeno a la *praxis*, en el sentido marxista de la palabra, es decir, como algo que es una entidad a la vez empírica e inteligible, acontecimiento y ley teórica. Ese imaginario urbano, como cualquier otro imaginario, no es una nebulosa abstracta que revolotea en el ambiente o en la cabeza de los individuos. Ni siquiera es propiamente un código del que dependería la organización de la realidad urbana. Todo lo contrario, es de lo que les sucede a los individuos –incluyendo en ello lo que sueñan, esperan, planean o añoran– de lo que se nutre todo imaginario para constituirse y constituir, de igual forma que es el habla la que determina la lengua, el mensaje al código, la vida a la ideas. Ningún imaginario urbano existe como colgado en el vacío, ni surge de una nada metafísica o de un orden arquetípico universal descontextualizado, sino que, como establece Ledrut, es un lenguaje que "reposa en definitiva sobre una experiencia y sobre una práctica".[9] O, planteándolo como hace otro autor: "Ese imaginario que autoriza y define las condiciones de una lectura de la ciudad, no cae, por expresarlo así, del cielo. Tiene su razón de ser. Todos los hechos de que disponemos indican que se levanta sobre esa base que constituye el conjunto de las prácticas espaciales efectivas que los habitantes hacen de los lugares urbanos".[10] Es eso lo que hace de los imaginarios todo lo contrario de lo que sus apropiaciones superficiales hacen de ellos: los imaginarios no son "imágenes" sólo, sino auténticas epifanías, manifestaciones; no son una designación sino una encarnación, a la manera como el vuelo de las aves le permite al augur *ver* lo que de otro modo no se podría ver, es decir, acceder a las dimensiones invisibles de la realidad y recibir allí información precisa acerca del significado profundo, estratégico, de las cosas y de los hechos.

De ahí que Ledrut –como harán más tarde la mayoría de autores que han trabajado la cuestión– reclame el plural para hablar no de imaginario, sino de *imaginarios urbanos*. Haciéndolo advierte que ese campo de significación que es la experiencia urbana es un sistema heterogéneo y diferenciado, hecho de encabalgamientos y cruces de significaciones, no por fuerza armoniosas, puesto que en ellas las incompatibilidades y los choques son constantes. Eso es lo que permite

---

9 Ledrut, *Les images de la ville, op. cit.*, pág. 16.

10 Fauque, Richard, "Perception de la ville et imaginaire urbain", en *Espaces et sociétés*, 16 (noviembre 1975), pág. 74.

 a Ledrut señalar la distancia inmensa que suele haber entre el imaginario del urbanista y los esquemas imaginarios que aplican o que reconocen quienes están o recorren un espacio urbano cualquiera, del vecino al merodeador. Nada hace demostrable que los lenguajes que emplea el urbanícola sean variaciones sumisas del sistema que un grupo dominante impone a través de su control sobre la producción de formas y símbolos urbanos. Al contrario, los "doctrinarios" del urbanismo –como les llama Ledrut– no pueden hacer otra cosa que realizar una imagen "racional", imagen que puede ser considerada –y es constantemente considerada– como "no racional" por el "no urbanista", quien trabaja siempre el espacio que usa a partir de elementos latentes, sobreentendidos, implícitos..., elementos de los que el urbanista y el poderoso al que sirve no saben ni pueden saber en realidad apenas nada.[11] Tampoco los imaginarios urbanos tienen por qué identificarse –aunque se identifiquen sistemáticamente– con la imagen que de una determinada ciudad se pretende dar desde las campañas oficiales o comerciales de promoción, destinadas a turistas, inversores o a los propios ciudadanos. Ese tipo de imaginarios usurpados destinados a la propaganda o a la publicidad se basan en la simplicidad y son de hecho imaginarios caricaturescos, hechos de tópicos y clichés orientados a convertir a sus destinatarios en súbditos dóciles o en consumidores dependientes.

En estos casos cabría hablar de *imaginario dominante*, al que se podría aplicar lo que se ha escrito sobre la noción marxista de ideología dominante, a saber, que casi nunca ha conseguido ir mucho más allá de ser la ideología de los dominantes, que no la que domina en realidad.[12] Es decir –parafraseando las teorías que, inspirándose en Gramsci, han escrito sobre las culturas subalternas–, el imaginario hegemónico lo es porque lo es de las clases hegemónicas, pero no de las mayoritarias clases hegemonizadas, por así decirlo, que tienen sus propios imaginarios, con tanta frecuencia ajenos, indiferentes y hasta antagónicos y hostiles a aquellos que sin éxito se les pretende imponer.[13] No es sólo, entonces, que haya diferentes imaginarios,

---

11 Ledrut, *Les images de la ville*, *op. cit.*, pág. 18.

12 Abercrombie, Nicholas y Turner, Brian S., "La tesis de la ideología dominante", en *Zona Abierta*, 34/35 (enero-junio 1985), págs. 151-181.

13 La intuición que asocia los imaginarios urbanos con la noción de cultura popular –como cultura de las clases subalternas, a la manera como ha sido trabajada por la antropología y la historia de matriz gramsciana– es del todo procedente, tal como ha sido explicitado en el título mismo de algunas obras importantes. Véase, por ejemplo, Rueda Enciso, José Eduardo (ed.), *Los imaginarios y la cultura popular*, Cerec/Coder, Bogotá, 1993.

sino que esos imaginarios plurales pueden estar —están todo el tiempo— pugnando por librarse del encorsetamiento al que se intenta someterlos, existiendo en paralelo, de espaldas y en no pocas ocasiones articulándose y negociando con los sistemas institucionalizados de representación —monumentos, nombres oficiales, planes urbanísticos, discursos políticos, solemnidades ciudadanas—, que pueden llegar a usufructuar en favor de sus intereses.

No menos importante es el sentido que ese énfasis en lo plural y heterogéneo tiene de oposición y hasta de impugnación de lo que han sido teorías de un conductismo vulgar que han trabajado sobre presupuestos fuertemente psicobiológicos, que entenderían la imagen de la ciudad como formando parte de mecanismos de adaptación a entornos urbanos para los que la cuestión de la legibilidad resultaría fundamental. Desde tal perspectiva —de la que sin duda Kevin Lynch sería el principal exponente—[14] determinados contextos demasiado embarullados o confusos tendrían efectos negativos en la medida en que implicarían disonancias perceptuales que dificultarían la adaptación territorial, primero sensitiva y luego vital. En ese tipo de postulados se inspiran iniciativas urbanísticas que urgen generar espacios transparentes, claros, previsibles, en los que una distribución adecuada de elementos induciría —a la manera de una caja de Skinner— determinados significados y determinadas prácticas, a las que es fácil presuponer como pretendidamente desconflictivizadas y sosegadas. Ese tipo de concepciones de la imagen de la ciudad como paisaje tranquilo y tranquilizante, es incompatible con la naturaleza crónicamente alterada de la experiencia urbana y los imaginarios a ella asociados, puesto que, como señala Ledrut, "los conflictos, las tensiones y las incoherencias que aparecen en el campo del 'imaginario urbano' no tienen menos importancia que los acuerdos, las concordancias y las estructuras, ya se trate de relaciones entre grupos, y los modelos o relaciones que se den en el interior mismo de la aprehensión individual del mundo urbano".[15]

---

14 Es fácil inferir que hay una voluntad de Ledrut de contrastar su postura teórica con la del conductismo homogeneizante de Lynch, con su preocupación por la legibilidad, la coherencia y las "buenas formas". El mismo título del libro de Ledrut —*Les images de la ville*— parece obvio que se opone, con su ya mencionado énfasis en la forma plural, al de la obra de referencia de Lynch *The Image of the City*, aparecida trece años antes (cf. *La imagen de la ciudad*, Gustavo Gili, Barcelona, 1998).

15 Ledrut, *Les images de la ville, op. cit.*, pág. 29.

Hablar de la ciudad como un campo de significado —y el propio Ledrut así lo reconoce—[16] es hacerlo homologando la ciudad a un mito, no en el sentido en que lo haría Barthes —el mito como mixtificación o reducción falsificadora de lo real—, sino en el sentido lévi-straussiano, es decir, del mito como instancia inteligente en la que los tres niveles en los que se expresa el mundo a los humanos —lo Real, lo Simbólico y lo Imaginario— coexisten mezclándose. En la ciudad vemos la misma sobreposición de instancias —la de lo Real y la de lo Imaginario—, a las que se suma enseguida el trabajo de lo Simbólico —que, por otra parte, no es otra cosa que eso, un trabajo o producción— en una tarea en el fondo no muy distinta de la que hemos visto ejercer siempre a los mitos, empeñados una y otra vez en jugar con los distintos planos de la experiencia hasta hacerlos indistinguibles. En ese orden de cosas, la ciudad, en efecto, ejerce esa misma labor que Lévi-Strauss contemplaba en los mitos, que es la de confundir esos tres niveles: lo imaginario —entendido como la expresión más plausible y más ejecutiva de la realidad—, lo simbólico —como labor de producción de sentido— y lo real —como eso que está ahí y cuya presencia intentamos inútilmente conocer o acaso tan sólo mantener a raya—. Acaso, como en relación con el mito, el urbanita sólo puede vivir la ilusión de que realmente es él quien emplea los lugares de cualquier ciudad como instrumentos a través de los cuales pensar y hacer. Probablemente sea lo contrario y, como ocurre con los mitos, sean los lugares de cualquier ciudad los que empleen a los humanos —esos transeúntes que van de aquí para allá— para comunicarse y hacer sociedad entre sí. Ciertamente, por ello, todo ciudadano es en realidad un *mitodano*, el habitante de un mito.

Salir a la calle entonces es iniciar un viaje, y un viaje no muy distinto del que a principios del siglo XX llevara a Victor Segalen al Extremo Oriente. ¿Qué es lo imaginario?, se pregunta Segalen. Lo que hay antes de la partida, lo que luego se abandona al llegar —en el momento de enfrentarse con lo real—, pero que luego se reencuentra y se imbrica con ese mismo real. O, como él mismo escribiera: "Peripecias: yo, partido en busca de lo Real, fui apresado de golpe y no siento otra cosa. Poco a poco, muy delicadamente, asoman los muros de un imaginario anterior. Después de algún tiempo: juego alterno. Luego triunfo de lo Imaginario por el *recuerdo* y la *nostalgia* de lo real".[17] Los imaginarios sociales son entonces, como

---

16 "La imagen de la ciudad es parecida al mito" (*ibid.*, pág. 18).

17 Segalen, Victor, *Viaje al País de lo Real*, José J. de Olañeta, Palma de Mallorca, 1985 [1910], pág. 10.

propone Ledrut, "aquellas representaciones colectivas que rigen los sistemas de identificación y de integración social, y que hacen visible la invisibilidad social". Y ¿qué es eso que funda y organiza lo social, pero no se ve, sino lo evocado, lo recordado, lo invocado, lo esperado, lo soñado, el deseo...? Lo que fue, pero todavía es; lo que estuvo, pero se resiste a marchar; lo que ya está ahí, aunque todavía no haya llegado. Todo lo que anuncia su nacimiento; todo lo que se niega a morir. Un montón de restos; lo que está a punto de suceder.

Pasear por las calles, atravesar cualquier plaza, transcurrir por el pasillo del metro, subir o bajar las escaleras de tu propia casa o de la casa de otros es pasear, atravesar, transcurrir, subir o bajar uno o varios imaginarios, el propio y el de todos los otros que dejaron o dejarán allí o por allí sus huellas. El ciudadano es entonces el morador incansablemente en tránsito de un cuarto de ecos, en que todo es reverberancia o reflejo. Cada sitio dialoga con otros sitios, de igual modo que cada momento interpela a otro momento y lo que esos otros sitios y momentos valen o significan. Cada sonido y cada sombra es así, en la ciudad, de pronto, además, juicio, recuerdo, precio o señal, todo lo que *está ahí*, aunque no esté. No otras cosas, sino *todo lo otro*.

Inside front cover & p.1
Passion for football in the streets of Montevideo.

pp. 2-3
The old town behind Montevideo's harbour that gave rise to the modern city.

pp. 4-5
Mexico City's monumental cathedral is imagined as the greatest popular religious site.

pp. 6-7
Chile's greatest sporting and political triumphs are celebrated in Santiago's Plaza Italia.

pp. 8-9
Modern Bogotá was born in 1948 when the political leader Jorge Eliécer Gaitán was assassinated.
In the popular imagination this was also the moment when the country's endemic violence started.

pp. 10-11
For the Afro-Caribbean communities hair becomes a distinctive aspect of personal appearance.

pp. 12-13
Urban design divides Caracas into social sectors.

pp. 14-15
The Avenida Corrientes in Buenos Aires, the Latin American street most imagined as a night spot.

pp. 16-17
Informal vendors are the main actors in the streets of Caracas.

pp. 18-19
The River Mapocho passes through Santiago de Chile appearing as its main avenue.

pp. 20-21
The Plaza de Mayo in Buenos Aires, political scene of the mothers and grandmothers of those who
disappeared during the Argentinean dictatorships of the 70s and 80s.

pp. 22-23
The cartoon character Mafalda goes from comics to the walls of the city.

pp. 24-25
The anti-imperialism of several Latin American cities is expressed in this stencilled graffiti, where
the famous Disney mouse appeals for 'war games'.

pp. 26-27
São Paulo imagined as a jungle of buildings.

Foreword

The question of the city and the urban, the way they are practised, how they are represented
and the extent to which these representations construct our relations with large cities; these
are subjects that have long been the focus of work by many experts, scholars and researchers.
Anthropology, sociology and the arts, as well as semiotics and psychology, have all been consulted
in this context, providing different questions and answers, always as the consequence of a way of
inhabiting or wanting to inhabit our cities.

Urban Imaginaries from Latin America: Archives seeks to explore one approach taken in
attempting to understand how citizens represent their cities whilst also building new relations
with them. A season of lectures, a resource centre and a publication provide access to all the
intuitions, recordings, writings, books and studies that give shape to this project for the purpose
of highlighting and discussing what has been said about urban imaginaries, using a specific,
geographically located practice. Directed by Armando Silva and carried out by many contributors
in the different cities studied, this long-running project has built up a large amount of material in

its different stages, material whose diverse and heterogeneous nature gives a good idea of the challenges and difficulties involved in this task. In a way, it is a question of bringing the project archives to light to tell us about the problem that has brought them into existence, giving us the chance to see how Silva and his assistants have distilled these archives in the series of books on imagined cities, one of the key lines of action in this undertaking.

The structure taken by the documentary groups forming part of the project is symptomatic of its very complexity. These are not ordered, classified series of material, and are far from what we would normally call archives, in the sense of a depository of information, with all the positivist connotations of the term. Neither have they anything to do with the artistic archive, which unifies and gives meaning to eclectic series of material in accordance with an aesthetic programme. This documentary bulk follows the trail left by a series of reflections generated by a working method proposed by the project director. Through semiotics, logics and psychology, mainly, and in co-operation with like-minded academic sectors and research groups in a large part of the continent, Silva builds up a heterogeneous body of work with many possible ways in which, in turn, to define a theoretical framework, a work in progress subject to continual development.

Exploring urban imaginaries through study as well as production of photographic, cinematographic, statistical, audio and other recordings turns each archive fragment into a complex, critical intuition as to what these imaginaries are. Like something in itself immaterial and impossible to represent, imaginaries can be traced in urban objects, architectures and forms, they can form sediments in the speech and rituals of citizens and appear in graffiti, in domestic and family photographs, in shop windows and in the media. However, it would be very difficult to assign one single image to them; they resist this, eschewing any one, conclusive representation.

In opposition to the hegemonic narratives proposed by various urban managers, which generally take the shape of finished images, papier-mâché models and closed figures, this project suggests the possibility of constructing micro-narratives, often conflicting, from residues, traces and remains, both physical and virtual, left by the intense life that is nourished by the different forms of urban being. Because imaginaries, as the basis of the urban makeup of citizens, enable us to study the records of civic participation in the symbolic construction of the city in order to understand its uses and to define other possible ways of inhabiting it.

Jorge Blasco Gallardo and Nuria Enguita Mayo

Urban Imaginaries in Latin America: Archives
Armando Silva
Director of the project *Urban Imaginaries*

1 URBAN ARCHIVES

The imagined city as a cognitive paradigm appears when it is possible to make the distinction between the city and the urban, when being urban exceeds the vision of the city, the new urbanity going on to become, instead, a condition of contemporary civilisation rather than a reference to living in a city centre. Were we to attempt to find out where and how the form of the city is produced, more than likely we would have to admit that the architecture or the actual buildings or the streets are no longer the elements that determine this circumstance, but instead every day there appear more ethereal objects like announcements, digital products or signals, plus others invisible from the iconic point of view like lights or cyberspace bits that impregnate civic representations. In this way, the physical city must share its spatial territory with that other city of communication and of time, which determines its surroundings at the same time as it extends to the phenomenon of the suburbs and of metropolisation, a phenomenon that has, in point of fact, begun to be called 'city-less urbanism'.

The imagined city alludes to these new phenomena of urban invisibility, but with a special designation: called thus is the civic urbanism which is not defined in one place, neither in the city nor in the suburbs, but which is borne by the various inhabitants in their own representations and likewise in their own urbanisation; for this reason the imagined city corresponds in a strict sense to a renewed contemporary civic urbanism. And if to what has just been said we add that the imagined cities of Latin America accompany us as an objective of study, we will wish to say, then, that we refer to a civic urban development that tends to particularise a subcontinent without, of course, either the global effects on them or the different national or local forms of each of the metropolises conceived or mediated by our studies being unfamiliar.

When the Fundació Antoni Tàpies invited me to develop a project on my own urban records, which take as a basis the imaginary construction by which today's city dwellers construct their urbanisms, a new dimension of the archives appeared to be evinced, in this instance of urban imaginaries, which have to possess a number of conditions that are specific to them and which are decisive in their formation. They have to refer in particular to three aspects according to the specific nature of the concept: to the organisation of that material in terms of a logic of the irruption of civic desire, the collective fantasies expressed as a basis of imaginary creations or indeed in the same objects in which those are embodied; to the cities or places where social fears and emotions might have been generated or produced, acting as archivers of memories, acts of forgetting; and, lastly, to the construction of urban ways of being in forward-looking contemporary cultures, with the different feelings that this brings, as is characteristic of any imaginary production. So, let it be said, the 'archive' represents a powerful urban imaginary today: the imagined city that we feel and which, by these means, we have reason to watch over and to project towards the future.

There will undoubtedly be profound and complex relationships between imaginaries nourished on psychic energy and expressed in collective representations, with their archiving capacity and with the archivable aspect of their immaterial nature. However, the 'imagined city' may be understood as a particular kind of immaterial heritage that characterises and predefines the actual use of the other, physical one. Seen thus, everything to do with heritage is an 'archive' object, understanding that this same condition – the collective archive – is precisely that which endows the openness of each person towards the other. Likewise, while the imaginary is inherent to group perception, so is the archive to its documentation, to the object it looks after and to its hierarchisation and cultural valorisation. That is why both social imaginaries and urban archives look towards the future. But there will be another circumstance that converts them into interactive elements: imaginaries are not just abstract representations of a mental nature but are 'incarnated' or 'incorporated' in civic objects that we encounter publicly and from which we can deduce social feelings like fear, love, rage or hope. And these city feelings are archivable by way of writings, images, sounds, art productions or texts of some other material, in which the imaginary imposes its dominant valorisation on the actual object. With the result that every urban object not only has the function of a certain utility, but may be overloaded with a greater imaginary valorisation that endows it with another representational substance.

A brief explanation of the etymological development of the word 'archive', compared with that of 'urban', will help us explain the semantic inherence that defines it. 'Archive' comes from the Greek *arkheion*, 'government building', and so to begin with referred to a material reality in which public objects were contained. It then passes into late Latin as *archivium*, where it begins to mean an 'organised set of documents', yet still retaining its meaning of a 'place or piece of furniture in which those documents are kept', namely 'the archiver'. In its modern sense, 'archive' gradually acquired the meaning of existence and being, and due to the recurrence of the theme in new philosophical currents and ideas, the word has, today, two determinant affiliations in its semantic condition that it is of interest for us to emphasise. Firstly, the affinity with 'memory' in its coexistence with forgetting, understanding by this a principle of the philosophy of perception: it is not because memory is weak that forgetting becomes possible; we also forget 'due to the strength of forgetting' (Bertrand, 1977: 39), which enables us to understand that forgetting is the past and that due to its nature it does not reach memory, but also that it is the future. We remember for the future of being, with the result that memory turns into a decisive archive of the social production of imaginaries. And secondly, this affiliation also exists with the objects of study of hermeneutic disciplines like psychoanalysis, in its designation of the unconscious as 'a knowledge of the *je ne sais quoi*' (Lacan, 1960: 163) that affects and compromises my destiny, which opens up a complex field of relationships between desires and human passions as the reactivating supports of social imaginaries.

Nevertheless, in our era of digital information the word 'archive' simultaneously reappears with two other meanings: what is kept and stored, not now in a physical space, but in a virtual one that dematerialises its content, and with the same word one indicates the fear of losing what is archived. Derrida emphasised that what is threatened with being destroyed introduces *a priori* forgetting and that 'that is why this *archive* is the very antidote to the loss of memory and fear itself of destruction'. (Derrida, 1995) In this line of thinking one can recognise that perhaps from the point of view of the productivity of knowledge of societies, there is no more powerful imaginary today in the twenty-first century than the fear of losing information, which results not only in the fear of amnesia in the presence of the functioning and experiences of the past, but especially in terror in the presence of an erased future when it is recognised that the memory of productive society is no longer in the human mind or in writings, but stored in the powerful databases that make up cognitive technology. This whole panorama reveals its true dimension in the presence of the development of artificial intelligence, which studies the possibility of reproducing human intelligence in the machine and which drastically changes the very concept of a machine, now augmenting its humanoid property. But it also changes the concept of an archive, in evincing its impossible object.

In a parallel way *vis-à-vis* the immaterialisation of their object, their have essentially been two modern definitions of urbanity. One, which designates the governing of the city originating in the Renaissance, and from which there is emitted the physical sense of urban development *qua* construction of cities, a tradition that has made the city and the urban equivalent in their capacity as *urbs*. Another, which refers to the qualities of human beings, to their moral circumstances, which becomes especially strong from the eighteenth century onwards as a reaction to the bad habits and undesirable behaviour of the city dwellers of the *urbis*, and which gives rise to the meaning of *urbanus*, of the city, in which this ethical meaning refers to the courteous and to the good manners of the citizens in opposition to the rural and rustic. However, today we might proclaim a new concept of the urban, that of the aforesaid civic urbanism, which is emerging inasmuch as certain conditions are found in the history of the city, as befits the fact that for the first time the urban may be separated from the city and it may be understood that we urbanise ourselves independently of the fact of living in a city centre: an aesthetic and cultural definition of the urban is now involved.

If we then accept that the urban aspect of the city is no longer seen and we advance towards the greater deterritorialisation of its spaces that reconstitutes social perception, something along the same lines occurs with other practices that contribute to the definition of other contemporary urbanising experiences such as public art, the media and technologies; and here are three of the most important joint promoters of the urban in the presence of the city. In all these circumstances one advances in the construction of a place that is not necessarily geographical, as was supposed in the theory of 'non-places'; rather, in understanding a new temporal concept of the site, from the Latin *situs*, a place or spot which 'can be occupied', that which in fact permits us 'to situate ourselves', that is, to put civic urban experiences *in situ* – and also in a situation. Similarly, this permits us to situate an anthropology of civic desire, in which, in order to understand them, human interactions are examined and, therefore, psychological and social relationships and even those having to do with interaction with the landscape or including the tapping of group memories, which also may be part of this renewed meaning of the civic site. Time as not just an ontological category but one of thought, which for this very reason does not exist *per se* but as an indefinable flux, encounters in human desire accompaniment and continuity in its itinerary. In this size of study, civic desire acquires its condition of disbursed social energy and due to this we will be speaking, with a view to conceiving the archives of imagined cities, of psychic mechanisms of group valorisation.

If we examine what so-called public art has been doing over recent decades, we arrive at the conclusion that new investigations and other attitudes and gestures on the part of its creators have led to a vast appropriation of non-traditional places different from the museums and galleries where artistic activity is usually exhibited, to the point that 'any site and any action is potentially "artistisable"'. (Babin, 2005: 15) Any place may be turned into an *art site*, a fact that gives rise to strong rivalries with the real world and shatters the difference between the life place and the art place, turning the public realm into an aesthetic potentiality and the city dwellers – often incidental people surprised by the action – into the art public. In this comportment of art we begin to value the supremacy of thought over matter in order to understand it not so much as a visual fact as in the capacity of an art-thought, what serves to favour a culture of the immaterial, that is to say, the installation of the aesthetic imaginary in urban everyday life itself. And insofar as this involves creations critical of the given, this particular creation of counter-images orientated towards transgression and towards the extension of the public realm will have its actual aesthetic production as a political mission, due especially to its triggering of other social symbologies. Public art's purpose and way of acting cannot help but be related to the production of social imaginaries, as *Documenta 11* revealed in Kassel, when according to its curator, the social production of space can be followed in (the study of) collective imaginaries 'through networks of exchange, desires, fantasies, sensorial evocation and mediatized confrontations that give people the feeling of dwelling in the city'. (Enwezor, 2003: 9)

The media have, for their part, to be another link from which the urban is extended beyond the city, thus contributing to the dematerialisation of its spaces. Even though the media talk, show and address the citizens, the latter increasingly bear their own instruments for being 'mediated' relative to the actual site they might be in. The relations between media and citizens are increasingly personalised, as is discovered in the generalised use of mobile phones, the Internet, prepaid television chosen by each consumer, WiMax, iPODs and the press in such a way that, finally, what constituted the social and mass medium is largely transformed into a personal or group medium, which generates new debates about the end of the media and makes the question valid: have the media lost their capacity as a social summons and entered, instead, a new era of self-referentiality?

In recent years the media appear, *de facto*, to be contributing to such civic urban development rather than to a social mediation; that is to say, the media address citizens 'de-mediated' of their cities, and upon perceiving in particular what is represented of the metropolis in even greater proportions than its direct experience, they convert the communication in itself into the same place of interchange where the difference is lost between the world of the real as opposed to the one represented, with which symbolic matter is vouchsafed for constructing the paradigm of the imagined city. At the same time it so happens that the media – television being an exemplary instance – become more self-referential. One may ask, therefore, to what extent this co-produces an irreversible dissolution 'between the inside (intimacy, private confession) and the outside (exhibition, massive publicisation) and a regression of the gaze towards the medium itself'. (Imbert, 2006: 130) Some fabulous cinema is already giving an account of this principle, in which the world unfolds as in a film, as in the exceptional case of *The Matrix*, where 'the whole of humanity is a victim of collective hallucination' and in which Morpheus asks with overwhelming conviction: 'What does real mean?'

Technology in itself appears to be increasingly affecting the new living environment. The actual house in its capacity as a home is indeed one of the sites most besieged today by the new civic urban development, since it becomes a new place of work or study via computer networks that end in each home, connecting it up. Workspaces are also duplicated and while offices are installed in houses, the former do double duty as homes in which meetings, meals and family gatherings are held. But if, moreover, we examine the body as the beginning and end of all human meaning, we can see that it assumes its greatest imaginary dimension in the reconstruction of the human genome and in the discovery of DNA, a substance that already functions as a model of identification and which will gradually replace photography as a new double, but of a chemical kind, and therefore no longer within an iconic logic, but a post-symbolic one. This new double does not trace a visual resemblance of any kind but another more profound and genuine, albeit invisible, one: the biology of being and the identification of each of us. If photography was an iconic metaphor of a face, DNA is a metonymy of a chain of displacements. (Copenhagen-São Paulo 2004: 119)

In this way, progress in science leads us to new relationships with the body, with medicine, sickness and death, with sex and old age (as does Viagra in restoring youthful passions to an old man), with the bodies of other people and, of course, with the actual city and its representations, all by means of a new 'artificial selection' reactivated by different kinds of scientific and technological knowledge that contribute to the above mentioned deterritorialisation. The instruments of human interaction are accompanied by a miniaturisation and dematerialisation of objects in the process of production and consumption, which in turn reaffirms the original goal of the technique of turning time and its succession into the desired object. A genuine quantum leap that comes up when the simulation of space passes to the mimesis of time; or better yet 'when one manages to anticipate it'. (Cecchetti, 1999: 8) A vision of powerful imaginary sustenance is incarnated in this way. Due to the workings of technology we enter the aptly named 'city of bits' (Mitchell, 1999), which is nothing other than that new urban development from the air of the city of the twenty-first century, whose *sites* are constructed virtually by software rather than physically with bricks and mortar and connected by linkages rather than by doors or streets. The post-industrial in perspective will be, then, the culture of a new metaphysical issue in the relationship between technology and the human. The post-human and post-organic. (Copenhagen-São Paulo 2004: 125) The radical demand of the super-man and, let's say – why not? – of the super-citizen of the twenty-first century in its infancy.

I seek, therefore, to present different writings, texts/images and diagrams that I've succeeded in producing as an author or as a co-ordinator of research and production teams of the theory of urban imaginaries over the last twenty years in three types of archives that I call private, communitarian and public, which may or may not coincide with the same chronological development of my writings.

I call 'private archives' those civic manifestations of the *privatus*, namely, which do not pertain to the State or hence to the public realm, but which by means of a few media devices (photos, recordings, film or the Internet) or social ones (granting status to some groups or pursuing advertising aims) get greater circulation, letting be seen in public that which is born with a private intention. In our bibliography, private archives are family albums and video clips inspired by the private practices of cities.

I call 'communitarian archives' all that material which expresses civic manifestations for a community. 'Communitarian' comes from *communis*, from the old Latin *comoinis*, of the common, which belongs equally to some recognised ones, and on the communication between them, and is related, either to very personal expressions or to secrets shared between two or more communities, which, however, seek their circulation publicly, especially within small territorial groups. In our bibliography, communitarian archives refer to graffiti, studies of window displays and city hoardings in which urban points of view of communal circulation were studied.

Lastly, I call 'public archives' those produced by the community, of the *populus*, people, and from which the popular originates, but in this case as that which belongs to us all, since it is made for all or at least for a significant majority according to some relevant civic point of view. (Bogotá 1986; 1987) In our bibliography public archives are works on urban imaginaries that led to the collections of imagined cities of Latin America and of other European countries, with which one has initiated 'imagined Europe', especially Barcelona, Seville and Liverpool.

If we observe them well, what the three kinds of urban archives have in common is that, in spite of everything and taking on board their origin, they circulate publicly and are characterised by their source of mental rootedness and by their reference to a specific subject: the private to the group, the communitarian to the territorial community, and the public to the collectivity. They have, moreover, another feature: they are all formers of the citizenry and refer to social practices through which, from an aesthetic and political point of view, the collectivity creates its own image, with which it represents itself before the metropolis. But if to this we add what is inherent to the imaginary condition, which due to its psychological nature moves forwards – in opposition to dreams, which are nocturnal and archaeological – then we discover that, paradoxically, these are archives that preserve and project civic visions of the future. The triple meaning of 'to imagine', deriving from the Latin *imaginor* (cf. *imago*), *qua* 'intuition', 'idea' and 'chimera', corresponds in the three instances to future time. One speaks of 'intuiting' as that which is not deduced logically, but rather glimpsed or even foretold, while 'having an idea' is associated with inspiration and speculation. Likewise 'chimera' evokes fantasy, fable or legend, and may even be extended as far as 'delusion', as we've confirmed in the study of global imaginaries of fear and terror at the start of a new millennium, when the feeling of insecurity increased throughout almost all the world and when the fight against terrorism adopted its most insidious forms. (Copenhagen-São Paulo 2004: 105) In the archives of imaginaries we thus understand that the civic individual is nourished by proven, referential kinds of knowledge, but also by fantasies, recollections, instances of forgetting and chimeras (our impossible objects), with which, however, we generate objects and representations. Hence, in terms of their social imaginaries, urban archives appear riven, in the manner of Derrida, since they are produced today but imagined for tomorrow.

I now present, then, the different urban archives with the certain licence I take when exhibiting them, namely in modifying the conceptual order of the archives according to their pretension to social cover (from the private to the public) and in presenting first the communitarian archives and then the private ones, solely with the aim of preserving the chronological order in which they were developed and thereby clarifying the order in which the bases of a disquisition on the urban gradually appeared. But it will also be an objective that in this 'change of order' the readers of this text, or the visitors to the show[1] of which it forms a part, might perceive the archives as non-hierarchical objects – de-archived, just as they are in social reality – so that they might create their own impressions with their own particular urban references in a personal and creative way. Like illusorily traversing the urban aspect of a city in terms of its civic archives.

Communitarian archives: graffiti

My studies of imaginaries begin with the publication of the book *Graffiti: una ciudad imaginada* (Graffiti: An Imagined City) [Bogotá 1986; republished by Tercer Mundo 1988] (fig. 1, p. 41, *Graffiti: an imagined city*, Universidad Nacional de Colombia), in which a system of valencies is constructed in order to determine when an urban expression can obtain the qualification of this system of communication. These studies were continued in the book *Punto de vista ciudadano* (A Civic Point of View) [Paris 1986; Bogotá 1987] (fig. 2, p. 42, *Civic point of view: Visual focalisation and* mise en scène *of graffiti*, Instituto Caro y Cuervo), in which a complementary reflection is included about the social gaze that explains the phenomenon in terms of the enunciatory potentiality of its observers, the citizens. In this way, graffiti is qualified with seven structuring valencies of this urban mark: three that are called pre-operative, three operative, and one post-operative.

The pre-operative ones co-exist with the inscription and are 'marginality', which refers to those messages that cannot be subject to the official circuit; 'anonymity', since graffiti-messages maintain their authorship in reserve, they are masked (excepting organisations or groups that via their signature seek to project a public image), and hence the selfsame mask as their emblem; 'spontaneity', due to which their inscription responds to a need that surfaces in a foreseen or unforeseen moment and involves taking advantage of the moment in which the mark is made. The three operative ones which signify their 'shaping' are: 'scenicity', the location chosen, the design employed, the materials, colours and general forms of their images or phrases conceived as strategies for making an impact; 'precariousness', since the media used are cheap and easily obtained on the market; and 'speed', given that the different inscriptions are registered in the minimum time possible. And the last valency, post-operative 'fugacity', which acts from outside the graffiti system and conditions its ephemeral duration.

Within this structural system of the field of civic street expressiveness, one arrives at the conclusion that not all that is written, crossed out or represented on a city wall or facade is graffiti if it does not depend on the system which semantically valorises what may be called that. This is where a value is assumed by the post-operation of fugacity, the very rapid erasing or causing to disappear of what ought not to be in public according to any entity that feels alluded to by the mark. It is in fugacity that social control is exercised so that these intimacies (subversive ones with regard to the public) do not circulate socially. The fugacious valency represents in itself, then, the fundamental mark of graffiti: the society that originates and controls it. A circle that is repeated in the centre of the historical occurrence and which conditions the communication of graffiti to an immediate experience that is made and unmade to the rhythm of the contradictions and social and political conflicts of the different metropolises, which leads to its definition: a perverse writing inasmuch as it says or expresses what cannot be said or expressed and which, precisely in this game of manifesting the forbidden, is legitimised as an action against all established order, be it social, linguistic or political.

On the basis of this definition we can announce the 'sociolectal' conditions of the urban communication that is written on the actual city streets and which progresses to other new urban settings like the virtual attacks of Internet hackers. From this extending of the term, it will even be possible to assimilate any theorisation about multitudes, in order to understand it as approaching a strategy of graffiti, when as opposed to the referent of the people, which is single, the multitude appears as plural and prepared to act against the 'empire' by complying with the network simile of the Internet: 'In it the different nodes go on being different but all are connected, the external limits of the network are open and enable new nodes and new relations to be added at any moment.' (Hardt & Negri, 2004: 17) Like this, the multitude is belligerent (it can be 'graffitist', according to what has been said) as an emerging global class. So it is that while graffiti attacks the established system, be it linguistic, social or political – like the phrase of a new type of anti-imperialist expression graffitied today in various American cities: 'Barbie is a whore' (fig. 3, p. 43, 'Barbie is a whore', various cities, photo by María Adelaida López Restrepo) – other experiences proceed from the forbidden in order to gain audiences by functionalising the forbidden under the perverse manoeuvre of exposing the private or the intimate to the public gaze, as occurs with various programmes known as reality shows, which dally with the monstrous, the impossible to see publicly, creating a sort of counter-graffiti due to its wounding ethical consideration.

This structural system for discovering the mark of graffiti in urban settings – and not only on the walls – enables us later to be able to understand, on the basis of that logic, the difference between graffiti and art, and then to comprehend its profound semantic relationship with urban imaginaries. If we speak of graffiti's aesthetic communication we can superpose it, then, as a tendency of graffiti in which the operative conditions, its forming, take first place over the properly pre-operative ones. This means to say that the inclination for a graffiti-art tends to release graffiti from the ideological and subjective conditions to which it is confronted due to the nature of social conflict, and that given these structural conditions, such a release may lead to the disqualification of graffiti in order that such graffiti-graphic imagery begins to form part of another sort of statement, like art for instance. In other words, graffiti-art may turn into object-art, rather than in proclamation-graffiti, even though a strong area of ambiguity may go on existing, of a text in transition that can render its definition difficult. See the specific case of the new tendencies developing in different cities of the continent from the end of the 1990s onwards with the technique of stencil-graffiti, in which the artists create political as well as existential imagery that lives in our system of valencies as a perfect hybrid between the contestatory mark and aesthetic creation (fig. 4, p. 44, 'Hybrid graffiti', various cities, photo by María Adelaida López Restrepo). Or note that a certain urban tendency of body-tattooing could also be defined as an intermediary genre, given that it corresponds to a private action devised in order to be made public, but which in that course may acquire the mark of the contestatory and even gradually fill up with various social torments typical of graffiti (fig. 5, p. 45, 'Head decorated as graffiti', photo by Dobrila Djukich de Nery).

The publication of *Punto de vista ciudadano* (A Civic Point of View) [Paris 1986; Bogotá 1987] marks the beginning of a hermeneutic work by including, as well as graffiti, new objects privileged by their visual and city condition, as are advertising hoardings, window displays and other things recognisable in the outward appearance of cities, with the aim of considering the civic gaze, which, in this methodological moment, is deduced from the object of analysis itself. A displacement occurs in the direction of the observer in order to design a simulacrum of what the reading and observation of these passages on the part of urban inhabitants might be. When any communitarian observer lets their gaze alight on the provocative announcement and lets it glide over what is exhibited, an encounter is generated between the representation (enunciation) and the 'frame' of the observer that makes the enunciative focalisation coincide with the point of view of the observer, and in this way a territorial social group is impregnated with this register: what is represented becomes an object of enjoyment or knowledge with which the communitarian civic gaze identifies. From graffiti, then, we made the leap to window displays and other street objects so as to examine other points of view, thus highlighting for this text the methodological value of urban points of view in the interests of the later project on imaginaries in Latin America.

This now means studying not only what pertains to the (intimate and communitarian) forbidden gaze of graffiti, but the (public) exhibitionist gaze of window displays and hoardings, although in both instances in maintaining the civic complicity by means of which the community publicly recreates the imagined city. If we take the window display as a pre-figuration (Bogotá 1989) of what is then to be the evident exhibitionist development of the body of the 1980s and after (urban fashions, gymnasia, health resorts, and so forth), exhibited in shopping centres as giant window displays (which mark the city-window display with different codes in global language), it can be argued that this exhibitionism of merchandise corresponds to a local landscape, and its protagonists recognise each other in their gazes in such a way that these mercantile theatrics become an existential mirror as permeable as the one announced: the exhibited merchandise adapts to the narcissistic rhetoric of its civic observers. In the civic point of view we include, as well as the gaze, categories of narration within the methodological spectrum, for which we have recourse to the segmentation of the public that use anthropological studies and those of a consumer market, such as a division by gender, age groups and social sectors, among others. Each of these categories is understood as a 'filter of perception', on the basis of which city dwellers symbolise and act in the construction of their social urbanism. And so urban points of view are modes of perception that lead to using and evoking cities in a collective way.

If we examine these filters in the theatrics of window displays, we can see some result or other in order to examine their operative workings. As to that, differences were found of composition, materiality and communicability between window displays 'filtered by their social condition', which could be called 'bourgeois' and 'popular', as one of the classifications of urban points of view that we proposed in order to understand communitarian modes of projection. The strength of the popular lies in the fact that in classist and hierarchical regions such as the societies of Latin America, the circulation and legitimisation of these images collides head on with the so-called 'good taste' of the upper classes. This points to two generic ways – with numerous variations and hybridisations – of perceiving and representing the world. The 'glance', which has to do with the filters of the stated feeling, is different. The upper sector is placed upon space – a long shot – within which the design product creates a fiction that is exempt, in part, from the sense of use of the object: it exposes to view the symbology of 'night' as the most efficient paradigm of this type of gaze (Bogotá 1989), which appears to be concentrated more on the surroundings, the roving, dreamy eye, which makes one think of a notable cinematic influence. The 'glance' of the popular shop window – big and very big close ups – is placed upon the product. Space has meaning in order to be filled with things, due to which its symbolic trajectory is linked more to the 'diurnal', the thing is shown so obvious and bereft of design that it can be related more to a type of minimal theatre: a frontal gaze suddenly condenses the properties of the observed object. (Bogotá 1989) Popular shop windows tend towards overcrowding and to intermingling information about what they offer, like this revealing window that puts some dummies in the foreground, looking expressively at whoever looks at them, and a defiant and provocative notice aimed at the customer who observes: 'What are you looking at?' (fig. 6, p. 47, 'Popular shop window as a toy theatre', Bogotá, archive photo from *Urban Imaginaries*)

Private archives: family albums

As one of the privileged objects in which private enunciation ends up, the discovery of the family album enabled me to work on its expressions and to make it into a guardian of the type of imaginary that leads to private archives. *Qua* cultural object, the album has a threefold condition that defines it (California 1996) and according to such teaching of contemporary logic (Bogotá 2004) I advanced in its description. For this reason the book recognises from the first that it's about a subject, the family; an object which enables it to show it visually, photography; and a way of archiving images, the photo album. It could be called, as I wished at first, 'family photo archives', but I didn't consider it to be fitting since there's a fourth aspect that follows from the earlier ones and modifies them as a *raison d'être*: the album tells stories. The narrative vocation of the family photo album orients us towards confronting this domestic visual treasure as a literary fact, since a great difference exists between the fact of keeping and classifying photos

– in the above sense of *archivium* – in order to recognise someone *qua* simple description, and of doing so in order to emphasise that person as a member of a group, in putting together the images and recreating them for the onlooker with a fanciful tale that is updated over the years, in the sense of archive as memory and desire. Shown in the following scheme are the inherent conditions for the object we culturally call a 'family album' to exist:

Preconditions for the existence of the album:
The family – the subject represented
The photo – the visual medium of registration
The album – technique of archiving
Recounting – its narrative condition

The family is a collective subject that tells stories and has at its disposition the handling and construction of a space of action. The photo is the medium which produces the image, with visualises the family, and it pertains to its technical capacity to express a time of exposure, as can be seen in the photo (fig. 7, p. 48, 'Young girls with unexpected visitor, a bird', California, archive photo from *Family Photo Album*), in which a beautiful, playful bird that arrives unexpectedly introduces three tenses in the present perception in the scene of the three little girls photographed: the relaxed present in the first on the left, the startled past in the one on the right and the foreseeable future in the one in the middle. (Bogotá 2004: 29) The album as archive has be understood as a way of classifying and hierarchising the gaze, and it is typical of its technique to produce an order for the onlooker subsequent to the time in which the photos were collected. The narration is a tale and gives its narrators the power to manage the stories in which the family is enveloped and which have merited their archiving as image. Hence, there will be an existential condition, the family; another which determines the communicative temporality, the photo; and yet another which creates the imagined spatiality, the album as book. And, lastly, the very action of the tale that corresponds to its properly verbal and literary condition. But these attributes are interrelated in a substantive and nominal way and act in terms of a group logic. The language of the tale adds its weight to the family's existential authority, and so the former, when it prepares to appear in a photo, already does this by preconceiving a way to appear and be described in the album, what finally tends to be called a 'pose', which I define as 'the poser's calculation for being seen in the future'. Likewise, the time of the photo, as impression and archive, establishes rules for the family, like constructing a pose for the future observer. And so subject, time, space and tale are mutually contrived, have an effect on one another, and are modified.

All the same, what is most intriguing today when thinking about the album as an archive would be its very evolution towards its destruction and end, something which simultaneously means that its represented object, the nuclear, middle-class family, is also experiencing various announcements of its crisis and disappearance. In Western societies, the family united historically by ties of blood and surname encounters, ever since the last few years of the twentieth century, new ways of associating with new criteria, as can be observed in 'expanded families' in which the separated man or woman brings children to a new union, or in the case of families of the same sex who decide to adopt, as well in other single-family actions, for example when a single woman decides to have children by artificial insemination. So that a technique, photography, with a chemical and physical basis, conceived as an analogical image of an object to be displayed, cedes its representative condition to another technique, digital this time, based instead on a mathematical code, so as to produce the photo as a primary producer, rather than as a reproducer of a chemico-physical process, thereby accelerating the tendency to live within a scanned world. An impressive encounter, it has to be said, between the destiny of a technique and its existential object.

The new digital technique of photography frames in turn the future of civic representation. While industrial modernity created the machine which represented it – the camera and its products, photos on paper – its own image of modernity, the new scanned, digital-based photos seek to do the same with regard to a new moment, which we can consider to be post-industrial. Without doubt this digital production, possessor of so many qualities, has one quality in particular which leaps out at one and which has been emphasised by different experts: the fragment. To show objects not complete but in parts. Not all the person but an eye, a smile and not all the face, passages of houses, of the city, of the streets. In this visible logic of the fragment, the family itself is a part. In *Álbum de familia* (Family Album) (fig. 8, p. 50, *Family Photo Album*, Norma, Irvine, UMI) we were able to examine how if the grandparents appeared as central figures of the family scene in the first half of the twentieth century (fig. 9, p. 51, 'Grandparents in the 20s', Medellín, Leaflet about *Family Photo Album*, Museo de Arte Moderno de Bogotá – MAMBO), over the years they gradually yielded their place to the parents, who at the height of the sixties and in subsequent years extend their presence in photography as an object to be shown and disseminated in their capacity as an image of family (fig. 10, p. 52, 'Parents dominating the scene', Museo de Arte Moderno de Bogotá – MAMBO). But at the end of the twentieth century, and while the digital camera was being invented, new actors irrupt with definitive success: children, those little boys and girls, the offspring perhaps of couples with one child, new protagonists born to triumph, who focus the attention of proud parents ready to turn their children into the finest experiment of intelligence and physical or social versatility. There, technique coincides once again with the object represented, the new, one-child family. The family disappears from the albums and its place is taken over by heroic or hugely fragmented children: the first tooth that falls out (fig. 11, p. 53, 'Tooth falls out', archive photo from *Urban Imaginaries*), the toilet the child used for the first time, eyes similar to the mother's, and so on. This movement towards the fragment is linked to the semantics of the residue that characterised the actual album, a repository in its history of various objects stuck together. But the best representation of a residue in a talking, sexed being will be what the body loses (from the placenta to other corporeal elements), as we were able to observe in our study upon discovering that the album of family photos is also a repository of these residues, as when the locks of hair or pieces of skin of loved ones are stuck in. A tendency that, moreover, increases with technology, which permits one to visualise even that which is beyond vision, as is the case of the ultrasound display of the foetus in the mother's womb (fig. 12, p. 54, Image of a foetus) as a first pre-visual recording of the imagined child.

Still, it is no less true that the album as an object is gradually disappearing, at the same time as it is itself converted into a nuclear family archive, and is being replaced by the virtual archives of photos in which the infinity of images end up that anyone may take as per the quantity of memory of the cameras and computers in which they are kept. And so 'archive' become synonymous with storing. The very finitude of photos placed in an album that begins and ends as a (sacred) book is replaced by the abundance of the amount of images artificial memory might enable one to save, converting the family as such into a fragment and residue of a world in global connection that in any event expresses itself in the private domain.

As an extension of the album project, I undertook the invitation from the German photographer, Alexander Honor, and the Viennese artist and producer, Engelbert Theuretzbacher, for me to join their visual research project and to write the text of the book devoted to Bogotá, *One World with Many Faces,* as part of a wider experiment that also included the cities of Vienna, Buenos Aires, New York, Panama and Lagos. In each of the cities in the project – and of others that would be added – it was a question of taking 720 photos of their citizens' faces with the same light, distance and pose, and to try and deduce cultural ways of being based on how people showed themselves before the camera. In my text *For the Archives of God* I maintained that: 'If only we could make the (Borgesian) wish come true of having the photographs of all the citizens of the world in one single place in order to keep, just as God would do, a universal archive of the faces of all the inhabitants of the planet. Given that such a divine desire is inconceivable in worldly beings, what this and the other books of *One World with Many Faces* (fig. 13, p. 55, 'For the Archives of God', in *One World with Many Faces*, Salon Verlag) leave us is a testimony of a rather large microcosm of the modern world in which the photo has served to see ourselves as a transitory unit of each city visited, as well as being a protagonist and bearer of the beauty of the faces of different peoples: to see each city through the fixed gaze of its citizens, since the city inhabits our gestures and teaches certain particular poses that define it.' (Vienna, 1997) So that in this case I anticipated what would be forthcoming in the next project, *Imaginarios urbanos de América Latina* (Urban Imaginaries of Latin America), in which I sought to elicit the image of the city from its citizens. It's as if local urban marks were living in the faces and that from them one were able to see a city setting. The city in its citizens' faces.

Public archives: civic urbanism in the imagined cities of Latin America

With the later publication of *Imaginarios urbanos* (Urban Imaginaries) [São Paulo and Bogotá 1992] (fig. 14, p. 55, *Urban Imaginaries: Bogotá and São Paulo, culture and urban communication in Latin America*, Tercer Mundo Editores), new concepts appear for defining and delimiting the imagined city and one embarks on fieldwork in search of cultural analyses of the citizens as active subjects constructing urban realities. Eight basic references are added to the theoretical construction of imaginaries, and I enumerate them by starting with the most concrete and objectual before arriving at references typified by the major constitutive function of the imaginary (Bogotá 2006: 113ff & Bogotá 2004: 17-31): urban metaphors, urban territorialities, urban emblems, urban sketches, civic points of view, civic gazes, collective fictions, the urban phantasm, and the public vision of imaginaries. Let's take a look now at each of these references so as to fix their semantic scope.

'Urban metaphors' are topographical figures of the city (of aesthetic projection), in which are produced the displaced urban meanings of the citizens that are located in their permanent social attitude of being urbanised. To begin with, seven metaphors were proposed for the tapping of these urban meanings (public/private; inside/outside; in front/behind; before/afterwards; interior/exterior; seeing or being seen; frontiers and urban rhizomes) in the interests of putting their enunciations into operation. If we operate, for example, with the metaphors public/private in reference to one of the objects with the greatest urbanising capacity of the new millennium, shopping centres, we find that the identification is shattered in them with one or other of the two options (public or private), since these centres now appear as hybrids in their property and social use, in acting, rather, as semi-private and semi-public, typified by their actual architectural postmodernity. But also shattered in them are other notions of urban spatial tradition, like those of being 'inside or outside', 'seeing or being seen': as when we go up in the transparent lift and we see the people who before remained outside our vision, which in turn constitutes a new rhizomatics of the city, and so forth.

'Urban territorialities' have their origin in the experience of differential territory as a space or experience recognised by a group on the basis of which one invents a collective. In this way we advance towards the temporalisation of place, since the latter is embodied in the new *sites* of civic transit (such as shopping centres or airports) as well as in the actual psychological experience of evoking a place as typical of a community. Constituting a differential territorialisation for the iconographies of the cities of Latin America is the very notion of 'third world', if we take it as an affirmation of a third party in its social expressiveness and not as an excluded third party. (Bogotá 2006: 128)

'Urban emblems', as objects selected by the citizenry or part of it due to being possessed of greater symbolic concentration in their collective representations, act as icons of recognition of urban cultures for a given territory and for concrete periods. Here we can see the civic emblems of various cities of Latin America considered as *sites* (fig. 15, p. 57, Emblems of cities in Latin America), in contrast at times to the places selected by postcards that reinforce official ways of looking at the city to be visited.

'Urban sketches' are understood as the maps of civic feeling. They are ways of living the city that inhabit the minds of the inhabitants according to 'civic points of view'. So it is that while emblems commemorate *sites* of collective identification, sketches refer to situations with a special imaginary charge for different communities in which rather than identification, feelings predominate. In any city there are paths that have priority over official byways as routes of feeling and coexistence, or there are places hated or loved in social memory that mark the uses or evocations of the city. The sketches are usually represented in perceptual curves, in photos or simply in maps for social use, like those which show civic routes for leisure time use.

'Civic points of view' correspond to the filters of perception on the basis of which statistical information is examined according to the fixed categories of survey forms (socio-economic level, scale of age, gender, housing, educational level, work, activity, generation in the city), as can be seen in the sketch of the perception of security in Montevideo and Bogotá. But these points of view can gradually open up to make them more fruitful. If we now examine those who find the security situation in Montevideo 'very bad', we predominantly find categories of the lower strata, male gender and age group between 41 and 65. Thus, points of view are defined by social sectors, age groups and gender to the point of making perception a very precise datum. If we now take a second group from the city of Montevideo, the highest percentage one, of people who perceive security as 'bad', we see that for the most part this involves the upper sectors and, within this group, men over 66, while in Bogotá we observe that the social range and age group coincide, but that on the other hand women are the most affected. This work of gradually opening points of view, like bunches of flowers, enables us to more accurately observe the levels of fragmentation in social perception, which in turn makes it possible to form hypotheses about the actual use of the metropolis. But points of view also act in visual information as a narrative category on the basis of which the different images compiled are examined, as in the creation of records for the visual analysis of an image in a newspaper in order to study what narrative or aesthetic function it fulfils within a text. (Bogotá 2004: 70-78)

'Civic gazes' refer to analyses of urban visual images in which the subject of emotions is projected and framed in what it looks at – as in those which circulate in the media representing urban landscapes – and which seeks to garner urban instants in different eras.

'Collective fictions' must be understood with regard to the tapping of civic desires, fears or yearnings embodied in texts or objects as well as public iconographies, inasmuch as we humans are responsible, aesthetically speaking, for our own emotional inclinations. These kinds of expressiveness are equally controlled by the research teams, as may be seen in the 'Parallel Representations' section (fig. 16, p. 59, 'Chupando patria', People return to the family bosom for the World Cup) (fig. 17, p. 60, 'And God was not [so] white', Racism comes from the Western Gods) (fig. 18, p. 61, 'To think is a crime, that's why we go into exile', The students of the State University wanted to be critics) (fig. fig. 19, p. 62, 'Pablo lives', The most wanted drug baron leaves his signature in the building of the Colombian Secret Police) in *Chupando patria* magazine, where we read that in opposition to the civic fanaticism of the World Cup, the fiction is constructed of a football as an equivalent of the mother's breast. As is typical of fiction, it can also occur in any human action, be this experiential, textual or visual.

And, the most essential aspect of the social imaginary, the 'urban phantasm' as the undecipherable presence of a symbolic mark of the city lived as a collective experience of its inhabitants, and on account of which a greater rapport of an imaginary character than of empirical verification prevails in civic construction: the phantasm sustains the subject's sense of reality as a basis for the actual imaginary construction, since 'reality is the phantasm of the real, not the real'. (Lafont 1984: 22) Later on, in the modelisation of the city imagined as an incarnate model, one will be able to examine how phantasmal production increases when the object evoked does not exist in verifiable reality but is imagined and lived as such, like a non-existent smell, for example, which despite this fact obliges us to hold our noses.

And lastly, and as a consequence of the above, the 'public vision of imaginaries' as their only possible catchment area of social rotation (there won't be personal imaginaries) and which turns this founding condition into its axis of legitimisation, as I think it is essential to stress later on: namely, urban imaginaries are constituted as a theory of the civic, public way of doing things.

The public realm is undoubtedly one of the main themes occupying the debates of the new millennium, and although its modern deliberations commence with the French Revolution in the eighteenth century, the theme acquires contemporary resonance when its object enters into confusion and equivocation in the face of situations like the common spaces of corporations, when private companies but with public objects (such as services or the media) enter into ambiguities of principle, and, moreover, when cities become blurred in the face of the transnational dimension of the world. The notion of the public realm encapsulated in urban societies of communication is to bring together not only the new technologies generated on the basis of the computer, television and telephone, but also the original ways of operating of societies brought together in communicative interactions according to metaphors like networks, flows of variables and standards of connection, and within criteria like long-distance interaction and the possibility of simultaneously coexisting with global events. The world is present at a new geography of its cultures under communicational premises that have meant rethinking what the public realm means today, as some authoritative landmark on the basis of which it is still possible, despite the slow withdrawal of the State from a number of its social missions, to think of a collective space not valued by personal economic or other interests, and where society can rest and project itself as an entity, ethically protected and aesthetically valued. (Seville 2005)

In the studies of imagined cities one has preferred to upgrade the public realm over the global one, since what is interesting about the planetary sphere in people's imaginaries alludes with great clarity to what belongs to everybody, what may be seen as an equally strategic decision versus the attrition and trivialisation of the term 'global'. (Bogotá 1999 [a]) Imagined cities, as well as putting themselves forward as what is to the other side of globalisation, paying attention to it, to be sure, but taking much more account of local kinds of expressiveness, enter more fully into a reflection on the public realm, until the central question which interests us inevitably arises: how do imaginaries relate to the new public spaces; now not only territorial ones, but cultural too? From this initial perspective, imaginaries correspond to the public image that citizens made of the city, and so imaginaries appear as public deeds that urbanise. If the urban is public space and if the latter is not 'a place but a taking place of the bodies that occupy it' (Delgado, 2007: 13), imaginaries will be their civic construction. As a result, imaginaries are practised as a public deed, and the public realm is in turn the great imaginary of the 'encounter of all without destroying us'. (García-Canclini, 1999: 230) In this way there are communicating vessels that determine things and that gradually clarify for us the object of study: individual imaginaries are not conceived and there is no public construction if the latter do not go beyond the intimate and the private.

The subsequent study of those of the imagined cities that would emerge from the urban imaginaries of Latin America proceeds from the study methodologically conceived in *Urban Imaginaries* (fig. 20, p. 64, *Methodology of Urban Imaginaries: towards the development of a civic urbanism*, CAB) (fig. 21, p. 64, *Urban Imaginaries*, Arango Editores [5th ed. expanded and corrected]) in order to seek, as a project for a subcontinent, and as one of the first opportunities in its modern history, the comparative urban signifieds of this huge geographical and cultural region.[2] Most of the capital cities of the subcontinent were connected with the study, so as to apply the same methodology to an enormous field of study. From this extensive cultural adventure developed the project 'Culturas urbanas en América Latina y España desde sus imaginarios sociales' (Urban Cultures in Latin America and Spain based on their Social Imaginaries), which lasted several years (Bogotá, Buenos Aires, Caracas 1999 [b] – 2005) and yielded various results still in the process of evaluation, at the same time as it enabled us to have before our eyes different and extended civic sketches with which to show, by means of diagrams, urban ways of being that were arising and defining a regional character.

To undertake this study, each city was divided into three planes of work according to the theoretical model of urban imaginaries inspired in the threefold conception of thought – which we find in both Freudian psychoanalysis and Peircean logic – and which gave rise to the methodology of imaginaries (Bogotá 2004): the city, the citizens and the others. Firstly, the city is understood as a quality in which the inhabitants weave together the potentiality of being citizens. Secondly, the citizens are understood as subjects who begin to germinate within the city: the city is made 'real' because there are citizens who inhabit it, create it, update it. Whereas otherness is a mediator of linkage, a bridge that connects the first to the second and corresponds to the very social perception we seek to decipher in each study. From this logical point of view the city is threefold. As is the world *qua* factor of knowledge. We convey that condition of interpretative analysis to the six great methodological fields: those of fieldwork in qualified statistics on group perception; the techniques of gathering urban narrations; the semiotics of the image of the city in the media; the enunciations of the imagined city in literary and artistic works by historical period; the collecting of urban objects like city iconographies and sound, visual and audio-visual archives. The forms that are employed or the records in which the visual information is described are in turn divided into three parts, in which one investigates the city, the citizens and the others: those with which civic perception in the other cities of Latin America is compared and interrelated. The narrations are compiled in the same way by ascertaining the construction of the other in each city's media and in urban tales.

The visual material is instituted on different sources of origin. Archives of photos of objects, according to what the statistical work tells us about the settings and urban icons selected by the citizens (fig. 22, pp. 66-67, 'Urban icons of a character in Mexico City', the Angel of Mexico, photo by Miguel Ángel Aguilar) (fig. 23, pp. 68-69, 'Nocturnal icon of central Bogotá, Colpatria Building at 12p.m.', photo by María Adelaida López Restrepo). An elaboration of visits and outings the researchers make in order to gather and assemble collections of postcards (fig. 24, pp. 70-71, 'Icon of an urban site, Valle de Anhangabau in São Paulo', photo by Helcio Magalhães) and of other subjects in public or private circulation (family albums, record sleeves, advertisements, and so forth), from which might be deduced imaginary formations in different historical periods that can be audited by our teams (fig. 25, pp. 72-73, 'Postcard of Caracas Imagined', intervention of the project *Caracas-Case*). Lastly, the directing of one minute video-clips and 24-minute documentary-style TV footage about imagined cities, which we call real/fiction, made by artists or students under our guidance, inspired in certain premises of so-called public art and which we call 'parallel representations' for two reasons: due to their tendency to conceive new civic icons that compete with stereotyped official iconography, and due to the fact that the work teams seek, in this, to detect and then to create and put different civic counter-images into public circulation. In conclusion, what is sought after with this methodology is to emphasise the imaginary order in three tutelary situations, which will be seen right away, and to be able to compare the coincidence or otherwise of verifiable reality with that other one of a greater imaginary cover. In this way one progresses in the formulation of the 'imagined city' as a category of analysis, which any studio is going to give back to its citizens themselves by way of texts or as results that might be taken on board by different public authorities.

With the *Urban Imaginaries* project making headway in fourteen cities of Latin America we next constructed a number of important bases of social perception that have enabled us to go deeply into the imaginary production of each city. There again, our project also intends to realise creative products that bring perceptions face to face with other representations imagined by the researchers themselves. This interpretative labour to scale has enabled us, with the publication of the collection of books that make up the *Ciudades imaginadas* (Imagined Cities) series[3] (fig. 26, p. 74, *Montevideo Imagined*, Christa Huber and Luciano Álvarez, 2004) (fig. 27, p. 74, *Quito Imagined*, Milagros Aguirre, Fernando Carrión and Eduardo Kingman, 2005) and with the production of different audio-visual materials,[4] to establish urban ways of being and to interweave some of the grand imaginaries that inhabit the region with certain urban themes, like people's fears, future yearnings, civic mythologies, local characters and a loathing for the political class, among other transversal references of ample civic recognition in Latin America. But equally, as a methodological attitude, we have advanced in the micro-perception of each of these phenomena in the search for understanding urban personalities and in a defining of the concept of the public realm for the archives as contemporary urban practices.

Those practices of the public realm in imagined cities can be recorded in two great axes: 'city-less urbanism' and 'civic urbanism', which correspond to each other. There are three concrete aspects of city-less urbanism as we understand it: that of the naturally decentred, stretched-out city; that referring to the lesser use of the city in the face of a greater urban development; and in the deterritorialisation of the city as a consequence of civic mobility.

The city-less urbanism typical of stretched-out cities refers to those civic conglomerations that occur in spaces where there is no centre but a sum of different urban developments, which, while typical of North-American suburbs (Sorkin, 1992), increasingly affects the historic cities of Latin America, which extend beyond their centre in order to secure greater development as a metropolis. This tendency goes hand in hand with the decentralisation of its cities, as can be seen in the 'vacating' of a few traditional big cities in the United States – where a vast majority of the population live in suburbs, thus creating the phenomenon of cities extending along the actual motorways – an abandonment which, due to other circumstances, is also notorious in the centres of the great metropolises of Latin America. (Mexico City 2006)

The second aspect is related to a worldwide tendency that will gradually increase over time: a reduction of the use of the city. I state this tendency thus: the city will deflate at the same time as the urban will grow stronger as a consequence of two factors, one spatial and the other technical. Cities, as far as their technological equipping is concerned, will necessarily have a tendency to be used less in their physical sense. Precisely in the great metropolises, due to their very size, one ceases to use 'all' of the city but only 'a part'. The latter is known as 'polycentrism': many centres 'in which ones does and carries out everything'. But the technological component reveals itself in turn and delivers another death-blow to the big city: one doesn't need to leave home to work, to produce and even to consume or to study. The home itself is transformed into an office or study, and these in turn, as we noted above, also revert back into homes where visits are received, one eats and one even sleeps, or at least siestas are taken. And so a future that is not only decentred but technified and individualistic beckons to us. For this very reason one will be able to speak of post-cities, but not of the post-urban. Not only do we have the intelligent house, but also the intelligent city that promotes and even demands to be used less in order to be more productive. This is why, I repeat, the city deflates and the urban swells.

206 Lastly, I refer to the deterritorialisation of the city as a consequence of intense civic mobility. The Brookings Institution of Urban and Metropolitan Policy claims that between 1990 and 2000 the hundred biggest cities in the United States received 3.8 million new Spanish-speaking residents, which represents a growth rate of 42%, while the English-speaking population only increased by 5%. (Peterson 2001) Considered from a deterritorialised and imaginary angle, in the United States today we find the second cities in terms of size of countries like Mexico, Cuba or El Salvador, since their immigrants exceed the natives in number; just as in Spain one finds the second city of Ecuador or in New York the seventh largest city of Colombia. This new imaginary geography (Seville 2002) means that its inhabitants bear the mother country in their bodies and civic fantasies, since there is nothing more Mexican than a Mexican in the United States or more Ecuadorian than an Ecuadorian in Madrid. And, in parallel to the above, deterritorialisation emerges in the new world phenomena we witness in the present century and which arises for an infinite number of reasons, such as internal conflicts, wars, terrorism or famines, which lead to the cruel displacement or temporary relocating of huge populations, thus reorganising civic geographies. That is to say, we find ourselves before the loss of a concrete space called a region or country for some also concrete cultural formations.

Developing alongside the phenomenon of urbanism without a city is an awareness of a new 'civic urbanism', underlined since the beginning of this text, which experiences cities according to the perceptions their inhabitants have of them, where group gazes produce new civic sketches and from where one may think about social conquests based on the subversive desires of the inhabitants of each city in a struggle to impose other imaginaries than the hegemonic ones. (Copenhagen-São Paulo 2004)

All the above enables us to project a future city in open competition between civic urbanism and the corporate spirit of its privatisation, understood in terms of what is typical of the city with regard to real-estate investment and mercantile speculation, embellished and functionalised for tourism or disposed to the selling of everything visible and in which the public realm is exchanged for the global and functional. A new civic urbanism will seek, by means of different strategies of an aesthetic kind, a new ethic of co-existence via the extending of the public realm and a renewed urbanism that seeks to change the very form of architectural urbanism and in which not everything is visible or for sale. A new civic urbanism will need to keep insisting that new social phenomena be materialised in the other constructions and other materialisations of its surroundings. That is the value of urban imaginaries as a representation of the future. And that is, perhaps simultaneously, the desired political dimension of a project thought up, in essence, as an aesthetic fact.

Imagined city as an incarnate model

In order to finalise the object of urban records, we arrive at the existence of three tutelary situations that support the model of the imagined city and which we have isolated in the following formulae, which in turn denote the archive procedures of these studies.

Situation One, which I represent in the formula Real/Imagined (R>I): an object, a fact or a tale exists empirically but is not used or evoked, as in the indubitable case of the centre of the city of Montevideo, in which the authors of *Montevideo imaginado* (Montevideo Imagined) establish that 'it only exists in reality' and not in the imaginary for most of population, who neither visit nor so much as name it. At this same level I also locate the tours through history of those places that while being definite figure on no maps, as is shown in *Buenos Aires imaginado* (Buenos Aires Imagined), seeing as they only exist in the popular imagination.

Situation Two, which I represent in the formula Imagined/Real (I<R): when a fact, an object or a tale does not exist in verifiable reality but is imagined as really existing. A sickening smell in Mexico City's Calle Hidalgo – which no longer exists because the sewer from which it came was re-channelled , even though the people go on perceiving it – is included as an urban tale and archived as such in the project.

Situation Three, which I represent in the formula Real/Imagined/Real (R>I<R): collective perception coincides with empirical reality. In this case I cite the (three) places in Bogotá in which a higher crime rate was detected. These, according to the plans of the city government and police statistics for the year 2000, coincided with that which the population imagined in our studies. (Bogotá 2003) But the opposite may occur. In Caracas, when comparing the same studies, those of an imaginary kind and those of empirical observation, we ascertained that the places the people perceived as the (three) most dangerous ones were not the same as those where crimes were committed. (Caracas 2004) In this case Situation Two would occur, that is to say, something is imagined but is not verifiable in empirical reality.

In this way we have strengthened the paradigm of the imagined city in order to refer to that city which civic urbanism constructs, either because it is imagined and used or evoked even when it does not exist, or because it exists and is imagined and used as existing. With this modelisation it becomes visible that the imaginary is not unreal or only describable as a fact in fantasy. The imaginary is a builder of social reality, and consequently we must, on the contrary, make explicit the process by which social imaginaries are 'incarnated' in the physical surroundings of the city and thereby project them as an expression of civic cultures.

Following on from the above, one might explain that in the imagined city underlying any civic urbanism, facts exist that provide a greater margin for the production or imaginary enchantment than others, so that imaginaries appear as conjectures subject to permanent transformation, as a term in irrevocable expansion that advances to the point of covering all urban mentality until becoming the basis of a civic epistemology, of its forms of knowledge and its passions. The relations of the imaginary to the symbolic in the city exist, then, as a basic principle in its perception: the imaginary utilises the symbolic in order to manifest itself and when civic fantasy has an effect on a concrete symbolism (rumours, jokes, the representation of catastrophes and many a civic invocation of security, work and the like), then the urban makes itself present as the image of a way of being.

In terms of what has been said of how the imagined city is 'incarnated', let us now examine an urban issue, maybe the one with greater consistency in the cultural urbanism of Latin America, namely people's fears in the city, with the purpose of seeing our approach as a micro-process of study according to different urban points of view and according to the modes of perceptual division for which these studies call. And then not one issue, but many that intersect in the different urban archives, the so-called *polvos de ciudad* (city dusts), by way of an epilogue to the imagined city we are situating.

One may deduce a great variety of ways of indexing fears and experiencing them in different cities, as well as the fact of seeing fear as a displaced and residual object: while in Caracas or Lima the greatest fear is of an assault in the street or the private residence, leading to the facades of buildings being modified (fig. 28, p. 79, 'Fear with railed façades, Caracas', archive photo from the project *Caracas-Case*), in São Paulo and Mexico City fear is embodied in the so-called 'express kidnapping'. In Santiago, on the other hand, fear of repression stands out. In Buenos Aires it is economic panic, and in La Paz the fear that the only street that crosses the city from side to side – Avenida El Prado – might get blocked. In Quito there is the exaggerated fear that Pichincha Volcano, which the people see before them every day, might erupt. But in turn fear as an urban category lends itself to being studied from the different 'civic points of view' of each city, according to scales of social perception, age or gender, among other urban points of view (Bogotá 2004). In this way, from the 'social point of view', the fear increases in Mexico City – according to *México DF imaginado* (Mexico City Imagined) – among metro users of 'being absorbed by the crowd and disappearing, swallowed up by it', or in Bogotá, in a specimen street like Carrera 10, if analysed according to the 'gender point of view', we find that it is perceived as being dangerous by women between 15 and 45 years old – for whom its main connotation is the fear of sexual assault – while there are no markings of such danger among men, due to which the hypothesis is put forward of 'associations with danger' (in that street) of the female gender. As is seen in this large, generic sketch of 'dangers and fears in the city', fear can break down and become fragmented to the point of arriving at displaced details that might more precisely reveal to us a specific, almost imperceptible issue roosting in the minds of the people.

It can be argued that fears change according to the time and place in terms of the threats that prevail and that therefore their social constructions and representations will be different. Though the specialists might distinguish between 'fear of the night' – of the archaic (darkness, monsters, demons) – and 'fear at night' – the cultural (crimes, assaults, kidnappings) – both correspond today to an historic fusion which, contrary to what occurred in past centuries, tends to be of a more imaginary (that is, cultural) bent in the cities. The city as a place of the monster, an image that is frequently nourished by the press and TV alike. The 'city/fear/night' nexus becomes a breeding ground in the cities studied.

If we take the subject of night again, and we place the variable 'fear in a specific place' before it, in city centres, for example, we have found a constant: the citizens of Latin America vacate the historic centres after 9 pm for fear of being attacked or of the conflicts generated among the different sectors occupying them. (Mexico City 2006) Likewise, during the day in Quito, 350,000 people use the centre and at night 75,000, while in Mexico City there are more than five million people by day and at night one million. The same pattern is common to Lima, Asunción, Santiago, Caracas, Bogotá, São Paulo and Ciudad de Panamá, and this constant even extends to Buenos Aires itself. (Mexico City 2006)

If fears signify a powerful imaginary inducing people to act and to consider using the city in terms of the advisability of avoiding them, with the expression 'city dusts' we refer to life situations that allude more to different ways of addressing the urban rather than to the actual city. 'Dust' signifies what is most ephemeral because it is (almost) unseen and it is also the most urban due to being a city residue, hence the lack of it. 'Dust' signifies what is there without being there, but it promises us that it may be there: in terms of life which will undoubtedly become dust – we will turn into that – in terms of what one may make appear – like the magic powder which makes the incredible visible – or in terms of powder as an urban drug that people snort, and including the *polvo* (Spanish vernacular for 'sex') that all citizens, male and female, dream of in order to be happy – at least for a few moments as fleeting as the word that designates them. This was how the introducer of the publication understood and presented it: 'Few words are as volatile, as tiny, as trivial and at the same time as forceful and all-embracing as "dust", which, in being used as a qualifier of city, prepares us metaphorically for an encounter with the evanescent, almost invisible and at the same time constantly present in our daily urban way of life.' (Restrepo, 2005: 5)

In their journalistic aspect *Polvos de ciudad* (City Dusts) [Bogotá 2005 (b)] (fig. 29, p. 80, 'City dust', La Balsa Libros) may be transversal to the work of researching into urban imaginaries with greater exactitude, and that is why we reserve them for this finale. Transversal, since in them are brought together the columns published under the heading of *Ciudad Imaginada* (Imagined City) in the Colombian newspaper *El Tiempo* between 1988 and 2004, at the same time as fieldwork was being undertaken. By means of tales or accounts one sought, on a weekly basis, to gradually register urban occurrences in terms of the people, thinking at first that they inhabited the cities but then understanding that, as citizens, we are inhabited by the same feelings that dominate social psychology. For that reason, when re-examining the 'dusts', not only could the actual transformation of the people into their desires and yearnings be seen but also how the city was being lost in favour of the urban: dusts urbanise. One of the themes that came up as predominant 'dust' in civic thinking and imagining was the body itself, ultimately converted into one of the most important global imaginaries in urban daily life. (Copenhagen-São Paulo 2004) But in refining things somewhat, one can see how the body, in the image and ideal of being beautiful and perfect, is gradually freeing itself of its weight at the rhythm of the urban in stringent diets, is being tortured with vigorous exercises in specialised places – gymnasia – is being technologised in its ways of working or relating to others, or instead, finally, is being duplicated in the pleasure industries or in medicine or science. So it is that the body is urban 'dust' (fig. 30, p. 81, 'Model as dust', Medellín, archive from *El Tiempo*). But we barely enunciated it as a model, since in the weekly columns different 'dusts' (tourism, football, wars, TV news bulletins, and so forth) kept coming up that helped us understand the profound kinship they had with imaginaries in their ability to exist in their state of urban invisibility. This is why the archives of 'dusts' are very similar to what is not there but is desired.

2 URBAN IMAGINARIES AS A THEORY OF SOCIAL WONDERMENT
Imaginaries, psychic, social and technical inscription
As a result of this long experience of hermeneutic analysis into the kinds of fieldwork in this research into urban cultures in Latin America, I was able to gradually distinguish three levels in the tapping of the social imaginary, which, I hasten to add, interact simultaneously in order to form the basis of a theory as a whole: psychic inscription, social inscription and their technique of representation.

In the first place, the imaginary as a psychic inscription from the point of view of a psychoanalytic logic in social representations. At this level one puts forward the value of the sketch, the affective representation, over the above mentioned object. Psychic inscription of the body, to cite an example of the cognitive psychologists, enables one to verify that if we lose an organ, for example a hand, we might feel it to be present and even feel the pain of it, since psychic inscription conveys its reality effects and the mind *creates body mass*. The same thing occurs in the urban sketches: in La Paz the absurd and 'incredible' separation (political and administrative) and the subsequent erasing from the map of the sector called El Alto (*La Paz imaginada* [La Paz Imagined]) does not mean that most its people perceive it as a different city but that they go on visualising its unity. In this instance the affective sketches *create body mass* over and above the real city.

The imaginary as a manifestation of inconsistent social logics. According to the division established between grammaticalised and textualised cultures (Lotman, 1969; Bogotá 2005 [a]) – the first ruled by systems of explicit and manifest rules, and the second established by sets of examples and of behaviours – in the first the explicit law is demonstrated as a code of right or of sociological studies, while in the second, textualised ones, the actual society implicitly generates not only its laws but the form in which these must be read. It is here that I consider that inconsistent logics (which possess a happy homophony and referentiality with the *inconsciente*, or unconscious; namely, that the unconscious is not sufficiently structured as an explicit law) correspond to the logics of textualised cultures, and in that same direction the urban phantasmagoria would partake of such logics. For our studies, it is an operative principle that what is collectively imagined as reality might go on to become socially constructed reality itself. For this reason we advance, by means of methodologies put forward for such ends, towards the reconstruction of perceptual scales of different emotions such as smells, collective dreams or memories (fig. 31, p. 83, *Event according to the civic memory in various cities*) that form part of the imaginary urban archives of the twenty-first century. For this very reason the methodology of urban imaginaries goes into processes of micro-perception, and the metropolises become an object of maximum definition, the aim being to localise the points of rupture where the investigation announces to us some point in the development of social feelings that might be meaningful in the construction of civic urbanism in each city (see the sketches about the perception of security in the cities of Montevideo and Bogotá, according to different points of view, in which a loclised rupture reveals a social sector, gender and age group more affected in terms of the matter under discussion).

But the two levels classified in the ontological condition, the psychic and the social inscription, encounter in their technical device the *arché* of their mechanism: their expressiveness. Which, more than a cognitive precondition, will be that of its perceptual condition. It is a question of the imaginary associated with technics that are going to act as a means to represent, as a creator of types of vision, that which requires an understanding of how each era constructs its sizeable perceptions out of dominant technologies, each one permitting the world to be reconstructed from its own inherent condition: this is the way photography has developed a concept of modern identity since the nineteenth century, the cinema a type of waking dream and an industry of audio-visual tales in the twentieth century, or Internet an associative, networked thinking in a spaceless and, on the contrary, time-based geography in the new millennium. At the perceptual level of tapping imaginary processes, an important comparison is opened up between the virtual and the imaginary, the two of them understood as emergent realities. But while in the virtual this means the creation of simulation programmes that generate new realities independent of the percipient subjects, in the imaginaries it is from the subjects that worlds are constructed while perception is underway. So it is that the virtual constructs social imaginaries, but not all imaginaries have a virtual origin. In the shift from the analogical to the virtual photo, as we saw in *Álbum de familia*, a new technology, the digital, erases the representation of some subjects, the oldest, and privileges others, the very young, much more 'suitable' to the speed and the time of the audio-visual and the multimedia, at the same time as a technology is involved that is much more sensitive to the media industries (like home videos, also known in a visionary way as 'crazy videos'). Likewise, new technologies are changing the representation of public identity in seeking to arrive at the 'true' image of oneself, especially in highly emotive places like, for instance, airports or police stations, where it is necessary to know with the utmost urgency who one is (as suspicious citizens in transit). And for that the photo is little by little ceasing to fulfil this mission of certainty and is being replaced by proof stemming from the marks of one's own body, those of DNA, as we noted above.

A posthumous text by Marshall McLuhan about the laws of the media emphasises that when one area of experience is intensified, another gets blocked: the ballpoint pen, for example, renders the fountain pen obsolete. Each technology taken to the limit of its potential inverts its characteristics and is transformed into something new; thus, for instance, the photocopier advances to the point of making duplicates that outdo and eliminate the use of carbon paper, but with it one reverts to and makes plagiarism or the flaunting of author's rights possible. (Piscitelli, 2005: 124) To this latter, one surely owes the fact that when some new technology appears it arrives with a sheen of wonder and magic, as has been demonstrated by those who study what the predominant social atmosphere was like when radio, the telephone, photography, the cinema or television were invented: they were simply incredible objects. This capacity for wonderment, therefore, exalts their imaginary power and proves the psychological continuity between pre-scientific thinking and modern technology. Technology, then, serves urban imaginaries as a hook.

Urban imaginaries and aesthetic strategies

Within the advance of the urban cultures project, new elements of an expressive rhetoric have been added to the structural conditions of the definition of imaginaries – the psychic, the social and the technical – that, it seems to us, modify it as a public image, since what we call urban imaginaries possesses the quality of 'producing wonderment'. There is a production of imaginaries wherever an aesthetic function becomes dominant, not as art but within the process of social interaction. And there is, as I understand it, but one difference between the production of wonderment in art and the social: in art the aesthetic is linked to the realm of taste, pleasure or emotive intelligence, while in social interaction it is equally a question of an emotive judgement, but about collective coexistence. And this interaction takes place as congestion, as confusion perhaps, seeing as it is precisely a matter of the psychological forces of a collectivity – largely emancipated in its perception of verifiable logical judgements – which insofar as they gradually take shape during their social circulation, cause the feeling of wonderment to dominate over the referentiality to the object that gives rise to them. In art, imaginaries are free of social coexistence, although the latter might contain explicit kinds of political content, as emphasised in works or performances of public art, arranged so that the people perform. In urban imaginaries the aesthetic is part of the experiential body of each subject of the collectivity; they are truths assimilated as part of an existence and so one reacts in the presence of them as one does in the presence of a certainty of identity. It is the way in which words or images – from which the subject forms imaginary categories – become action and turn into programmes of urban life that is precisely our object of study. And so this description is fitting here: urban imaginaries study the social programmes in which the aesthetic function becomes dominant as a way of perceiving and activating a collectivity. In the photograph (fig. 32, p. 85, 'Ghost–like horse in an urban street', Bogotá, photo by María Adelaida López Restrepo) we can 'see something wondrous', a runaway horse right in the centre of a city (which renders it fleetingly ghost–like): similar situations mean that objects like these, which trigger a tremendous degree of fantasy, are privileged in our study.

I have reason to believe that this dimension of the imaginary in terms of wonderment is produced by means of the strategies of displacement and of the residue. (Seville 2006) This involves two operations, one cognitive and the other disciplinary. In the first instance, displacement, as a fact of cognition, in which the symbolic valorisation that was in an object or formed part of an aesthetic operation is displaced towards another object and is presented with new properties that cause wonderment. The social truths of imaginaries cannot be tapped in more than a derivative way, in which the one passes to the other in maintaining the feeling that gave rise to it. For example, a civic memory associated with a fatal accident is displaced through the similarity of the facts with another accident and predicts it as a concatenated fatality: the authors of *Santiago imaginado* (Santiago Imagined), following the results of projective statistics, discover that this city's historic fear of earthquakes has for its citizens a potential for displaced association with another earthquake of human origin, the dictatorship of General Pinochet. The Pinochet phenomenon, originating at a crucial moment in Chile's history, goes on to dwell strongly in the memory of a continent and to become symbolic matter enabling the comparison to be made between what happened and what is to come, within which various metaphors are constituted, and therefore imaginary displacements, even in visual representations. An analyst (A. Uribe, 1999: 108) came across a clear case of visual displacement in a demonstration on discovering the portrait of Pinochet surrounded by candles and represented as if he were the Virgin del Carmen but with a uniform, and dominated by the inscription 'Immortal!' This is something that exceeds the 'individual psyche' and demonstrates unconscious outbreaks that result in collective demonstrations of irrationality, as well as in, let's say, 'civic earthquakes'. We are speaking of drives, phantasms that do not readily take a rational form. Popular religiosity becomes a special object of observation, since there people's imaginaries reside under innumerable modes of representation and battles are created between protagonists even, like that observed in the Venezuelan iconography of the town of Maracaibo between the saints of Christianity and the lowlife heroes sanctified for the protection of the Christians (fig. 33, p. 86, 'Saint Ismael protecting the Virgin', Venezuelan popular iconography, photo by Dina Bromberg) where displacement takes on its expressive excellence.

The same displaced operation appears in *Buenos Aires Imagined* when its authors conclude that there is no other figure who absorbs and evokes dominant imaginaries the way Carlos Gardel does. In the image of Gardel various displacements are found that help in the construction of his myth, among which figures his premature death, which leaves the indelible image of a young man who does not age and who loves all the people of Buenos Aires. But recently, with Buenos Aires becoming the tourist destination *par excellence* of the south of South America, another displacement has occurred in Gardel: the seducer who teaches people to dance the tango and loves all women from abroad who come to visit him, receiving them in the streets and other urban byways, leaving in full view that powerful and conflictive relationship between tourism and urban imaginaries (Barcelona 2004) – expressed in a visual 'tangonomy' that envelops everything – down to other civic myths, like that of the footballer Maradona, who reincarnates him (fig. 34, p. 87, 'Maradona reincarnated in the tango imaginary', Buenos Aires, archive photo from *Urban Imaginaries*). In the traditional sector of the regenerated barrio of El Abasto, in one of our strolls through the city observing people, we found announcements promising a special night in which the real Carlos Gardel would turn up. What is most striking is that the promise 'to present the real Gardel' is *bona fide*, since this double does not in fact sing, he mimes and the voice is that of the genuine Gardel, taken from his own recordings with sophisticated soundtracks that instead of distorting his voice reproduce it with amazing accuracy. (Mexico City 2005)

Secondly, *qua* disciplinary object, I refer to the residue, because this new field of the imaginary will study something that remains outside such accepted disciplines as sociology, anthropology or urbanism, which have highly defined objects of study, even though they form part of its epistemological heritage. But we also understand residue as cognition, since its object of study is a remainder that analyses of systems of social organisation or their cultures do not study as an all-defining object of their field. Urban imaginaries occupy themselves with something more ephemeral and unreachable, with the civic desires that make a group impression and that establish themselves as the ways of being of a community at any one moment or for long periods of time, which produces familiarity with the same history and what the latter understands in its capacity as a 'history of mentalities'. But can one turn desires and individual expressions into a dimension of the social that supports this hermeneutic of imaginaries? On what basis and how does one conceive it?

Highlighting a few connections between psychoanalytical thinking and contemporary threefold logic may serve us as a support for the search mentioned above; one seeks to demonstrate the point where the logic of thinking might turn out to produce an effect in the social, as well as its opposite effect: the social that becomes part of a logic of individual and group thinking. According to Freud, as long as we deal only with recollections and representations we will not have passed beyond the surface in question: '…human desires are mainly oriented towards the future' (Freud, 1906: 1,285), therefore they do not necessarily concur with their present representations, and therefore they would move, in words that I now add, in the direction of an imaginary production. This situation of non-agreement is a constant in Freud's earlier teachings on aphasia and in *Project of a Psychology for Neurologists* (1895), inasmuch as the representation of the words and kinesic sensations do not agree with the representation of the thing. In point of fact, it would be necessary to grant to his researches the merit, on this score, of having led him to 'recognise a denaturalisation of the object as a result of non-agreement between the representation of the word and of the thing' (J. Uribe, 2002: 3), something which receives its greatest encouragement in his wise description of the dream as a 'hieroglyph' – a rather revealing expression in itself, given its twin guise, midway between desire and its displaced representation. The 'return of the repressed', one of the principal planks of Freudian thinking, especially with regard to 'repressed impressions' to which are adhered the affective judgement of the individual, also show us another analogy with people's imaginaries as a shared group memory, which, in the operation of displacement described above, reunites another representation with what was thought to have been buried in the past. Perhaps the same figure of the Freudian symptom is, with especial pre-eminence, that which is of interest for us to reveal in the mind/incarnate body relation: the incarnation of a mental trauma in a displaced part of the body. Peirce's studies of logic also managed, in fact, to conceive indices as signs analogous to symptoms (Charles Peirce: vol. 6, 338), and therefore these signs/symptoms refer – as I pointed out in my study – to an object that is really affected by a sign. (California 1996: 105)

But is there a possible relationship between the Freudian representation of surface and the threefold logic of Peirce? For Peirce, let us note, representation corresponds to the very expression of *thirdness*, the ontological locus of all symbolisation. It is in this thirdness that it is possible to think about the step from the sign as a psychic entity to action as a social entity, which in Peircean architecture is to be understood as a 'change of habit', giving rise to what scholars of this philosophy see as social pragmatics, in which this 'ultimate interpreting logic is to situate semiosis in reference to reality and not as a mere mental process' (Restrepo, 1993: 127), or indeed as the support of a symbolic anthropology, when for Peirce 'knowledge and reality are adduced as homologues through the semiotic mediation of thirdness'. (Mertz & Parmentier, 1985: 232) Something stands out visibly: reality is of the order of representation, a construction of language and of other representations.

While, on the other hand, the imaginary order, unlike the concrete real, goes on reactivating all representation. While representation corresponds to thirdness, to the order of the sign–like, the imaginary speaks to us, rather, of 'making reality'. So it is that the imaginary in Lacan (1960), who draws inspiration from Peirce, corresponds to the relationship of this capacity of being with the object – secondness – which it holds on to for symbolic production. The imaginary is constituted in the 'invisible cement' of all representation. In which I find an intimate rapport with one of the ways of tackling his radical imaginary on the part of an expert on him, Castoriadis, when he describes him thus: 'His way of being is a way of not being.' (Castoriadis, 1985: 245) And for this very reason, the social imaginary is 'more real than the real', this imaginary order acting as an activator of and trigger to social perception. The imaginary is of an order distinct from the purely rational. It involves a way of knowing and of feeling at the same time, and so one might use a determinant phrase to define it: it is a theory of feelings and of their collective expression.

In these studies, then, it is a question of *disengaging*, in order to understand in some other way that which has to do with deductive logical meaning by placing other cognitive or sensorial images before it. In essence, more than being the consequence of an *episteme*, with the studies of imaginaries we advance towards a theory of knowledge in which the emotive and the sensorial, the trajectory of the 'desiring' (in a present participle), mark a route between psyche and representation of a particular dimension. Maybe more than an *episteme* it would be its fusion with the *aisthetiko*. Certainties disappear, the subject is not reduced to knowing (as a project of science), uncertainty is extended and the civic gaze is reorganised, aesthetically I would say. This itself produces a fusion and is the identification of the subject with its object. The subject in an imaginary state is in his or her desire.

Yet desires, it is worth pointing out, are not expressed in a causal and consequential way, but are instead part of its actual impetuous logic, since 'desire is widely nourished on itself as desire' and paradoxically signifies the lack of a concrete object, has its own rhythms which are wont to be independent of those of the pleasure obtained. In fact, they have no object, no real object in any case. By means of real objects, which are always substitutes and thus displaced and socially interchangeable, one pursues an imagined object, and due to this the impulse of desire 'seeks to fill the lack and at the same time has always to keep itself in suspense in order to survive as desire'. (Metz, 1979: 59) What remains clear, then, in what has been said, after the work of Kant – from whom comes the analytic reflection – is that the object is mutually binding in its existence with the subject. Namely, that there is no object without a subject. This Kantian view, taken up again by the post-Freudians, led to a dissolution of the object as substance and caused problems for epistemology. Like this, desire implies a demand for the social that which may exist in the symbolic order, but desire as a psychic place subsists by reactivating the imaginary order. Desire cannot be reabsorbed in the symbolic. It signifies the becoming of subjects as passion.

And so how does one articulate the individual realm, desires, with the social, the symbolic order? How can one form part of the general run of things and at the same time be an individual subject? It is here that the strategy arises of the 'social bond' (a change of habit in logic, it was said), and so how does one live with others, that is, collectively, without each person renouncing their singularity? In other words, how does one project desires that have become collective by coinciding in a desired object as a theory of social imaginaries considered in terms of social perception? We are referring, then, to a social bond that is strengthened or vanishes in the rotation of civic desires, since we well know that through desire the subject has a conflictive relationship with self. The question thrown out by Freud himself in one of his last works comes up here: what makes us sociable? The fear of losing love, he tells us. But he isn't referring to the Christian love of 'loving thy neighbour as thyself', which may be criticised for the same potential for conflict of desire as an egoistic and individual expression; it means desire accompanied 'with the most abject aspect which forms part of it, with its own evil, to wit, with its relationship of enjoyment' (Palacios, 2002: 9), from which it is deduced that the social also signifies renunciation. When man loses the love of his fellow man on which he depends, he also loses his protection in the face of many dangers and exposes himself to the fact that his fellow man, more powerful than he, might demonstrate his superiority in different forms of punishment (Freud, 1934: 3,054), which include his social exclusion. And here, on this point of the paradoxical social bond, is where we can introduce the forming of social imaginaries as an instance of the desire of meeting others. It is here, perhaps, that one might understand the proposition of the Danish culture critic Lars Bang Larsen (2004: 40), who, upon wondering about the particularity of our aesthetic focus on people's imaginaries, wrote: 'A notion is involved in which the aesthetic is freed of its philosophical conception... and in which imaginaries appear as a productive force of daily life expressed in non-official narratives that stem from the aesthetic practices of the citizens.'

Finally, one might now, indeed, attempt a definition of *imaginary*: a perceptual psychic process when we understand it to be motivated by desire and when what we pay attention to is not its representation nor its satisfactory discharge but a way of conceiving the world. If what interests us is representation, we are in the domain of logic. If what we focus on is the body as the tension of enjoyment and discharge of pleasure, we are in the domain of psychoanalysis. But if we want to understand the ways in which we conceive the world from a position of desiring subjects, we are projecting imaginaries, which includes both the logical process and the analytical hermeneutic. But that desiring position has to be social, since imaginaries have to incorporate another premise that we've already pointed to: they are collective – and therefore public – and are studied from their social ways of knowing. Consequently, we understand that urban imaginaries study civic cultures and that their researches advance towards the construction of a theory of civic judgement as an expression of desires becomes collective due to its coincidence in the search of the same object. In essence, urban imaginaries are those which inhabit their citizens.

1 This text accompanies the presentation of the project *Urban Imaginaries in Latin America: Archives* at the Fundació Antoni Tàpies, Barcelona, May 2007.

2 This project grows out of the initiative of the Convenio Andrés Bello (CAB) of the National University of Colombia and of various institutions from America and Spain. During its development it has received the significant participation of twenty academic associations and international cultural sectors which gave their support (see, p. 217), at the same time as it has managed to bring together some 400 people, including researchers, co-researchers, producers, computer experts, assistants and visual creators.

3 Published by Editorial Taurus, one for each city (see the list of works on pp. 216-217).

4 An instance of this is part of the presentation of this project in the Fundació Antoni Tàpies, which can also be consulted in the webpage of the Convenio Andrés Bello (CAB), www.cab.int.co.

BIBLIOGRAPHY

Babin, Sylvette, *Lieux et non-lieux de l'art actuel*, Esse, Quebec, 2005.

Bang Larsen, Lars, 'Inner Space, Outer Space and Powers not Present: Subjectivity, Imagination and Time', in *Lars Mathisen's Cat, Microwave, Tinfoil*, The Danish Arts Agency, Copenhagen, for the São Paulo Biennial, 2004.

Bertrand, Pierre, *El olvido: revolución o muerte de la historia* (trans. Martí Soler), Siglo XXI, Mexico City, 1977.

Castoriadis, Cornelius, *La institución imaginaria de la sociedad*, Tusquets, Barcelona, 1985.

Cecchetti, Maurizio, 'Postindustriale, il dominio dell "essere tempo"', *D'Ars*, no. 157, April 1999.

Delgado, Manuel, *Sociedades movedizas*, Anagrama, Barcelona, 2007.

Derrida, Jacques, *Dissemination* (trans. Barbara Johnson), University of Chicago, Chicago, 1981.

——, International Conference: 'Memory: The Question of Archives', Seminar Spring 1995, University of California, Irvine.

Enwezor, Okwi, 'Preface', in *Urban Imaginaries from Latin America*, Documenta 11, Hatje Cantz, Germany, 2003.

Freud, Sigmund, 'Proyecto de una psicología para neurólogos' (1895), in *Obras Completas*, vol. 1 (trans. Luis López Ballesteros), Biblioteca Nueva (4th ed.), Madrid, 1981, pp. 210-276.

——, 'El delirio y los sueños en la "Gradiva" de W. Jensen' (1906-1907), *op. cit.*, vol. 2, pp. 1,286-2,336.

——, *La interpretación de los sueños* (1899), *op. cit.*, vol. 1, pp. 343-754.

——, *El malestar de la cultura* (1934), *op. cit.*, vol. 3, pp. 3,018-3,065.

García-Canclini, Néstor, *La globalización imaginada*, Paidós, Buenos Aires, 1999.

Hardt, Michael & Negri, Antonio, *Multitud. Guerra y democracia en la era del Imperio* (trans. Juan Bravo), Debate, Barcelona, 2004.

Hiernaux, Daniel, 'Los centros históricos: ¿espacios posmodernos? De choques de imaginarios y otros conflictos', in A. Lindón, M. Aguilar & D. Hiernaux, *Lugares e imaginarios en la metrópolis*, Anthropos, Barcelona, 2006.

Imbert, Gerard, 'Nuevos imaginarios, nuevos mitos y rituales comunicativos: la hipervisibilidad televisiva', in *Designis*, no. 9, 2006, Federación Latinoamericana de Semiótica, Gedisa (co-ord. José Enrique Finol, director Lucrecia Escudero), pp. 125-137.

Lacan, Jacques, *Subversion du sujet et dialectique du désir dans l'inconscient freudien*, (1960), in *Écrits 2*, Seuil, Paris, 1971, pp. 151-191.

——, *The Four Fundamental Concepts of Psycho-Analysis* (1973) (trans. Alan Sheridan), Jacques-Alain Millar (ed.), W. W. Norton & Company, New York/London, 1978.

Lafont, Robert, 'La Grammaire et l'abyme', in *Anthropologie de l'écriture*, Centre Georges Pompidou, Paris, 1984.

Lotman, Juri, *Il problema di una tipologia della cultura*, Bompiani, Milan, 1969.

Mertz, Elizabeth & Parmentier, Richard (eds.), *Semiotic Mediation*, Academic Press, New York, 1985.

Metz, Christian, *El significante imaginario* (trans. Josep Elias), Gustavo Gili, Barcelona, 1979.

——, 'Reposes sur le signifiant imaginaire', *Hors Cadre*, no. 5, June 1986.

Mitchell, William, *City of Bits*, The MIT Press, Chicago, 1999.

Palacios, Fernando, 'Objeto y malestar' (in progress, 2002-).

Peirce, Perice, *Writings of Charles Peirce, A Chronological Edition*, vol. 3, 1872-1878, Indiana University Press, Bloomington.

Peirce, Charles, *Collected Papers* (1931-1958), 8 vols, Hartshorne, P. Weiss & A. W. Burks (eds.), Harvard University Press, Massachusetts.

Peterson, Doug, in *The New York Times*, New York, 2001.

Piscitelli, Alejandro, *Internet, la imprenta del siglo XXI*, Gedisa, Barcelona, 2005.

Restrepo, Mariluz, *Ser signo interpretante: Filosofía de la representación en Charles Peirce*, Significante de papel, Bogotá, 1993.

——, 'Introducción', in *Polvos de ciudad*, La Balsa, Bogotá, 2005.

Sorkin, Michael (ed.), *Variation on a Theme Park*, Hill and Wang, New York, 1992.

Uribe, Armando, 'El fantasma Pinochet', in *Estados generales del Psicoanálisis*, Siglo XXI, Buenos Aires, 1999.

Uribe, Juan, 'El objeto, de alucinado a causa' (in progress, 2002-).

BOOKS, WRITINGS OR LECTURES BY ARMANDO SILVA QUOTED IN THE TEXT ACCORDING TO YEAR AND PLACE OF EDITION

1986, Bogotá: *Graffiti: una ciudad imaginada*, Universidad Nacional de Colombia, re-pub. Tercer Mundo Editores, 1988.

1986, Paris: *La mise en scène du graffiti dans l'espace urbain*, EHE.

1987, Bogotá: *Punto de vista ciudadano: focalización visual y puesta en escena del graffiti*, Instituto Caro y Cuervo.

1989, Bogotá: *La ciudad como vitrina*, supplement of *El Espectador* (July 1989).

1992, São Paulo and Bogotá: *Imaginarios urbanos: Bogotá y São Paulo, cultura y comunicación urbana en América Latina*, Tercer Mundo Editores.

1996, California: *The Family Photo Album: The Image of Ourselves*, Irvine, UMI.

1997, Vienna: 'For the Archives of God', in *One World with Many Faces*, Salon Verlag.

1997, Bogotá: *Proyectar la comunicación*, compilador (co-written with J. Martín Barbero), Tercer Mundo.

1998, Bogotá: *Álbum de familia*, Norma.

1999 (a), Bogotá: 'Lo público contra lo global', *Revista Gaceta* (pp. 44-45).

1999 (b), Bogotá, Buenos Aires, Caracas: Project 'Urban Cultures in Latin America and Spain from their Social Imaginaries', Convenio Andrés Bello -CAB-, Universidad Nacional de Colombia and twenty cultural and academic institutions from Spain and Latin America (see annexed list on p. 217) during 1999-2005.

2002, Seville: 'Allá donde la geografía se hace imaginada', in *Análisis del espacio. Nuevas geografías en proceso*, Issue 5 of the magazine www.centrodearte.com

2003, Kassel, Germany: *Urban Imaginaries from Latin America*, Documenta 11, Hatje Cantz.

2003, Bogotá: *Bogotá imaginada*, Taurus, Bogotá-Madrid.

2004, Copenhagen-São Paulo: *Global imaginaries, Fears, Bodies and Doubles*, in *Cat, Microwave and Tinfoil*, edited by Lars Bang Larsen and Lars Mathicen, The Danish Arts Agency, Copenhagen.

2004, Bogotá: *Metodología de imaginarios urbanos: hacia el desarrollo de un urbanismo ciudadano*, CAB.

2004, Caracas: *Project Caracas-Case, The Caracas Think Tank*, with the support of the German Embassy in Venezuela and the Federal Cultural Foundation of Germany, 2003-2004.

2004, Barcelona: 'Turismo e imaginarios urbanos', lecture given at the Fundació Antoni Tàpies within the project *Tour-ismes. La derrota de la dissensió*. Subsequently presented in Bogotá during the event *Desarrollo Territorial y turismo sostenible*, at the Universidad Externado de Colombia, and at the University of Brussels, 2006.

2005 (a), Bogotá: *Folleto Retratos de Familia*, Museo de Arte Moderno (MAMBO).

2005 (b), Bogotá: *Polvos de ciudad*, La Balsa Libros. MAMBO, curated by María Elvira Ardila.

2005, Seville: 'Imaginarios urbanos: hecho público', seminar at the Universidad Internacional de Sevilla – UNIA.

2005, Mexico City: 'Los imaginarios nos habitan', keynote lecture at the International Seminar *Repensar la Metrópoli*, Universidad Autónoma Metropolitana de México.

2006, Bogotá: *Imaginarios urbanos*, Arango Editores (5th ed. expanded and corrected).

2006, Mexico City: 'Centros imaginados de América Latina', in *Lugares e imaginarios en la Metrópolis*, edited by Alicia Lindón, Miguel Ángel Aguilar and Daniel Hiernaux, Anthropos, Barcelona.

2006, Seville: 'Imaginarios urbanos de ida y vuelta', preparatory seminar for *Sevilla imaginada*, Universidad Internacional de Sevilla – UNIA.

BOOKS FOR THE PROJECT *CIUDADES IMAGINADAS DE AMÉRICA LATINA* AND THEIR AUTHORS, PUBLISHED BY TAURUS, OF THE SANTILLANA GROUP, AND EDITED BY ARMANDO SILVA IN ALPHABETIC ORDER OF CITIES

Bogotá imaginada, Armando Silva (2003).

Buenos Aires imaginada, Mónica Lacarrieu and Verónica Pallini (in progress, 2007-).

Caracas imaginada, Tulio Hernández (in preparation).

México DF imaginado, Miguel Ángel Aguilar, Raúl Nieto and Mónica Cinco (in preparation).

Ciudad de Panamá imaginada, co-ord. Alexandra Schjelderup (in preparation).

La Paz imaginada, Carlos Villagómez (2007).

Lima imaginada, Javier Pretzel and Carlos Castro (in preparation).

Montevideo imaginado, Christa Huber and Luciano Álvarez (2004).

Quito imaginado, Milagros Aguirre, Fernando Carrión and Eduardo Kingman (2005).

Santiago imaginado, Nelly Richard and Carlos Ossa (2004).

São Paulo imaginado, Lisbeth Rebollo, Amalia de Lemos, Cristina Freire, Francisco Capuano Scarlato, João Batista and Mariza Bertoli (2006).

INSTITUTIONS THAT SUPPORT THE PROJECT *URBAN CULTURES IN LATIN AMERICA AND SPAIN FROM THEIR SOCIAL IMAGINARIES*, BY CITIES

Managing bodies: Convenio Andrés Bello (International Body for the integration of the peoples through culture, education, science and technology) and Universidad Nacional de Colombia.

CO-ORDINATORS AND MANAGING BODIES IN EVERY CITY

Asunción
Co-ordinators: Mabel Causarano and Christian Ceuppen.
Managing Body: Architecture School, Faculty of Science and Technology at the Catholic University 'Nuestra Señora de la Asunción.

Bogotá
Co-ordinators: Guillermo Santos, Beatriz Quiñones, Mariluz Restrepo (Methodology), and William Silva (Statistics).
Managing Body: Convenio Andrés Bello, Universidad Nacional de Colombia and Fundación Restrepo Barco.

Buenos Aires
Co-ordinators: Mónica Lacarrieu, Verónica Pallini. Co-ordination of the visual team: Rafael Iglesias, Lylian Alburquerque and Claudia Larrota.
Managing Body: Universidad de Buenos Aires, Institute of Anthropology, Social Anthropology Section, Anthropology of Culture Programme.

Caracas
Co-ordinators: Tulio Hernández.
Managing Body: Contemporary Culture Laboratory Caracas, Foundation for Urban Culture (Ecoinvest), and Caracas Urban Think Tank, of the Kulturstiftung Des Bundes, Germany (Hubert Klumpner and Alfredo Brillembourg).

Mexico City
Co-ordinators: Miguel Ángel Aguilar and Raúl Nieto.
Managing Body: Universidad Autónoma Metropolitana de México –UAM– Iztapalapa.

La Paz
Co-ordinators: Nelson Martínez.
Managing Body: Culture Department of the Municipal Government of La Paz, Universidad Católica Boliviana, Department of Social Communication, Universidad Mayor de San Andrés and PROTEO (Communication Consultants).

Lima
Co-ordinators: María Teresa Quiroz, Óscar Quezada, Jaime Bailón, Óscar Luna and Carlos Castro.
Managing Body: Universidad de Lima.

Montevideo
Co-ordinators: Christa Huber, Mónica Arzuaga and Luciano Álvarez.
Managing Body: UNESCO Chair in Communication at the Universidad Católica del Uruguay.

Panamá
Co-ordinators: Alejandro Alfonso, Lucy Cristina Chau and Alejandra Schjelderup.
Managing Body: UNESCO Centre for Cultural Documentation and Promotion – Panamá.

Quito
Co-ordinators: Fernando Carrión, Fredy Rivera and Milagros Aguirre.
Managing Body: Latin American Faculty of Social Sciences, FLACSO, Ecuador Head Office and *El Comercio* Newspaper.

Santiago de Chile
Co-ordinators: Nelly Richard and Carlos Ossa.
Managing Body: Social Investigation Centre at the Universidad ARCIS, and Cultural Division of the Ministry of Education.

São Paulo
Co-ordinators: Lisbeth Rebollo.
Managing Body: University of São Paulo (USP) and PROLAM (Latin American Post-graduate Programme), University of São Paulo.

José Fuentes Gómez[1]
Jorge Morales Moreno[2]

218   The publication of the book *Urban Imaginaries: Bogotá and São Paulo. Culture and Urban Communication in Latin America* (1992) was an original contribution to the understanding of the urban processes of large Latin American cities. It is a study of the urban through an innovative perspective, bringing together in a creative manner theoretical and methodological elements of sociology, anthropology, communication, psychoanalysis, semiotics, marketing, and even aesthetics. The author, Armando Silva, manages to encapsulate urban ways of being through an *anthropology of urban desire*, while he points to the creation of a new form of town planning, based on collective and psychological urban tensions and their projections on the use and evocation of cities.

The first review of *Urban Imaginaries* in Mexico appeared in the magazine *Dimensión Antropológica* [3] in 1996, and it contributed to its diffusion by the widespread interest it created. At the same time, several field investigations were initiated by its theoretical and methodological approach. All this became apparent in 1998, when the National Network of Urban Investigation asked for contributions to dedicate Issue 46 of *CIUDADES* [4] to the discussion and analysis of *Urban Imaginaries*. The response from Mexico, Latin America and Europe was enormous. *CIUDADES* selected the more relevant contributions, and offered a panorama of the different perspectives, approaches, methodologies and techniques used in the study of imaginaries. There were essays on the definition of the concepts of image, imagination, imaginaries, mental maps; essays that proposed categories and original methods to deal with the imaginary construction of a city; reflections on the imaginaries of public transport workers in Mexico City, or on the elaboration of the meaning and signification of the city of Caracas for its citizens, and the emergence of this city in Venezuelan modernist literature.

With an ever-increasing number of researchers, the theoretical and methodological proposals of the imaginaries began to grow, and the importance of the diversity of social phenomena that could be studied was soon revealed: processes of segmentation and fragmentation of cities; the loss of signification of traditional public spaces such as main squares; increasing privatisation of these spaces; citizen strategies in front of the high levels of insecurity and violence in our cities. Studies based on social imaginaries are constructed from complex processes made up of experiences, selective memory, the media, literature, perception, imagination, aesthetic sensibility and evocation. They have opened a new line of thought that reflects an interesting and significant tendency in urban studies in different academic institutions, especially in the main cities of countries such as Argentina, Mexico, Colombia and Venezuela, where postgraduate and doctorate courses on this subject are already available.

In the last few years, various books influenced by this line of thought have been published. Among them: *Plural Imaginary Horizons*, co-ordinated by Abilio Vergara, ENAH-BUAP, Mexico, 2001; *Spaces, Actors, Practices and Urban Imaginaries in Mérida, Yucatán, México*, by José Fuentes Gómez, Mérida, UADY, 2005; and articles in Issues 49, 62 and 65 of *CIUDADES*. The significance of urban imaginaries as an object of study became evident in the XXVIII Encounter of the RNIU, which included eleven papers by academics of the new generations. Many of them took into account the contributions of the original studies, not as an academic fashion, but in recognition of a methodology that combines the quantitative and the qualitative, is useful as a working method, and has proved pertinent in different capital cities in the world.

The imprint of this line of work is also in evidence in design circles, especially in dealing with the city from the point of view of its citizens, in a field where traditionally the designer (planner, town planner, architect) uses a *panoptic* and unilateral vision in the treatment of urban programmes or projects. Consequently, it is of huge importance that various Masters and Doctoral theses of the Postgraduate Programme in Design at the CyAD Division have included the concepts and methodologies of the urban imaginaries as a new approach.

The influence of the studies on urban imaginaries is also present in the *Yearbook of Urban Spaces*, a scientific publication of the UAM-Azcapotzalco that lays particular emphasis on urban history, urban spaces and social identities. In its thirteen issues so far, it has included various essays related to the subject in their approach and concept. Many of their authors are obligatory references in the bibliography of the methodology seminars of design postgraduate courses, and in advanced studies in architecture. This comes from the necessity to provide methodological tools that will give 'form and meaning' to research studies that acknowledge the importance of urban imaginaries on the construction of representations and/or territorial practices.

Unlike Kevin Lynch's purely visual approach to the imaginary (mental maps of subjects devoid of history, context and urban memory), the studies on urban imaginaries give students and researchers the qualitative option to understand it from within, from its representation and territorial practices. They establish a dialogue with some of De Certeau's ideas, they re-evaluate Augé's arguments on *non-places*, and encourage a dialogical position towards the object of study as a window from which to observe and be observed.

Finally, the contribution of these studies in books and publications, as well as their insertion in academic programmes, are pertinent in a medium where space was traditionally seen only in its topographical or three-dimensional condition. In proposing it as a cultural support, where the social practices that construct and define the identity of a place can be re-enacted or materialised, a more subjective view of space is created. This will allow architects and designers, and other urban operators, to consider *the citizens' point of view*, i.e. the emotions, evocations and associations of people in urban spaces, as elements that define the social forms of their appropriations. Moreover, it will allow us to understand the collective memory of local events, characters, myths, the nature of smells and colours that together identify and segment a city, as well as the fables, tales and legends that narrate it.

1 Reader-Researcher, Director of the Faculty of Anthropological Sciences – Universidad Autónoma de Yucatán, member of the Editorial Board of *CIUDADES* and of SNI.

2 Reader-Researcher of the Universidad Autónoma Metropolitana-Azcapotzalco, member of the Area of Investigation in Urban Studies, CyAD.

3 *Dimensión Antropológica*, Year 3, Vol. 6, January-April 1996, INAH, Mexico, pp. 177-179.

4 Quarterly scientific magazine with arbitration edited by the RNIU and indexed in CLASE and LATINDEX.

Urban Imaginaries
Phenomenology and Approach
Lucrecia Escudero Chauvel[1]

Armando Silva has conducted a complex process of collective investigation on the perception of the citizens of fourteen Latin American cities from the point of view of urban imaginaries. In so doing, he has attempted to answer the question, 'what does it mean to be urban in Latin America?, by outlining the imaginary constructions of its inhabitants. This archaeology, in the Foucauldian sense of the word, puts us in the position of a passer-by that traverses the space – an urban space – both physically and in the time of subjective memory.

Walking around two blocks of our native city, we can reconstruct our own history and that of the city. The complex articulation of a time and space is, in fact, imaginary, hence the need for anchors to mark an itinerary: monuments, green spaces, the organisation of neighbourhoods, plastic creation, videos, geographical maps, historical traces, and even a family photo album, the past fixed in the photographic process.

The city is an inter-textual and narrative product. We can speak of the construction of urban cultures where we ourselves are the actors, because in them we find marks, routines and rituals that bear the imprint of a territory colonised by our own subjectivity, a style of appropriation of the space. But also a causality of memories: this was my first home, my grandparents lived here, in this park I was kissed for the first time on that afternoon I will always remember, this is my favourite walk. The triad of the city centre: its use, its evocation, its projection. But the city is also in itself an 'archaeological' artefact, in the sense that it superimposes many different readings, social stratifications, urban plans, and evolutions that expand from colonialism to postmodernism.

The search for a trail, a trace, an urban, mental and imaginary sketch of the city, the inventory of its legends and rumours (the 'mean' streets), its emblematic places as carriers of multiple meanings, inclusive and exclusive spaces, day cities and night cities; all of these are characteristic of *Urban Imaginaries*, a project where the imaginary precedes the social use.

Interestingly, language and literature also help to define an urban space: the mythical foundation of Buenos Aires at the hand of Jorge Luis Borges, the transformation of Bogotá by the pen of Gabriel García Márquez or the feverish walks of Laura Restrepo, the crystallisation of Havana by Cabrera Infante. Perhaps one of the functions of literature is to *mythicise* a space and make it visible. But social imaginaries are also projective, for there are some desired cities where we project to live, or where the imprint of a mayor – as in the Paris of Haussman, whose urban project was superimposed on the degrading reality of a still medieval city – has the power to evoke and anticipate new mental maps and to create new emblematic spaces. In the perception of the desire of the 'other' citizen, Santiago means order, São Paulo pleasure, Barcelona cosmopolitism, and Buenos Aires night life, in a chorale of Latin American cities, where past, present and future times can all be grasped at once.

New ceremonials, such as the sadly famous *Madres de la Plaza de Mayo*, new dances in La Paz, new cities in the south of California, changing graffiti in a renewed form of urban writing, young culture in Buenos Aires, the fantasies in dancing places in Mexico City, the historical centre of Quito or the Mexican Zócalo, the beauty queens in Caracas, the fixing of memory in a collection of postcards, Peruvian television as a strong vehicle for the collective imaginary... the real question is how does every Latin American city embrace modernity? Such an open-ended question, at so many archaeological levels, and one in which the chorale of Latin American cities and the grasping of time keep reappearing. The merit of this project is its reluctance to restrict a single point of view, at the risk of unashamedly revealing the cacophony of our cities.

To read a city as a family photo album is a possible articulation that relates subjective time to the collective space. That barely noticeable human gesture that sneaks into a posed photograph allows for an *entre-deux*: between image and subjectivity, between itinerary and memory. The city as a family and urban photo album is at once a text, a collective narration, a *mise-en-scène* that can act as a metaphor for the city we inhabit. If there is always a narrator – the intimacy of a photo album is the *mise-en-scène* of a collection of memories organised by a narrator, usually female, a *deus ex machina* of memorable moments – then in the city this subject is polyphonic and appears in the form of a forever-present itinerary. We walk round a city as we walk round a photo album.

The question of how to embrace modernity and survive in it becomes a distant reply produced by looking at the image. Families fall apart and come together again in a different way. Equally, Latin American cities enter postmodernity and mass post-culture, a culture where the individual appropriates space and redefines it, a neuralgic point of contemporary sensibility. An album, like the city, speaks of our origins, but also of what we want our future to be. To walk around the city, to exorcise the family photograph: this is the phenomenological proposition that deliberately becomes the point of view of the observer of space and the passing of time. It is a *kosmo polités* that, in fixing the image, focuses on the daily routine of the passer-by and gives it a deeply endearing visibility.

1 Doctor of Semiotics and lecturer in the theory and models of communication at the University of Lille-IUT B.

Imaginaries and Visual Studies
M Belén Sáez de Ibarra S[1]

The imagined city, in its lightness, is a 'physical' place, with all its material heaviness, where contemporary human existence occurs. Now more than ever, the urban space of the city is the 'place'where the tensions of the postmodern world are debated and resolved. A place where the conflicting relations of a global social production and the naked existence of local reality come together. By pointing a finger at them, the imagined city reveals contemporary Latin American cities as battlefields where global forces and stubbornly local meanings and identities confront each other, clash and seek peace agreements that inevitably end up as forms of cohabitation that can never be resolved.

As witnessed by late modernity, the city has three fundamental dimensions: its material entity, the architectural and urban component, and its 'natural' geography. A biological dimension that formalises it as an organic body similar to the human body, with its maps and irrigation structures, its nodes and confluences; and a dimension that, in overlapping the others, redefines them, makes them possible and edifies them: a symbolical and immaterial dimension that underpins their way of being in the world, the imagined dimension. The articulation and organisation of this dimension is to be found in the circulation of meanings and significations chaotically produced by its cells: its inhabitants, those diverse communities that struggle to find ways of appropriating their material contexts, a 'place' within which they can belong, a vital space where they can exist. The symbolic social life of the city becomes a landscape under construction: an ambivalent, polysemantic and never-ending construct. It functions as a mass of life that reproduces itself.

The work in *Urban Imaginaries* emulates the rhythm so typical of the society of cultural capitalism, a product of the installation of a new paradigm of social production: 'the symbolical knowledge', an immaterial substance that conditions all its aspects, from the subjectivities and identities that shape it, to the merchandises of the dynamics of its economic production.

From the tension of an irresolute cohabitation, the imaginaries arrive at the material dimension of the city in order to distort it in images. The rituals, metaphors, the urban legends, the plurality of linguistic games, and even 'the false urban conscience' – what Silva calls 'urban ghosts' – are the forms of 'knowledge' of the urban conscience. This is the foundation of the concept of 'the imagined', an allied, fundamental concept in the construction of the field of visual studies. 'I propose a redefinition of the episteme,' Silva said to me recently. Was he referring to the concept of escopic episteme? To a new logos in formation where the 'image' predominates? The episteme of visuality (which tries to redefine the field of visual studies) understood as a complex order where cultural perception operates. The structure of our thought based on unconscious, naturalised premises, and their translucent base where thought confronts the last onion layer without a solid centre: the symbolic substratum, as the first and last form of knowledge, of the relation to the 'inexpressible' that both determines and does not determines us. An infinite but always contradictory construction that manifests itself and does not manifest itself, that defines and redefines.

A more complex concept of the urban opens up: the city and its new forms of territoriality. Or better still, a new extraterritorial statute, something that goes beyond the materiality of the tangible.

This leads us to adopt other perspectives in an attempt to approximate today's social problems: the inhabitants of the city are dramatically divided between those who live in and those who live outside it, the floating population. Connected by cyberspace and the logic of global communication, we find other vital segments that live in sectors related to the machinery of global social production (the only thing that genuinely operates). The other vital field is inhabited by everyone else: those without access to these dynamics, those forced to accept, as their only means of survival, the micropolitics concerned only with the immediate, neighbourly casuistry, and the proximity of certain cartographies (a fundamental concept in the methodology of imaginaries). Here, the local urban rituals, to which Silva pays special attention, gain political importance, although their efficiency is always precarious. Insufficient: confined to mitigate the effects of global determination, but unable to act upon their transformation or negotiation. At best this micropolitics of the ritual, of the production of a local imaginary, serves to guarantee survival while it lasts. In it, local identities struggle to become permanent by creating links that, no matter how weak, might be crucial in generating the necessary co-operation and solidarity to survive in the jungle of a space that so cruelly excludes new urban forms.

1 Exhibition curator and university lecturer.

The Imaginaries: A Dialogue with Literature
Luz Mary Giraldo[1]

Faced with a particular way of seeing, expressing and living a city, the diversity of Armando Silva's investigations into the city and the imaginaries it unleashes leads to a particular form of knowledge, one where we can clearly perceive the equation resulting from the relation that the individual and the collective, the intimate and the private have with the city. Relations of conflict in some cases, of acceptance in others. One is either an insomniac or a sleepwalker, i.e. active or passive. Silva reveals a whole range of possibilities generated, presented and expressed from the city, in relation to the individuals that inhabit or pass through it. Undoubtedly, many of these characteristics are explained, experienced or represented in literary fiction.

Fictional as well as 'real' individuals can live, feel, build, imagine or invent a city according to personal experience, either because it has been transmitted to them through significant facts, situations, events or characters; or because they have experienced it themselves with fascination, complacency, horror or passivity; or because they have fantasised about it from available information, or from the type of formal or informal comments that give way to ideas, fixations or preconceived images. Therefore, there are cities that are perceived from specific places or landscapes, maps or sketches; others from their iconic buildings or landmarks; others from sounds, rhythms, ambiences, colours or smells; others from legendary traditions, horrific stories, rumours or gossip.

Silva's works demonstrate that a city is more than a physical installation, a living space or an urban plan: it is a complex body that extends beyond the geographic and demographic limits, for it is in the problematic alliance with its inhabitants (residents or transients) that the city projects ways of living, being, behaving, feeling, seeing or expressing. In all cities, there are zones that can be recognised sensorially because they appeal to the senses; others can be recognised emotionally because they provoke fear or terror, repulsion, charm, tension or relaxation, while others can be recognised culturally or intellectually. Nowhere is this more evident than in Latin America, and it is transmitted not only through isolated individuals or groups of people, but through artistic creation.

Literature represents the city according to the author's or the community's imaginaries. Fiction highlights places, individuals, social or political experiences, decisive moments in the history of a city or a country, by recording scenes, scenarios or situations that were meaningful at a particular moment in the life of a city, an individual or a community. At the end of the nineteenth century, the Colombian writer

José Asunción Silva depicted Bogotá through Francophile characters who loved art, culture and the fine things in life, while Mario Mendoza shows the Bogotá of today as a dangerous city, full of sordid individuals who live in abject poverty, amidst filth, violence and death. Jorge Luis Borges spoke of a mythical Buenos Aires, half countryside, half city, and full of tobacconists, pink stores and sounds of tango. José Donoso referred to Santiago de Chile with its decadent bourgeoisie, monstrous beings and buildings crushed by modernisation. Latin American authors have represented their cities according to class, political dynamics, internal crisis or traditions, and, more recently, according to globalisation, with sceptical individuals who live in a frenetic, slippery present, or as virtual cities with a domestic cosmopolitism.

In analysing a literary text from the point of view of *Urban Imaginaries*, we realise that the city is not only a *locus* or *situs* where things happen, and where things are built or written about, but that it is also a problematic entity full of meanings and values (positive, negative or neutral) that can be formalised conceptually or artistically. The integration of cities, citizens and transients that enter the complexity of the imaginaries through the dynamics of fiction, could explain the process of Silva's methodology. Taking on board semiotics as a way of relating to the psychoanalysis of collective desires or individual experiences, he arrives at a conceptualisation of the physical, spatial, historical, social, psychological or imaginary city as perceived by the individuals, a perception that in fiction corresponds to literary characters and to the author's projection of his own imaginaries, or those of the people or social groups it recreates.

Silva proposes an expedition through all the cities in his project. This methodology allows us to approximate the identity of cities, societies and cultures in general, and to understand the multiple aspects of the cities that are being explored here: cities that exist, are represented or imagined, and the cities of the imaginaries. This creates a dialogue between different cities, and different individuals, and gives a measure of their points of encounter or the distance between them. The possibilities of this method give precision to literary analysis: in some cases, it widens the vision of the work and its world, by bringing it closer to temporalities and highlighting the value of sensations (colours, smells, sounds, noises), and the relevance of places, constructions, narrations and discourses.

In proposing a work that contrasts geography and geographies, history and histories, scenes and scenarios, languages and sensations, this methodology re-signifies the city: it reveals the complex identity of the city and its citizens, of its scenes and scenarios, and of the histories and narrations of Latin American cities and imaginaries, as well as revealing the diversity and multiplicity, individual identities, ways of life, language and history, that are common to any city in Latin America or the world.

1 Colombian poet and essayist.

Logic and Imaginaries
As Easy as One, Two, Three
Mariluz Restrepo[1]

'As easy as one, two, three': in its popular wisdom, this expression perfectly summarises one of the most fecund theoretical perspectives of modern thought since it represents an emphatic break from the dichotomist view of the being and its world in favour of the being as a triadic structure. It is based on the founding philosophy of the North American thinker Charles Sanders Peirce (1839-1914), and, to my mind, it underpins the work of Armando Silva. Not only in its methodology, but, above all, because I think that it was the appropriation of this way of thinking that affected the most fundamental aspects of Silva's investigative development. Peirce's philosophy is present in the theoretical development of urban imaginaries – reality known only through mediation, thought as inclusive of feelings, the sign as constructor of habits and habits as a guide for action, the notion of the interpretant, the icon as a type of sign that unravels the qualitative.[2] However, out of Peirce's immense philosophical output, I would like to concentrate here on his triadic view of the being and on the Peircean 'trichotomies' that I have traced in the 'urban archives' of Silva's project.

For fifty years, Peirce created a philosophical system, an architectonic, that defines an integrated view of existence derived from 'a few simple concepts', what he called 'universal categories'. To borrow Peirce's terminology, they constitute his hypothesis on the fundamental structure of the being and allow him to understand the meaning of man and the world. Peirce says: '…I cannot forget that these are the germinators of the Theory of Categories, which is (if anything *is*) my present to the world. It is my child. I will live through it when my body has been forgotten.'[3] There are three categories (in capital letters): *Firstness,*[4] the ever-present qualitative possibilities; *Secondness,* the being of actual facts, and *Thirdness,* the being of the rule or mediation that govern future facts. These are 'the three modes of being that can be directly observed, and that are present in the mind in any form, at any time and in anything that exists; they are the indissoluble elements of any phenomenon.'[5] This phenomenological analysis comes from his Logic of Relatives, which explains why the numerical nomination refers to monadic, dyadic and triadic relations and *not* to ordinal sequences. Peirce clearly demonstrates how any polyadic relation can always be reduced to three, while a triadic relation cannot be reduced to a dyad, although it includes the dyad, in the same way as the dyad includes the monad.[6] Hence there can be only three categories, each with its own characteristics, but interdependent of each other; i.e. there are three modes of being and they are present in every phenomenon.

Firstness is the mode of being of that which is such as it is, positively and regardless of anything else. It is the being of the quality in itself, totally indeterminate, without any parts, features or corporality: it is 'present presence'. It is a pure quality of feeling that could 'be' without 'occurring'. As a mere possibility, it *is* without being realised. Qualities exist in facts but are not facts. We only know of them when they become an 'actuality', hence any description of them would distort them. *Secondness* refers to 'actual facts', to what effectively *is* but we can only know once it has occurred. It is an 'act', as opposed to a possibility. The real comes from the pure relation between action-reaction. It is the mode of being of existence that arises not from itself, but from its opposition to another. In *Secondness*, quality becomes actuality, although this does not prevent quality from continuing to be a possibility without reference to a second. *Secondness* seems easy to understand since as an actuality it is always there before us; but how can we explain it without referring to an intelligible regulating principle? The pure element of fact is always mediated; we can only access it through a third. *Thirdness* is mediation as an intermediate step between a 'first' and a 'last'. It is a 'relative' principle that enables continuity. The third term is not a synthesis, for in combining it opens new possibilities. Hence it is the law that governs actions, but as a constituent rule, not a regulating one. Peirce recognises that the concept of *Thirdness* is complex, but it is in this complexity that thought arises and man and the world acquire meaning. For Peirce 'thought is the string of melody that traverses the succession of our feelings'.[7] Every phenomenon of our mental life, emotions, passions, willing, memory, etcetera, is part of knowledge 'translated' into thought. Therefore thought is not only reason, but also sensitivity and reaction. In fact, as *Thirdness*, it already includes *Firstness* and *Secondness*.[8]

This triadic view of the being as an open and continuous structure allows Peirce to explain reality, knowledge and man. Reality exists outside of man, but it remains a mere possibility until we can access it as representation in the human mind, i.e. in thought, which is the necessary mediation of all knowledge. Therefore, reality is a sign in permanent human construction. Peirce transforms the Theory of Knowledge into an ontological Theory of Signification.

Silva recognises the triadic structure of the being in all its density. There are three parts to this urban archive: desires (as possible present qualities), cities (as brute facts), and the urban (as mediation of sense, as sign, as thought inclusive of feelings, desires, passions, memory...). There are three types of archive: private, communal and public (and in each case, the methodologies are also based on triads). There are three urban practices: public art, media and technology. There are three types of town planning: decentralised longitudinal cities, less use of the city due to excessive planning, and deterritorialisation due to displacements. There are three ways of recognising the social imaginaries: when the real is only imaginary, when the real does not exist because it cannot be imagined, and when both coincide. There are three ways to unfold the theory of the urban imaginary: in psychic, technical and social inscriptions.

For twenty-five years, Silva has been dealing with the urban. Looking at his work from this perspective, we can trace the trichotomy of his conceptual development: from a theory of the urban *imaginaries,* to a theory of urban *archives,* towards a theory of urban *feelings* as an aesthetic way of understanding contemporary society.

---

1 Social Communicator, Masters in Philosophy, Candidate to a Doctorate in Philosophy, University Reader and Researcher on Contemporary Culture.

2 Restrepo, M., *Being-sign-interpretant, the Philosophy of Representation of Charles S. Peirce,* Significantes de Papel, Bogotá, 1992.

3 Written by Peirce in his notebook on Logic in 1867, two months before presenting his paper *On a New List of Categories* before the Academy of Arts and Sciences. Thirty-eight years later he reiterated it in a letter to Mario Calderoni: 'The list of categories is my only contribution to philosophy.'

4 Italics mine.

5 Peirce, Charles, *Collected Papers (1931-1958),* 8 vols., Eds. C. Hartshorne, P. Weiss and A.W. Burks, Harvard University Press, Massachusetts, vol. 1, p. 23.

6 *Ibid.,* p. 347.

7 *Ibid.,* Vol. 5, p. 395.

8 *Ibid.,* Vol. 5, p. 292.

Imagined Cities in Latin America
Armando Silva

The imagined cities are the same as the ones in which we live every day. For the purposes of this study, however, we have emphasised a particular quality: how they are collectively constructed by their citizens according to their desires, memories and wishes. The imagined cities under study are the result of several research projects, an attempt to define the social perception of the use and experience of the city, and to evoke the desires of the citizens towards a form of urbanism conducted by themselves. This means that the imagined cities are born and feed on the citizens' imagination, and this represents new ways of constructing a city and new ways of urbanism. Let us be even more specific: the imagined cities are studies on urbanism, not on the city, and on how the citizens' urbanism determines how a city is built. By 'imagination' we do not mean a (mere) fantasy that might be considered inoffensive or belonging only to art. Neither are we trying to create fantasies as (simple) decoration or embellished fiction. Nor, contrary to what might be superficially believed, are we trying to put forward studies on the imaginary that are airy-fairy for the mere fact that their object of interest is subjective and immaterial. This is the difference in our approach: the material is in the citizens because they are concerned with the materiality of the city. It is a materiality that is present in the senses and feelings of citizens in transit.

The studies on urban imaginaries have recourse to some academic disciplines, and therefore we have included some specialist texts to explain those relations with the margins. The contemporary logic of triadic thought with its requirement of an interpretation of actual phenomena as representations of the human mind; communication, since these are studies that conceive the city as collective narration; the new visual studies that put forward other forms of thought on aesthetic logic; and of course, literature, since the history of thought has proved how easily a real city-turned-fictional by a creator can translate into the *real image* of that city.

The ten imagined cities that are presented here as subjects of investigation come from a project on urban studies in Latin America where fourteen cities were researched simultaneously following the same methodology. These ten cities each have their own identity within the regional context.

p. 110
Bogotá (Colombia)
Population: 6,778,691 (2005)
Size: 1,732 km²
Population density: 3,914 per km²
Percentage of country: 18%

Bogotá imagined
Most representative figure: **the Mayor**
Most enjoyed aspect: **cultural diversity**
Imagined colour: **grey**
Most dangerous street: Cartucho

p. 114
Buenos Aires (Argentina)
Population: 2,776,138 (2001)
Size: 203 km²
Population density: 13,675 per km²
Population of greater metropolitan area: 8,684,437 (2001)
Percentage of country: 23%

Buenos Aires imagined
Most representative figure: **Perón**
Most enjoyed aspect: **the people**
Imagined colour: **grey**
Most dangerous street: **Avellaneda**

Buenos Aires Imagined
Mónica Lacarrieu[1]
Lyliam Alburquerque[2]

Around 1998, Armando Silva began to set up a network of investigations on several Latin American cities, including Buenos Aires, and those of us who took on the task of imagining the city embraced the project with great expectations.[3] Even though Buenos Aires is one of the better known cities in the Latin American continent, the absence of a book such as this made us want to dig into the social imaginaries with renewed interest and energy. Buenos Aires is perhaps the most imagined city in Latin America and possibly in Europe, and yet it seemed the least imagined from inside the city itself.

This was probably our greatest challenge: to redefine the simplistic view of a city overloaded with stereotypes, built in the context of a political project collectively imagined at the end of the nineteenth century and reinforced, albeit with some interregnums, throughout the twentieth century to this day. Therefore, our biggest task was to de-naturalise a naturalised city, and to reveal, beyond the obvious and unquestionable notions of a sexy and attractive city, its darker side, hidden beneath the subtle nuances that surround the stereotypical view of Buenos Aires as the 'most European' of all Latin American cities.

Unlike other Latin American cities taking part in this project, Buenos Aires is the least imagined by its own people. The rich verbal imaginary shown by the inhabitants of the other cities contrasted with the laconic and apathetic attitude of our citizens. The similarities and differences between cities revealed by Silva's methodology confirmed certain particularities in the case of Buenos Aires: the need to conduct interviews of a more ethnographic character in an attempt to find the type of eloquent narration of which the *porteños* seem incapable. Even so, Buenos Aires seen as a 'beautiful but unattainable woman', to quote one of its citizens, seemed the perfect synthesis for a city built and lived as such by its inhabitants, like Janus with its two faces looking in opposite directions: sunrise and sunset.

The evocations and perceptions associated with the more emblematic places, characters and scenarios generated an initial map of imaginaries seemingly crystallised in the persistence of a 'hard core' of *porteño* culture that symbolically dominates the definition of the imagined city. Nevertheless, the implemented methodology managed to unleash from the unconscious the irrepressible 'fighting spirit' of certain aspects that are also part of the imaginaries, even though they may not conform to the idealised and imagined model of the city. The audiovisual research carried out by a team directed by postgraduate teachers of the UBA Faculty of Architecture (with strong academic ties to Silva) served to condense in images the *chiaro-oscuros* of the social imaginaries.

Section III, dedicated to evocations, brought out the imaginaries of conflict or ambiguity. Perhaps the more paradigmatic example is the reply of a working class woman, a resident of the neighbourhood of La Boca, to the question: 'What musical genre do you identify with the city?' After thinking long and hard, she replied: 'People here don't like cumbia, but we do, we like cumbia... and yes, *porteños* like tango... but we're not from here, we come from somewhere else.' On a same level of confrontation, the greyness for so long associated with Buenos Aires was disputed by a variety of colours – predominantly dark – that questioned the anodyne image of the city so closely linked to the melancholic and nostalgic character afforded mostly by the tango. In this sense, this alternative itinerary brought to the fore a series of imaginaries associated with an idea of the city, generally for export, and other types of associations that, contrarily, relate to the uses and conflictive appropriations that people make of other expressions and other places. Seen in this light – that is, a city lived experimentally by its citizens, simultaneously but at two different speeds – the city emerged as a product of the macro and micro-processes of the imaginaries.

The imaginaries that are 'contested' from within the city itself are less apparent when we encourage its citizens to explain how they perceive other Latin American cities or how they imagine themselves to be perceìved from the outside. At this level, the imaginaries remain once again frozen in stereotypes. Not even the Mexican, Venezuelan or Brazilian TV soaps, so popular in certain sectors of our society, help us to imagine those other cities, so close and yet so distant. The imaginary relationship of Buenos Aires with 'other' Latin Americans is a frigid relationship, full of ignorance, indifference, and even tension, especially in relation to cities in 'bordering' countries, like Peru, whose immigrants are regarded with suspicion in our city. It is a relation that reinforces our own self-accusing identity as a people who are proud and aggressive: or so we are seen, with ironic humour, all the way from Mexico to Chile, and even Ecuador.

The generational differences, as well as the socio-economic distances – not necessarily applicable to social class, such as it is defined in other cities, due to the structural changes which we endured in the nineties – contribute to the enrichment and sometimes contradictory multiplicity of different and unequal imaginaries, taken on board by all the sectors of the city in their daily dealings with it.

Buenos Aires Imagined is the spearhead of more focalised future studies considered necessary by some political agents, especially in the historical centre of the city. Although the imaginaries are but symbolic constructions that allow us to delimit 'the real' and arrive at different points of view, they remain, nevertheless, an extremely useful theoretical and methodological tool for a better understanding of urban reality. Imaginaries may be seen as the opposite of our apparent daily life, in as much as they are considered unachievable, but they will survive as representations long after the use of spaces has changed, and continue to orientate discourses and political practices.

1 Director of the Anthropology of Culture Programme, FFyL-UBA/Researcher CONICET.

2 Architect, Faculty of Architecture, Design and Town Planning, UBA.

3 The investigation in Buenos Aires was co-ordinated by Mónica Lecarrieu and Verónica Pallini. The audiovisual research was co-ordinated by the architects Rafael Iglesia and Lyliam Alburquerque.

p. 120

Caracas (Venezuela)
Population: 3,036,490 (2001)
Size: 2,050 km²
Population density: 1,481 per km²
Population of greater metropolitan area: 4,398,957
Percentage of country: **16,84%**

Caracas imagined
Most representative figure: **Simón Bolivar**
Most enjoyed aspect: **El Àvila**
Imagined colour: **green**
Most dangerous street: **Petare**

Caracas Imagined

Tulio Hernández[1]

From the specific experience of *Caracas Imagined*, we can conclude that, in common with the people from other cities in this project, the Caraqueños represent their city in a plurality of diverse and contradictory ways that are influenced by their age, the place where they live, the social class to which they belong, or their routines and habits. However, despite this diversity, some topics prevail that distinguish it from those other cities.

We can now confirm with greater authority that Caracas is seen as a green city by its inhabitants, and that they regard the Avila – the evergreen mountain that reaches 2,159 metres above sea level – as their most emblematic icon, the most generous, loved, fragrant and beautiful place in the city. High and wide, this immense barrier that separates Caracas from the Caribbean, arouses deep religious feelings in its citizens. Flanked by it, in the narrow valley at its foot, the city was born and has continued to expand alongside it, and it is the domineering presence of this mountain acting as a backdrop and an object of contemplation, that marks the identity of the city, while providing a balcony from which to measure the urban space in its full dimension.

We also know that the Caraqueños have a sense of rhythm, and that musical genres are the most frequent resource they turn to when asked to define or identify other neighbouring cities. In their imaginaries – true or false, since imaginaries are not measured by their veracity – Bogotá represents the vallenato; São Paulo the samba; Mexico City the rancheras, and Buenos Aires the tango. Santiago is not so resonant since the iron image of Pinochet permeates all its significations, the same as Havana, where Caribbean music comes after Fidel Castro.

The Caraqueños' historical memory is totally conditioned by one figure: Simón Bolívar, the Liberator. Of course there are other references: Billo Frómeta, a popular musician who took Caracas as the favourite subject of his songs; Andrés Galárraga, a Caraqueño of humble origins who became a baseball hero in the major North American leagues; or even President Hugo Chávez, who has had little to do with the history of the city. But nothing can compete with the omnipresent towering image of Bolívar.

Visitors to Caracas arrive at the Simón Bolívar International Airport. The two big towers dominating the historical centre are called Centro Simón Bolívar. Forming the civic centre like all main squares in Venezuelan cities, the *plaza mayor* is called Plaza Bolívar. One of the main and more daring highways linking the city centre to the east is called Avenida Libertador. Simón Bolívar is also the name given to one of the city's most important universities, its best-known symphony orchestra, the city centre's widest avenue, a bank, a traditional department store (Bazar Bolívar), the oldest cinema production company (Bolívar Films), an insurance company (Seguros Bolívar), numerous schools, restaurants, taxi and bus companies, and, more often than not, to the final-year graduates from military academies, universities or high schools.

There are two other strong imaginaries that go hand in hand in Caracas, like two sides of the same coin: the imaginary of fear, founded in the street, the night, public spaces and the intricate presence of the shantytowns; and the imaginary of safety, entertainment and consumerism located in the shopping malls, or *centros comerciales* as we call them here, the leisure centres *par excellence*.

As in so many Latin American cities, the Caraqueños' overwhelming fear comes from delinquency and urban chaos. But here facts speak for themselves. Caracas rates as one of the three cities with the highest number of homicides per 100,000 inhabitants, and the figures are rising. So much so that on Mondays, the director of the morgue, or other similar bearers of 'good news', announce to the press the weekend death rates, which at times can reach one hundred and fifty, a figure comparable only to the Iraq war.

Perhaps this is why the shopping malls function as a fenced-in substitute for the lost public space. Three out of every four interviewees admitted that their favourite leisure centres were these new temples to consumerism. And two out of these three named as their all-time favourite the Centro Comercial Sambil, a monumental centre of 250,000 square metres, with twelve cinemas, a marine aquarium of 120,000 litres, fifty-eight escalators, parking space for four thousand cars, and five floors containing five hundred and fifty shops. The place has become an authentic peregrination site for thousands of Caraqueños at any time of day or night.

Deeply divided by the political conflict affecting the country, in a state of administrative collapse thanks to the passivity of a ruling class lacking in vision, de-memorised and amnesiac, and threatened by violence, Caracas remains, nonetheless, a lively musical city whose inhabitants see themselves as privileged people who know how to enjoy life, and who believe that they are perceived by others as 'funny, nice, pleasant, kind, receptive and disorganised'. We are talking about a city that is marked by speed and precariousness, and that is lived as if it were located at sea level (although it has an altitude of over 800 metres). A 'comprehensible Babel' where very different cultural referents intertwine, and where there is always room for happiness, sensuality, love of nature, and a cult of the body and physical appearances. Or so we read in the imaginaries.

1 Sociologist and director of the Permanet Chair of Urban Images.

p. 126

La Paz (Bolivia)

Population (including El Alto): 1,420,308 (2001)
Size (including El Alto): 470 km²
Population density (including El Alto): 3,022 per km²
Percentage of country (including El Alto): 11%

La Paz imagined

Most representative figure: Polleras de las cholas
Most enjoyed aspect: Illimani
Imagined colour: **grey**
Most dangerous street: Buenos Aires

p. 130
Lima (Perú)

Population (excluding Callao): **7,584,000**
Size: **2,664.67 km²**
Population density: **2,846 per km²**
Percentage of country: **27%**

Lima imagined

Most representative figure: **Francisco Pizarro**
Most enjoyed aspect: **the people**
Imagined colour: **grey**
Most dangerous street: La Victoria

p. 135
México DF (México)

Population: 8,720,916 (2005)
Size: **1,479 km²**
Population density: **5,896 per km²**
Population of greater metropolitan area: 22,728,411 (2005)
Percentage of country: **21.5%**

México DF imagined

Most representative figure: **the President of the Republic**
Most enjoyed aspect: **climate and people**
Imagined colour: **grey**
Most dangerous street: Tepito

Mexico Imagined
Miguel Angel Aguilar[1]

A recurrent experience in the imaginaries of the inhabitants of Mexico City is fear. It is the strongest factor in their evaluation of the city, and it applies as much to the social dynamics and local politics, as to the advent of communication technology. When this investigation began in 2001, a series of surveys were conducted to discover the most significant dimensions of the imaginaries in the city. This gave us an overall view of how people represent and locate fear. However, things have happened in the meantime that have modified this perception.

There has been an important shift from the location of fear in specific areas of the city to a more diffused sensation relating to the fields of communication and transport. Fear has been displaced, and at present it can just as easily come from the possibility of a telephone call telling us that a relative has been kidnapped, something that is usually transmitted by mobile phones. Normally, this results in having to leave money in an agreed place, or having to buy phone cards and give the numbers to the 'kidnappers'. The careful staging of the supposedly real 'cries' of the kidnap victim is also part of the plot. It is a simulation of fear, but one that creates an intolerable reality for those affected by it. This generates a feeling of insecurity in relation to the telephone or calls from strangers. Fear comes into the home through this most ordinary of household devices. The nearby becomes distant. The ambiguity of a mobile phone offers us the security of knowing that we can be traced, but it can also be used as a means of extortion.

A second point comes from the experience of the street as a threatening scenario. Mobility in the city is inevitable, and the condensation of urban ghosts, whether in the form of an accident or an assault, has to do with public transport. The use of taxis, which epitomises a meeting between strangers, has equally been marked by the possibility of the so-called 'express kidnapping', more often than not to obtain money through credit cards.

Finally, fear expresses the politicisation of the city. The civic march against violence, that brought together over one hundred thousand people in June 2004, was interpreted by many as a protest against the city's Head of Government, who later ran as a candidate in the country's presidential election. He dismissed it by calling it a movement of the middle and upper classes, and denounced it as an attempt by the business community to discredit him. Therefore, while the subject of urban insecurity has clearly become a political banner, the average citizen sees itself as victim in the middle of an uncertain political transition. To locate fear in specific places 'liberated' the rest of the city from those ghosts[2], but in displacing it, it has become generalised and even suffocating.

When it comes to civilian practices, the city performs functions more traditionally associated with the more restricted areas of the domestic or the private. Given the scale of the city, public transport is essential, and it is here that citizens re-enact their domestic routines in front of others: personal care, food consumption, study, work, falling in and out of love, all this takes place in the street, cars and public transport. There is a type of modesty that is still practised, what Erving Goffman calls 'civic inattention'. To look without looking: I can see you, but I pretend not to. As Georg Simmel remarked nearly a century ago, before the development of transport people had never been in a position of having to spend long periods of time looking at one another without speaking. These anonymous passengers, however, witness forms of interaction between other transport users, hence the visibility of the private.

Increasingly, the street is a way of life for some people. Things are sold in the street, from food to toys, working tools, flowers for the loved one; cars are washed while the traffic lights are red, etc. So great is the intensity of commerce and activity at certain crossroads that one gets the feeling that you could stay in the street forever. But streets are also frightening. In his novel *Hombre al agua*[3], Fabricio Mejía recites an urban litany that reads: '... a city where the same street vendor sells burglar alarms and master keys to open all doors... a city where the guy facing you with a knife could either kill you or try to sell it to you.'

And in the midst of these routines, the character of the city's inhabitants acquires different overtones: aggressive, lively, melancholic. Perhaps we should see it as mutable: tell me where you are and I'll tell you what you're feeling. Silence in public transport, mythic melancholy in the canteens, mistrust of strangers, complicity in the markets and neighbourhoods, all these moods can be perfectly located according to the meaning conferred on the places we frequent. And it is the local – the neighbourhood, the place of residence, the area where we live – that has the more positive connotations. What are valued here are not the intrinsic qualities of the local, but its dimension as a familiar, frequented, experienced territory, i.e. its condition as a place rescued from anonymity. In contrast to the city that can hardly be contained in a mental map – something threatening in itself – the neighbourhood has a human scale that can be appropriated.

On the other hand, there is a desire to draw other maps. A recurrent evaluation of the city comes from the fact that there is always something to do there, new places to explore, an infectious cosmopolitanism. Young people constantly invent new itineraries, from graffiti to the body in movement in alternative music circuits, from the shopping mall to the party.

Cities want to move fast but getting from A to B is slow. However, the means of communication offer a quick temporality. Events that take place non-stop but are of a disposable nature: they are announced as historical path-breakers and two weeks later are forgotten. Similarly, in our survey, the only events considered important in the life of the city were those that had occurred in the last year and had been covered by the media, whether urban or not. The most significant cases, and the ones with the greatest media coverage, were those related to the world of the spectacle, a murder and a kidnap. The media gave the impression that there was a common present, and that the events in question were taking place not only where they had actually happened, but right in front of the audience, thus turning the events into an urban subject.

Even so, there are events that become embedded in the 'hard' memory of the city. For instance: the 1985 earthquake remains a symbol of the fragility of the city. Some buildings are still seen as 'zombies', neither dead nor alive, demolished or rehabilitated. We walk quickly past them, for their presence is disturbing. To this day, the earthquake is still present in a variety of ways: there are warnings in the buildings about what to do in case of an emergency, fire drills, familiar stories of civilian co-operation, tales of citizens who helped each other out of the rubble, fulfilling the duties of a local government that regarded them as invisible.

Urban memory is concerned not only with the events themselves, but also with their specific location conceived in terms of time. The city centre and the Zócalo serve the function of this memory, of memories. As Carlos Monsiváis says: 'As a storage of nostalgia, a site of protests, a seat of (some) powers, a confederation of built-in erosion and remodelled fears, the Zócalo is an unrenounceable place.'[4] The national, the urban and the personal are all conjugated here. It is a plastic space, mutable in its multiple and unpredictable uses, presenting one configuration one day and another the next. It is the recipient of political and urban uses. The Zócalo allows for multiple imaginaries for it is a hollow space, one where walking across it can become an act of memory, of civilian resistance, or simply an obligatory transit.

1 Reader and researcher on the degree programme in social psychology and human geography at UAM-I

2 Vergara, 'Levels, configurations and spatial practices', in Patricia Ramírez Kuri and Miguel Angel Aguilar (Co-ords.), *To think and live a city: affection, memory and meaning in the urban contemporary space*, Anthropos-UAM-I, Barcelona, 2006.

3 Planeta-Joaquín Mortiz, México, 2004

4 *El Centro Histórico de la ciudad de México*, Turner, Madrid, 2006

p. 140
Montevideo (Uruguay)
Population: 1,325,968 (2004)
Size: 525.54 km²
Population density: 2,523 per km² (2004)
Population of greater metropolitan area: 1,668,335 (2004)
Percentage of country: 41,4%

Montevideo imagined
Most representative figure: Anama
Most enjoyed aspect: Rambla
Imagined colour: blue
Most dangerous street: El Cerro

p. 144
Quito (Ecuador)
Population: 1,413,694 (2001)
Metropolitan area size: 4,204 km²
Population density: 336,3 per km²
Population of greater metropolitan area: 1,841,200 (2001)
Percentage of country: 12.8%

Quito imagined
Most representative figure: Flórez Milo
Most enjoyed aspect: the landscape
Imagined colour: blue
Most dangerous street: 24 de Mayo

Quito Imagined
Fernando Carrión M.[1]

We live at a time when there is a great deal of perplexity about what a city is or will be. The changes that have transformed the city have led some academics to predict its death, either because there is no longer a difference between the city and the countryside, and most of the population is now urban, or because territorial variables have been pulverised by the new communication technologies. Some scholars are stuck at a crossroads, unable to find a definition that could be recognised by the scientific community. Concepts such as 'post-city', 'diffused city', 'meta-polis', 'city on the web', 'global' or 'informational', among others, reveal the mutations of the city and the inadequacies of theory at this level. Clearly, nowadays, a city can no longer be defined by the classical definitions that contrasted it with the countryside; saw it as a dense and heterogeneous conglomerate of citizens; conceived it from the point of view of an economy based on industry or services, or viewed it as a frontier rather than a place of integration.

Nowadays, to understand a city requires a new way of seeing, hence the importance of the theory of *Urban Imaginaries* in bringing the citizens' views to the fore. *Urban Imaginaries* tell us that the city is not only a conglomeration of buildings, infrastructures and services, but also what its inhabitants imagine it to be, i.e. a multicultural vision derived from those who live in a city and reconstruct it in their imaginaries. At present, over three hundred highly qualified people – from Latin America, Europe and the USA – are working on the project *Urban Cultures from their Social Imaginaries*. It is the one of the most ambitious academic undertakings ever, and it conjugates three relational dimensions at once: a trans-urban dimension that looks at the common axis of the studied cities; an inter-urban dimension that reveals how we see ourselves, and finally, an intra-urban dimension that extracts the essence of the imagined city, the multiculturality that imagines and constructs. In other words, it is a great collaborative and comparative study of the modern city, and not a collection of single research projects.

The same questionnaire was applied to each of the cities, based on an analytical typology consisting of: the city, the citizens, and the others. The methodology employed aims to give the citizens a voice so they can tell the truth about their own cities, by using surveys, photographs, postcards, press cuttings, advertisements, and TV and radio archives. With this amount of information, the people, the media, the institutions and the governments project and construct the urban imaginaries that identify a city.

The project confirms that urban imaginaries are a social reality constructed by the citizens, and that the everyday life of a city is defined by their perception of it. For example: how can we separate Gabriel García Márquez from the Colombian Caribbean cities, or Mario Vargas Llosa from Lima? Equally, Guayasamín from Quito, Gardel from his dear Buenos Aires, or Pelé from Santos. In some cases, a city or parts of it owe their existence to specific popular characters: the *Madres* are the *Plaza de Mayo*, and Gaudí is Barcelona. In the last instance, these are the imaginaries that people construct from their characters.

The people from the studied cities imagine that their cities are bigger than they really are, which proves that we have a rather enlarged view of ourselves. Asunción is known for its football, Bogotá for its violence, Montevideo for its nostalgia. Each city is also known for an emblematic landmark: the Ramblas in Barcelona, Mount Avila in Caracas, the Zócalo in Mexico City, the historical centre in Quito and the Paulista Avenue in São Paulo.

In people's minds, cities can be grey, blue or green. Taking colours as a guide, we could say that the imaginary of Latin American cities is grey. A grey city is cold. A warm, brick-coloured city is happy. A city that is perceived as violent has social patterns of terror. Cities have a characteristic smell: grilled meat in Buenos Aires, vanilla in Miami, urine in Quito, smog in Santiago. There are masculine and feminine cities, spaces where people can meet or miss each other, places for love and hate.

Quito is included in the regional study with an already published book that includes the imaginaries of history and geography. It is a city where people live close to geography, a sun city at the foot of a volcano with a celestial altitude situated on the equinox. It is a roller coaster of a city, with a vertiginous daily life at the heights of the Andes. People are always going up or down, so they are always seen from the top or the bottom, which makes it a visible city. That's why its inhabitants, travellers, chroniclers, narrators and poets have turned Quito into something other than an imaginary line in the middle of the world.

Historically, there was a time when the people of Quito turned their backs on their origins, giving credence to Freudian theories of negation. More recently, they have embraced their urban condition. Quito built a barrier around its historical centre, first as a form of denial, and then as a way of resurfacing as a city. This occurred in the seventies when it was declared a World Heritage Site, but also later at the hand of a sudden natural phenomenon: the 1987 earthquake which had devastating effects on the city and its architecture, but also brought attention to the significance of its genesis. From then on, the value of history was rediscovered through what was missing, much as love is rekindled by the loss of a lover. Equally, this is where we find the imaginary of the city of Quito, in its history and geography.

1 Reader in sociology of communication at the Universidad Politécnica Salesiana, Ecuador.

p. 150
Santiago (Chile)
Population: 6,038,974 (2002)
Population density: 9,415.3 per km²
Size: 641.4 km²
Percentage of country: 37%

Santiago imagined
Most representative figure: Pedro Valdivia
Most enjoyed aspect: parks
Imagined colour: grey
Most dangerous street: La Legua

p. 154
São Paulo (Brazil)
Population: 11,052,985 (2006)
Size: 1,522,986 km²
Population density: 7,257.5 per km²
Population of greater metropolitan area: 20,000,000 approx.
Percentage of country: 10.63%

São Paulo imagined
Most representative figure: Paulo Maluf
Most enjoyed aspect: cultural diversity
Imagined colour: grey
Most dangerous street: JD Ângela

Urban Imaginaries from Latin America.
Traditions and New Perspectives

Alicia Lindón,[1] Daniel Hiernaux[2]

I

In the seventeenth century, the great age of rationality, 'imagination was systematically ousted beyond the realm of the spiritual' (Guenancia, 2005: p. 43) and central importance was awarded to another human property: reason. On establishing itself throughout the following two centuries as the origin and end of all reflection, what Max Weber defined as the disenchantment of the world slowly took place (*Entzauberung der Welt*), that is to say, the separation of the sacred and magic from daily life. Thus, social life became rationalised, or rather modern society imagined it to be ruled by reason: a rationalist form of conceiving rationality.

It is in the twentieth century that the re-appraisal of the imaginary began in the context of the new blossoming of idealisms. Thus, the imaginary became recognised in its capacity to organise and elaborate the images we perceive and which later emerge in our contact with the world, almost like a filter.

It was right at the end of the twentieth century, however, when the collapse of master narratives, the so-called meta-narratives, permitted a more profound re-evaluation of aspects of subjectivity which had been dismissed by the rigid topography of Cartesian rationality. As Roland Barthes (1997) pointed out, all human production is mediated by the intellect, either scientifically or mythically. Therefore, the mediation of the intellect should not be reduced to the rational for it can also be imaginative. Along these lines, in the nineties, the imaginaries and social subjectivity gained ground in the social sciences and eventually became accepted as a legitimate framework for understanding different dimensions of social life. To a great extent, this has gone hand in hand with the rising increase in constructivist perspectives, in which the imaginary and subjectivity are viewed in the light of a material world, thus avoiding perspectives which are purely idealist.

At present, it seems as if the subjective and the imaginaries have become fully accepted as part of social life. There is even a paradox in that these themes are beginning to move towards others which are more linked to reason. Simultaneously, and related to this, there has been a rapid proliferation in the terminology in this area and also an increase in polysemy regarding the principal concepts in this thematic field. For example, there is a true family of voices linked to the 'image', such as the *imaginal*, the *imagination*, the *imaginary*, and others which, although they are not of the same family of words, incorporate other families which are conceptually related, although of different roots: this is the case of the families of voices derived from 'representation' and 'symbol'.

Some explanation is needed regarding this multiple terminology and its polysemy. Representation is a way of translating into a mental image a material reality which is not present, or rather a concept. The imaginary, on the other hand, is more than that, it is: '… an overcoming of the simple reproduction generated by the representation, towards the creating image.' (Legros *et al.*, 2006: p. 83) The imaginary is then a dynamic process which gives sense to the simple mental representation and which guides the action. The imagination is a kind of access to reality, '…the process by which the symbolic representation-transfiguration is realised… whilst the imaginary is the capacity, the force, in this transformation.' (Grassi, 2005: p. 16)

This is helpful in understanding the relevance which the notion of the imaginary has achieved in the past decades: the imaginary is an acting force, not a simple representation but a manner of assimilating lived reality and acting upon it. Nevertheless, one has to realise that there are still many scholars of the imaginaries that continue to view them from a more limited perspective which is that of the imaginary as representation. In such cases, this limitation comes from seeing the represented image as identical to the observed phenomenon, thereby losing the capacity to create, fantasise and distort reality, all characteristics of the intellect. 231

The second family of voices associated with the imaginary is that of the symbol. But the relation imaginary-symbol is very different to the relation imaginary-representation. Whereas the former enriches, the latter reduces. The imaginary can not be separated from the symbol. As Abilio Vergara (2001: p. 51) points out: 'The imaginary needs the symbol to express itself, to leave its condition of virtuality, "to exist"... because the symbol presupposes the capacity to see something which is not... it has the ability to present a thing and a relation which do not exist.' Because of this, the symbols link up elements that were initially dissociated. Whereas the sign is representative, the symbol is implicative. In this sense, Patxi Lanceros (1997) understands the symbol and the imaginaries as in the metaphor of 'a suture of a wound or a fracture', that is, the symbol is the union of elements not united initially.

In Latin America, this growing interest for the imaginaries as a key perspective is related to two main factors: one is the increase in qualitative approaches, which may border on approaches of a more quantitative nature but without necessarily falling into dichotomous visions. This has often resulted in diverse triangulations. The other circumstance which contextualises the study of the imaginaries in Latin America is the constitution of the gaze which has become more and more transdisciplinary, a road along which Latin American thought has met with less ties than usual. This is possibly due to the fact that the disciplinary traditions have no histories that are so dense or extensive. Although it could also be that Latin American realities usually exceed all disciplinary interpretative frameworks. Thus, the imaginaries have been constituted in a focus (or rather, in multiple foci) that has the ability to articulate thinkers and concepts originating from different social sciences, particularly psychology, sociology, anthropology, media studies, human geography, cultural studies and semiotics. Undoubtedly, such diverse disciplinary traditions have also been nurtured by different philosophical sources, all of them more or less recognisable as existentialist and phenomenological philosophies.

This conjunction of complicated disciplines has given rise to different reconsiderations. For example, human geography articulates the imaginaries with space, sites and territories. In this sense, the geographer, Bernard Debarbieux (2003:489), claims that: 'The geographic imaginary is a conjunction of "mental" images all related to one another which lend – either to an individual or to a group – a signifier and a relative coherence to a site, a distribution or the interaction of phenomena in space. The imaginary contributes towards the organisation of concepts, perceptions and spatial practices.'

Most of what has been studied under the term 'imaginaries' seems to support what Alfred Schutz in the mid-twentieth century considered as *Wissensvorrat* or 'heritage of knowledge'. (Berger and Luckmann, 1997: pp. 29-42) For this philosopher-sociologist, a society's knowledge (not only commonsense but also scientific knowledge) constitutes a great heritage or reservoir of social knowledge, which individuals incorporate (through socialisation), appropriating and redefining their experiences throughout life. From this heritage of social knowledge and, depending on the particular biographical experiences they each have, individuals acquire their own subjective heritage of knowledge. This is such that the heritage of each individual has areas in common with others. It is these shared fragments that help to maintain social life, interaction and communication.

II

In Latin America, urban studies constitute a major field with intense academic trajectories which cover more than three decades. This interest in urbanism is to be found in the accelerated processes of urbanisation in almost all the countries of the region, the so-called *macrocephalies*, the disproportionate spreading of the peripheries and other urban phenomena which have given Latin American thinkers a deep cause for concern.

These urban studies have been characterised by a special marker since their beginning: they have managed to congregate specialists from different disciplines. Thus, whereas Latin America interdisciplinarity – and transdisciplinarity – have always met with considerable favour, in the field of urban studies it has become the only form of producing knowledge.

Nevertheless, this field has been marked for many years by standpoints that have favoured materialist components, in terms of both constructed space and also socio-economic terms. Surely this has partly to do with Marxist thought, which traversed and marked the diverse social disciplines throughout Latin America. Undoubtedly, this brought a deeper knowledge of the metropolis and helped establish a strong tradition in a relatively short period. However, especially since the nineties, there is evidence that during this time, certain aspects were ignored that were basic to the analysis of the urban phenomenon. Basically, this has to do with the socio-cultural components associated with urban space, spatiality and territoriality. The result is that this tradition of urban studies falls short of our needs today.

This permitted the constructing of urban perspectives from the socio-symbolic, or rather, the construction of the gaze that would articulate the socio-economic and material together with the socio-symbolic. In this way, the imaginaries and social subjectivity offered a possibility of redesigning the field, which at times was defined as 'studies of urban cultures' and at other times, stressing the spatial factor, the 'social construction of urban space' and the 'social construction of the city'.

In this context, the study of imaginaries has focused on the reconstruction of imaginaries in urban space, in city sites, in the city as a whole, in fragments of the city, in the special practices that the inhabitants construct the city, the neighbourhoods, the streets, the houses. (García Canclini, 1998)

Armando Silva has claimed that 'the studies of imaginaries will aim at understanding how we construct from desire modes of living in groups, of inhabiting and disinhabiting our cities'. (Silva, 2001: pp. 107-108) To locate urban imaginaries in the context of urban lifestyles and the modes of inhabiting the cities is equal to stating that the urban imaginaries focus on the daily practices within the city without implying that these practices are not exercised in the spaces beyond. In any case, it has to be stressed that the subjectivity involved in each practice is not only driven by desire but often by social codes which have been incorporated and reproduced. In other words, if the individual's desire in social subjectivity is directed towards daily agency, which is more or less linked to freedom and creativity, it should not be forgotten that another part of subjectivity, which is channelled into the practices, expresses the should-do, the traditional, the agreed-upon.

The various ways of inhabiting the city, the heterogeneity of practices which spread through the city, express the different imaginaries. At the same time, they also define the different types of social subjects and their affiliation to different groups. In other words, imaginary heterogeneity is associated with the different 'standpoints' of a city's social groups. For example, in the case of Bogotá, Silva has spoken of the existence of a masculine city, and another that is feminine. But on other occasions, he has also shown that the same city can be 'practised' (Delgado, 1999) in different ways by different types of inhabitants, and that in these forms of practice different imaginaries are contained: thus, one can speak of the city as practised and imagined by the young or by the elderly. Graham Rowles (1978) demonstrated the importance of an emblematic place in the city, such as the cemetery, for a group of elderly people. This cemetery was practised by the elderly and held meaning for them in a specific and different way to that of other inhabitants in the east of the United States, although – in referential and material terms – it was the very same city. This proves that some imaginaries refer to limited places or limited spaces, whilst being deeply rooted in very small social groups.

Often, other imaginaries are deeply rooted in large social groups and may even spread throughout the city, or at least to large areas of the city. For example, some scholars have referred to a daytime city and a night time city when discussing the same city. Mario Margulis (1994) speaks of the city of Buenos Aires practised as a night time city, particularly for young people; as a city which is different from the one expressed in the practices and imaginaries of those who live there during the day (at least in the streets and open spaces).

Whether a particular social group is established as such or not, it is possible to find a certain similarity, always partial, between the 'standpoints' of its different members that may generate understanding, shared codes, mutually recognised experiences, empathy and meanings attributed to the city, or to its parts, which are also shared by its members. All of this means that they either have shared imaginaries or fragments that are common to them all, a background of feeling which unites them, a heritage (*stock*) of similar knowledge. Ultimately, these fragments of the imaginary are what contribute towards the establishing of a social link and the practising of the city in similar ways.

Another feature which has been found in certain urban imaginaries is the dominant – or colonising – imaginary. Here we are referring to those urban imaginaries which are not only fixed in the social group but are also adopted by many other social groups, even from different cities and countries. (Hiernaux, 2006) In such cases, empirical findings have shown that, in the territorial context in which the imaginary first emerges, empirical references may have existed from which subjectivity was constructed. However, when this imaginary 'migrates' and is incorporated by different social groups from other cities, these empirical references sometimes do not exist. This does not stop the imaginary from being adopted by different social subjects. This has happened with the suburban imaginary that conceives of the peripheries and suburbs as spaces where its inhabitants can live peaceful lives close to nature. In American cities where this imaginary emerges, empirical features existed that led to this form of understanding. In the Latin American cities, this imaginary has been established, thus allowing it to be considered a dominant imaginary, although in practical terms, these peripheries do not guarantee either a peaceful or natural life for the inhabitants. (Lindón, 2006)

Urban imaginaries also rise from the subject's desire to inhabit or travel in a certain city zone or a certain city. In such cases, urban imaginaries of a *topophilic* type have been constructed in which the axis of the imaginary construct is the pleasure and liking felt for a certain place. (Yori, 1999) It is possible that this liking is rooted in different features of the place, both real and fantastic, for example, the presence of natural features. The *topophilic* 'green', as an expression of nature, is widespread. Occasionally, scholars of urban imaginaries have wondered with what colour the inhabitants identify their city. This is a relevant aspect and yet it can also be analysed more in depth by reconstructing the whole imaginary woven into each colour choice. In other cases, the *topophilic* is rooted to historical circumstances associated with place, or to visual perspectives (landscape), which can be achieved through place, such as high-level places; or simply to advantages and comforts that represent different services and any urban equipment at hand.

A particular case of *topophilic* urban imaginaries are the tourist imaginaries that are allotted to certain cities. Frequently, these tourist imaginaries are constructed in vectors of strength unknown in the past, which guide the tourist trip towards, and within, territories that have been idiosyncratically deconstructed and reconstructed, according to collective subjective processes. This is particularly evident in the case of the so-called spa cities, where tourist urban imaginaries may produce a 'suture' that unites beach, sea and sun in the sense of beatitude or blessedness. (Hiernaux, 2002)

Contrary to this, *topophobic* imaginaries arise from the dislike and rejection of inhabiting a certain place or travelling within it. In such cases, what often happens is that the dislike of a place, having been constructed from physical features, may continue to exist even when the physical features disappear. In other cases, rejection is due to mythical and imaginative attributes of the place. Frequently, the construction of the *topophobic* imaginary is due to rejection when a neighbourhood is progressively taken over by new inhabitants who are considered to be different. In such cases, the rejection of otherness is translated to place and a whole set of emotions is formed. A common case is when neighbourhoods in different cities become inhabited by new residents whose ethnic origin differs from that of the previous residents.

A variant of the *topophobic* imaginaries discussed here has been studied as 'negative existence'. The issues studied are the emergence of specific expressions in an urban imaginary constructed on place rejection and negation where the residents are defined as different. For example, Adolfo Benito Narváez (2000) found that when the inhabitants of a segregated neighbourhood in Monterrey, who live adjacent to a middle-class residential area, talk about their living space, they do so by stressing the dividing frontier with the residential area. What is special about this frontier is that they colour it negatively. Beyond the frontier, 'nothing existed' when really what existed was what excluded them and that was what they negated. These imaginaries are forms of elaborating urban fragmentation and segregation. Another side to this research was the finding of imaginaries which rendered invisible those who suffered segregation. (Pereira Leite, 2005)

One particular case that has been of growing interest in Latin America is the study of urban imaginaries of fear, and related to them, the urban imaginaries of security. In this area of research, two fields have been opened, both of them generating many empirical lines of research. One focuses on the study of the social construction of fear (Reguillo, 2000; Reguillo 2001; Rotker, 2000), urban violence (Reguillo y Godoy, 2005) or rather the re-signification of public space, basically streets and open spaces, and also the re-definition of practices that can be carried out within them (Lindón, 2005).

The second research field comes from the study of practices associated with fear and the search for security, basically those that result in house confinement (López, Méndez y Rodríguez, 2006; Lindón, 2006), or those imaginaries that are the result of existing construction in the so-called closed urban areas or closed neighbourhoods (Cabrales Barajas, 2002; Borsdorf, Hidalgo y Sánchez, 2006). The latter are sometimes even defined in strong symbolic terms as 'walled-in neighbourhoods' resorting to the symbol of the medieval wall. To a certain extent, these empirically confirmed imaginaries have been constructed according to precepts such as security, invisibility, exclusivity, simulation (Méndez, 2002; López, Méndez y Rodríguez, 2006), or the fantasy of strong community ties (Lacarrieu, 2002).

Urban imaginaries usually leave their mark on territory. They may be permanent such as different spatial forms, inscriptions (like graffiti) or ephemeral markers such as the occasional presence of a group of people in a certain place. Diametrically opposed to the permanent markers are the transient markers. They are the ones which are usually the result of the daily presence of people or daily rites which are to be found in certain city sites.

In the case of ephemeral markers (not as brief as the transient or as stable as the permanent), one should remember that in almost all Latin American cities social gatherings and demonstrations are common where citizens demand their rights. Usually, these concentrations take place in places symbolising the city's political power, such as the central plaza or the main roads. In this sense, research has been carried out to establish how rituals or practices in heavily symbolic places come to express a citizen's imaginary. Regarding this issue, see the work of Abilio Vergara on Lima, most especially the practice of 'cleaning rites' (the cleaning of flags) in the Plaza San Martín, and also the work of Sergio Tamayo on Mexico City. In these cases the concentration of people is not a permanent marker but an ephemeral one. Despite this, it neither loses its symbolic value nor fails to express an imaginary.

1 Research lecturer with tenure on the degree programme in human geography and the masters programme in labour studies at the UAM-I. Member of the Research Area of Space and Society. Geographer and Doctor of Sociology. Member of the National System of Researchers (level 2). alindon@prodigy.net.mx

2 Research lecturer on the degree programme in human geography and the masters programme in labour studies at the UAM-I, Member of the Research Area of Space and Society. Urban planner and Doctor of Geography. Member of the National System of Researchers (level 3). danielhiernaux@gmail.com

BIBLIOGRAPHY

Barthes, Roland, *La aventura semiológica*, Paidós, Barcelona, 1997.

Berger, Peter & Thomas Luckmann, *Modernidad, pluralismo y crisis de sentido. La orientación del hombre moderno*, Paidós, Barcelona, 1997.

Borsdorf, Axel; Rodrigo Hidalgo y Rafael Sánchez, 'Los megadiseños residenciales vallados en las periferias de las metrópolis latinoamericanas y el advenimiento de un nuevo concepto de ciudad', in Horacio Capel & Rodrigo Hidalgo (Ed.), *Construyendo la ciudad del siglo XXI: Retos y perspectivas urbanas en España y Chile*, Universidad de Barcelona-Pontificia Universidad Católica de Chile, Santiago, 2006, pp. 323-336.

Cabrales Barajas, Luis Felipe (Ed.), *Latinoamérica: Países abiertos, ciudades cerradas*, Universidad de Guadalajara-UNESCO, Guadalajara, 2002.

Debarbieux, Bernard, 'Imaginaire géographique', in Jacques Levy & Michel Lussault (Dirs.), *Dictionnaire de la Géographie et de l'Espace des Sociétés*, Belin, Paris, 2003, pp. 489-491.

Delgado, Manuel, *El animal público: Hacia una antropología de los espacios públicos*, Editorial Anagrama, Barcelona, 1999.

García Canclini, Néstor (Co-ord.), *Cultura y comunicación en la ciudad de México*, (2 vols.), Grijalbo-Universidad Autónoma Metropolitana, México, 1998.

——, *Imaginarios urbanos*, Eudeba, Buenos Aires, 1997.

Grassi, Valentina, *Introduction à la sociologie de l'imaginaire: Une compréhension de la vie quotidienne*, Érès, Ramonville Sain-Agne, 2005.

Guenancia, Pierre, 'La critique cartésienne des critiques de l'imagination', in Cynthia Fleury (Co-ord.), *Imagination, imaginaire, imaginal*, Presses Universitaires de France, Collection Débats, Paris, 2006, pp. 43-76.

Hiernaux, Daniel, 'Turismo e imaginarios', in: Daniel Hiernaux, Allen Cordero & Luisa Van Duynen, *Imaginarios sociales y Turismo sostenible*, Cuaderno de Ciencias Sociales, No. 123, FLACSO, San José de Costa Rica, 2002, pp. 7-32.

——, 'Los centros históricos: ¿espacios posmodernos? (de choques de imaginarios y otros conflictos)', in Alicia Lindón, Miguel Ángel Aguilar y Daniel Hiernaux (Co-ords.), *Lugares e imaginarios en la metrópolis*, Anthropos - Universidad Autónoma Metropolitana Iztapalapa, Barcelona-México, 2006, pp. 27-41.

Lacarrieu, Mónica, 'La comunidad: el mundo imaginado en las urbanizaciones privadas de Buenos Aires', in: Luis Felipe Cabrales Barajas (Ed.), *Latinoamérica: Países abiertos, ciudades cerradas*, Universidad de Guadalajara-UNESCO, Guadalajara, 2002, pp. 177-216.

Lanceros, Patxi, *La Herida Trágica*, Anthropos, Barcelona, 1997.

Legros, Patrick *et al.*, *Sociologie de l'imaginaire*, Armand Colin, Collection Cursus, París, 2006.

Lindón, Alicia, 'Figuras de la territorialidad en la periferia metropolitana: Topofilias y topofobias', in Rossana Reguillo & Marcial Godoy Anativia (Co-ords.), *Ciudades Translocales: Espacios, Flujo, Representación. Perspectivas desde las Américas*, Social Science Research Council-ITESO, Guadalajara, 2005, pp. 145-172.

——, 'Del suburbio como paraíso a la espacialidad periférica del miedo', in Alicia Lindón, Miguel Ángel Aguilar y Daniel Hiernaux (Coords.), *Lugares e Imaginarios en las Metrópolis*, Anthropos-UAM, Barcelona, 2006, pp. 85-106.

López Lévi, Liliana; Eloy Méndez e Isabel Rodríguez, 'Fraccionamientos Cerrados, Mundos Imaginarios', in Alicia Lindón, Miguel Ángel Aguilar y Daniel Hiernaux (Co-ords.), *Lugares e Imaginarios en las Metrópolis*, Anthropos-UAM-I, Barcelona, 2006, pp. 161-170

Margulis, Mario, *La cultura de la noche*, Espasa Calpe, Buenos Aires, 1994.

Mejía Madrid, Fabricio, *Hombre al agua*, Planeta-Joaquín Mortiz, México, 2004.

Méndez, Eloy, 'Espacios de la simulación', in: Luis Felipe Cabrales Barajas (Ed.), *Latinoamérica: Países abiertos, ciudades cerradas*,

Universidad de Guadalajara-UNESCO, Guadalajara, 2002, pp. 65-92.

Monsiváis, Carlos, *El Centro Histórico de la ciudad de México*, Turner, Madrid, 2006.

Narváez, Adolfo Benito, *Crónicas de los viajeros de la ciudad*, Universidad de Mendoza-Universidad Autónoma de Nuevo León-Editorial IDEARUM, Mendoza, 2000.

Pereira Leite, Marcia, 'Miedo y representación comunitaria en las favelas de Río de Janeiro: Los invisibles exiliados de la violencia', in Rossana Reguillo & Marcial Godoy (Co-ords.), *Ciudades Translocales: Espacios, Flujo, Representación. Perspectivas desde las Américas*, Social Science Research Council-ITESO, Guadalajara, 2005, pp. 365-392.

Reguillo, Rossana, 'Imaginarios locales, miedos globales: construcción social del miedo en la ciudad', in: *Estudios: Revista de Investigaciones Literarias y Culturales*, No. 17, Universidad Simón Bolívar, Caracas, 2001, pp. 47-64.

——, 'La construcción Social del Miedo: Narrativas y Prácticas Urbanas', in Susana Rotker (Ed.), *Ciudadanías del Miedo*, Nueva Sociedad - The State University of New Jersey, Caracas, 2000.

—— y Marcial Godoy (Co-ords.), *Ciudades Translocales: Espacios, Flujo, Representación. Perspectivas desde las Américas*, Social Science Research Council-ITESO, Guadalajara, 2005.

Rotker, Susana (Editora), *Ciudadanías del Miedo*, Nueva Sociedad - The State University of New Jersey, Caracas, 2000.

Rowles, Graham, *The Prisoners of Space? Exploring the Geographical Experiences of Older People*, Westview Press, Boulder Colorado, 1978.

Silva, Armando, 'Imaginarios: estética ciudadana', in Abilio Vergara Figueroa (Co-ord.), *Imaginarios: Horizontes plurales*, CONACULTA, México, 2001, pp. 107-130.

——, *Imaginarios Urbanos: Cultura y Comunicación urbana*. Third edition, revised. Tercer Mundo Editores, Bogotá, 1997.

Vergara Figueroa, Abilio (Co-ord.), *Imaginarios: Horizontes plurales*, CONACULTA, México, 2001.

——, 'Niveles, configuraciones y prácticas del espacio', in Patricia Ramírez Kuri & Miguel Ángel Aguilar (Co-ords.), *Pensar y habitar la ciudad: afectividad, memoria y significado en el espacio urbano contemporáneo*, Anthropos-UAM-I, Barcelona, 2006.

Yori, Carlos Mario, *Topofilia o la dimensión poética del habitar*, Centro Editorial Javeriano CEJA-COLCIENCIAS, Bogotá, 1999.

Imagination Versus 'Imagineering'
Dean MacCannell[1]

In Eudoxia, which spreads both upward and down, with winding alleys, steps, dead ends, hovels, a carpet is preserved in which you can observe the city's true form. At first sight nothing seems to resemble Eudoxia less than the design of that carpet, laid out in symmetrical motives whose patterns are repeated along straight and circular lines interwoven with brilliantly coloured spires in a repetition… An oracle was questioned about the mysterious bond between two objects so dissimilar as the carpet and the city. One of the two objects — the oracle replied — has the form the gods gave the starry sky and the orbits in which the worlds revolve; the other is an approximate reflection, like every human creation. Italo Calvino, *Invisible Cities*

The focus of Armando Silva's *Urban Imaginaries* project is on 'how we construct, out of our desires and sensitivities, collective ways of being, living, inhabiting and abandoning our cities'. A project that parallels this, in its title and its content, is Italo Calvino's *Invisible Cities*. Calvino gives us a vivid collection of imagined cities, each with a woman's name — Leonia, Clarice, Sophronia, Eudoxia, etc. – exploring the limits of what a city worthy of our love might be.

In the 'English only' Americas, north of the Rio Grande, we have our heroes of modern urbanism who also envision alternatives to the dystopias of *Blade Runner* or *Children of Men*. They would join forces with Armando Silva and Calvino reaching for the same result, that is, a city worthy of our love. I would include in this group Mike Davis, Edward Soja and Michael Sorkin.

What Armando Silva brings to his intellectual allies in the North (among whom I am happy to count myself) is a delicate and detailed sensibility concerning the role of the popular imagination in making the future city. Thus we discover the richness of his studies: of graffiti as the uncensored explosive expression of urban youth — an anti-authoritarianism with macro-political intentions; of family photo albums bearing silent and dignified witness to the undoing of traditional family arrangements under pressures of geographic displacement and other realities of postmodern urban existence; of individual and collective acts of protest conveying symbolic significance far beyond their localised expression; of people taking to the city streets to air their grievances left and right, or simply pouring into the streets in a purely celebratory mode; the smells and colours of the city; the beauty pageant; the faces in the crowd; sex and crime fantasies. In Silva's own words, he is interested in the urban imaginary 'associated with the symbolic pregnancy of language; the imaginary as a psychic inscription manifested through the perspective of an inconsistent logic; and the imaginary as a social construct'.[2]

This is an imaginary dialectically opposed to Disney 'Imagineering' where the entertainment corporation proffers to do our dreaming for us. For me the most depressing moment in Silva's project comes late in the *Family Albums* project where a family from Colombia having relocated to New York photo-documents its new preferred vacation place: Disneyworld. Gone are the joyful pictures of the crazy dress-up and face painting parties, picnics, *quinceañeras* with huge bouquets of flowers and formal gowns, baby baths, and new convertibles – a thousand and one imagined delights. Now the libido is narrowly channelled into a cartoon mouse corporate mascot.

It is precisely Silva's insistence on the *power of the everyday imagination* that is missing from, and what is needed in, North America, and the North American analyses. In *City of Quartz*, Mike Davis writes about Los Angeles as something like the unconscious of postmodernity, simultaneously insistent and repellent, the geographic equivalent of heavy metal music. It is evident that Davis does not wish to abandon hope for Los Angeles or its potential to reinvent the urban. But he stumbles in his search for the mechanism of this transformation. In *Postmodern Geographies*, Ed Soja proposes a method of understanding the emerging world city. This new city without definite limits, Soja suggests, is a layering of hidden geographic texts with limitless simultaneity and paradox. Soja is mainly interested in bringing to light the buried, hidden, and the invisible. He does a masterful job of revealing the economic order hidden beneath the semiotic blanket. But the *hidden* is not the *imaginary*. Soja's hidden is always already present, e.g. the centre of Los Angeles. It merely awaits the master to reveal it. In his perspicacious critiques of current urban design practices, Michael Sorkin documents the global spread of copies of Disney's 'Mainstreet USA' in new urbanist and inner city redevelopment projects. Decrying what he calls *Variations on a Theme Park* and the new 'architecture of universal equivalence', Sorkin adds his voice to the others calling for a powerful alternative urbanism.

The imaginary, according to Silva, is something that is not yet fully realised. It is the potential that hovers over our symbolic acts, or 'consciousness of absence'. If I may speak for a moment from a technical phenomenological position, Silva has positioned his studies where psychic lack is met by rare moments of consciousness of absence. No wonder that critics steeped in Anglo-American empiricism have some difficulty grasping the imaginary. The similarities of language notwithstanding, I do not see any relationship between Silva's *Urban Imaginaries* and the 'Imagined Community' Benedict Anderson wrote about. Anderson's 'imaginary' addresses the question of nationalism – how do people who have little or nothing in common beyond their identification with a nation state willingly go to war and sacrifice their lives to a fantasy of national unity? This is an important question, especially in the United States: how is a positive (albeit dangerous) fiction formed from the absence of relationship? Armando's *Urban Imaginaries* starts out on a different, even opposing, footing, examining the 'forms of mediation and relationships that exist between citizens and the city'.[3] Perhaps in the gap between Michael Sorkin's critical writings and his studio work there is an urban imaginary worthy of the name. It would be on a macro-scale: dreams of entire neighbourhoods, cities, and urban regions, functional, beautiful, humane, and wholly unprecedented in current practice. But for the most part, the gem-like, refractive quality of Silva's urban imaginaries is missing from the best authoritative analyses made in North America.

Silva's project does not seek to transport us to imagined places, to utopias or to distopias; to Aztlan, Atlantis, Oz, El Dorado, Xanadu, or 'Mainstreet USA'. The *urban* of this important work cannot be represented in two or even three dimensions. He evokes the metaphor of the butterfly as fitting the 'fragile, evanescent, dreams and fantasies' that constitute the urban imaginary he wants to coax into existence. Try to grasp the beauty and significance of a cloud of individual images, all of our dreams in formation, flying between the earth and the sky in ever-changing designs that answer first to time and second to space. Then we might begin to realise the full potential of our new borderless cities and treat them with the love they deserve as a kind of fragile 'second nature'.

There is enormous resistance to this way of thinking, especially north of the Rio Grande. This resistance is found both in theory and in political practice. As I am writing this, my government is building a wall of concrete, steel, barbed wire, and high-tech 'anti-intrusion' devices to seal its southern border with Mexico and the rest of Latin America. This is only the most recent, literal, concrete manifestation of the self-imposed isolation of the United States from the kind of thinking that animates the *Urban Imaginaries* project. If it succeeds, this wall will be a cultural and psychic disaster for the United States. Fortunately, no wall has ever effectively put limits on the imagination. In fact, as also occurs in the case of the veil, the wall has quite the opposite effect. It functions as an enticement to the imagination. In a marvellous realisation of a new urban imaginary the millions of souls who have crossed from south to north have already changed the look and feel of parts of the United States for the better. The immigrants have brought with them a new colour palette, new musical forms, new celebrations (*quinceañeras, dia de los muertos*), new entrepreneurship (micro-businesses, curb-side auto repair, etc.) vernacular *placitas* carved from vacant lots, new uses of the streets for vending, labour parks, and custom car and bicycle parades. These and thousands of related details are changing the face of Southwestern United States cities, making them enormously more liveable than the cold calculations of Anglo-American urban planners ever could. If California is different from the rest of the nation, and more congenial to everyday human existence, it owes its distinction largely to the urban imaginaries of its immigrants.

As any immigrant will attest, not all of California is congenial. Beyond the wall, there is a second line of defence. Orange County California, 150 kilometres north of the border, constitutes itself as a hyper-controlled environment hostile to any and all new arrangements of thought and space. Armando Silva correctly describes Orange County as an archipelago of teleo-typically sterile suburbs embedded in a matrix of new corporations that sprouted from federal deregulation of banking, telecommunications, etc. He notes that it is held up as a model for new community construction world-wide, and, in fact, there is a new suburb of Beijing in China called 'Orange County'. In Orange County (California, not Beijing) the citizens are proud of their political conservatism, voting overwhelmingly for Richard Nixon, Ronald Reagan, and both Bushes. Yet, for all their hatred of 'big government' and 'government interference', they have happily subjected themselves to more restrictions and controls than anyone living under Socialism. These restrictions are designed to keep the kind of vibrant colours, music, street life, and exuberant humanity associated with the immigrants from alighting in Orange County.

The procedures the citizens of Orange County deploy as testament to their puritanical whiteness are bizarre and extreme. Through a series of quasi-governmental, but apparently legal, covenants operating at the neighbourhood level, they penalise anyone in their midst for owning mixed breed dogs, painting their homes in colours other than three permitted shades of grey and tan, having other than approved species of plants in their yards, hanging curtains in their windows that are not the official beige, displaying political signs, etc. On the one hand, they profess a passionate commitment to 'freedom from governmental interference', while on the other they institute a vast array of restrictions on the smallest details of their personal behaviour and appearance. Failure to conform can result in severe penalties ranging from heavy fines to lawsuits and even banishment. The contradictions here are so raw that the residents must fantasise their existence as a kind of afterlife. The official slogan of Orange County, affixed to the bumpers of residents' cars, is 'Another day in paradise'.

Orange County's place in the *Urban Imaginaries* narrative is the negative example or the anti-imagination. There are a number of ironies here worthy of note. Silva proffered the butterfly as a metaphor for the urban imaginary. In Orange County it is not so much a metaphor as the reality of nature. Paralleling certain human movements, the Monarch butterfly migrates annually from Mexico to California, but it does not stop in Orange County, preferring instead to continue further north to the more hospitable climes of Monterey and Carmel on California's Central Coast.

For me, the most symptomatic irony in all of this comes from Aztec legend. According to native tradition, the land of origin for the Aztec people, mythical Aztlan, was located just north of the current border between the United States and Mexico. Yes, in or very near to Orange County, California. Most experts say that this is not a true story. Specialists tell us that the various groups wandering together in the deserts, eventually arriving at Tenochtitlán (today's Mexico City), eventually establishing the Aztec empire, travelled, at most, 700 kilometres from the north, not all the way from Southern California, 2,500 kilometres. But there must be a grain of truth to the Aztec legends, because these same experts who question the location of mythical Aztlan tell us that the northern most reach of Uto-Aztecan, the Ur-language of the Nahuatl-speaking peoples of the Valley of Mexico, including the Aztecs, is the area now known as Orange, Los Angeles, and Santa Barbara counties in California. I prefer to take the side of the native storytellers on this point. This would recast the controversial current wave of immigrants from Mexico. Are they people who are trying to benefit from illegal entry into 'our' country, or are they people who are merely trying to return to their point of origin hopefully to fix what has gone wrong during their absence? I embrace the logic Armando Silva has given us that allows me to imagine the latter.

The artist Victor Zaballa, an Aztec from Cuernavaca, originally trained in aeronautical engineering, now lives in San Francisco, California. In his peoples' terms, he has returned to Atzlan. He has graced his mythical ancestral homeland with a number of beautiful projects including formerly neglected doors in public buildings and gates to public gardens. In several of these projects, he has translated the methods and approach of a fragile and intimate, small-scale, Mexican folk-art form, *papel picado* (cut tissue paper), to large-scale mild steel constructions. The unexpected aesthetic result is breath-taking. The subversive move of what were marginal places to places of honour in the community, the transformation of the fragile into something as strong as steel, and the dependence of these new symbolic forms on a humble folk tradition are illustrative of the power of northward movement of urban imaginaries.

Urban Imaginaries strikes me as being foremost a brave experiment in discovering a renewed basis for urbanism, a new logic, and new directions urbanism might take. This would be, as Silva has already explained, an urbanism without borders – embodying all of our best dreams for ourselves. *Imaginaries* struggles to find its way back to the original social pact to promote the public good over private interests. I am convinced that the idea of *Imaginaries* is crucial everywhere, but most crucial here where I am, north of the border in the United States of America, where the avatars of Capital are trying to convince us that one dollar equals one vote.

Silva is assembling a strong psychoanalytic footing for our modern urbanism and trying to install it quickly as so many of our cities appear to be crumbling. The drive runs deeper than any current political programme. This work requires a division of our understanding of fantasy into two types that have yet to be named. They might be called fantasy left and right, which are now loosely overlaid with fantasy south and north. How can we begin to understand this geo-political divide and its significance for the future of our cities? The origin of the two types of fantasy is in the split between the signifier and the signified. After Saussure we know that there is a perforation or a tear-point between the signifier and the signified at the heart of the sign. Lacan has explained this same tear-point as the entry to the unconscious. On the one hand, this perforation permits us to imagine and even to make innumerable new meanings and new worlds. This is the type of fantasy that informs Silva's accounts of graffiti, family albums, Orange County, protest, etc. On the other hand the perforation can be patched and re-enforced by the following fantasy: namely, that the existing linkage of signifier and signified is the original, proper, and exclusively legitimate one – we cannot change the terms of our urban existence, nor should we try to do so.

Begin with fantasy on the right. Or in this context we might say 'imagination' on the right. This has been explored definitively by Roland Barthes in *Myth Today*. This fantasy does not lead us to identify with the *creation* of the things we use or the myths we live by, or to focus on what is missing from our lives. It is the kind of fantasy that denies history and language while celebrating the status quo. A recent grandiose example of this type of fantasy was United States president George W. Bush's 'top gun' moment three years ago, landing on an aircraft carrier emblazoned with the huge banner reading 'MISSION ACCOMPLISHED'. There could be no better slogan for all of fantasy on the right. Everything that is, should be. Instead of opening up a world of new beginnings and possibilities, fantasy on the right represents the world and everything in it as 'finished products', as missions accomplished. The hierarchies imposed upon us are ordained. The places we occupy are our proper places. We are living in an infinite instant at the end of history. The importance of events that led to inequality between the sexes, classes, nations, ethnic groups, and religions are denied and current hierarchies are naturalised. Maintaining this set of beliefs requires enormous fantasy work. 'Men are natural leaders because they are more rational.' 'The poor are poor because they refuse to work.' 'The West has ascended over the rest because of its natural superiority.' 'Protestant Christianity places greater emphasis on individual freedom and responsibility and is therefore more modern and democratic than the other religions.' When multiplied endlessly and exponentially these and similar examples reveal the magisterial role of fantasy on the right.

Viewed from this perspective, the United States is a true 'Fantasy Land'. But fantasy can also take a right turn in Latin America and elsewhere. In an early urban imaginaries publication, Nelly Richards documents a case of women supporters of Pinochet taking to the streets when he was charged with crimes. These women were so plagued by their fantasies that they demonstrated not to re-enforce a current regime, but one long gone, from their past. They could not see or remember the violence and disappearances that occurred before their eyes. They preferred, instead, to fantasise that life under Pinochet was the best of all possible worlds. They were willing to fight against anything (Pinochet's arrest) that might disturb *not* their actual conditions of existence, but their fantasies.

Silva is correct to emphasise *fear* as the central thematic of fantasy on the right. This kind of fantasy always operates in the mode of fear which it tries to hide from itself or to displace onto others. The primal fear of the right is that the insubstantial basis for their fantasy life might come to light. So the right fights fear with fear: fear of impotency, of the unknown, of change, and difference, or *the other*. It is the bluster of a bully who is at heart a coward. Consider how many personal and collective defects can be covered up by the formulation, 'The only thing wrong with this country is the hordes of immigrants pouring over our borders.'

The issues here come forward in an amusing vignette Silva gives us; once again from Orange County, California. It is the strange case of the 'anonymous defecator'. According to Silva's account, in 1995 someone began leaving human excrement at random times and locations in the pristine suburbs of Orange County. The gesture struck at the heart of the residents' view of themselves. Remember 'another day in paradise'? Apparently angels don't shit. The reaction was a kind of hysterical fear contagion that swept through the community. The police deployed high-tech surveillance devices and even spread chemicals on the lawns specially formulated to explode on contact with faecal matter. Warnings were published in Chinese, Vietnamese, and Spanish. When did the community relax? Not when the defecator was caught – he or she never was. And not when the 'attacks' stopped. It was when scientific analysis of the shape and content of the faeces suggested that the perpetrator was most likely someone of Asian origin. So it was not the despoilment of their lawns that upset the community. It was their fantasy view of themselves that had been threatened. When scientific analysis reassured them that the phantom defecator was not of Euro-American origin, thereby restoring their self-esteem and reinforcing their Orientalist stereotype, calm returned.

To Silva's credit, he does not dwell on fantasy on the right. The Orange County case and the 'spider man of Caracas' are exceptional examples. Where fear (of terrorism, for example) seems to be an inevitable part of modern urban life, he is quick to see its potential to fuel an 'unstoppable paranoid machine that feeds off itself'.[4] Silva's interest in ideological 'ready-to-wear' is mainly in the ways it fails to fit.

Imaginaries celebrates another kind of fantasy that is aligned with art, and the full potential of language, history and the imagination. Willy Apollon has defined art as the branch of human activity that always creates an opening for its own future subversion. The opening in *Urban Imaginaries* is like a focal aperture that captures a convergence between new ideas of the collective, public art, and the future of the city. In his own words, Silva is trying to 'make visible the insufficient connections of displaced meanings we see everyday'.[5] He is consciously trying to empower the citizenry with the same procedures that are employed by art to come up with renewed and powerful resources to create and implement better visions of the world. We already live in an endless 'city' of infinite abundance of commercially constructed desires and emotions. Armando is asking whether the citizens of this community without definite limits are capable of social conquest based on their subversive desires to create potential new social forms. Can this subversion be empowered to the point of becoming a new basis for group formation making the city of the future a reflection of our urban imagination today?

Victor Zaballa provides us with an ancient formulation applicable to the city of tomorrow. He explains the concept of Toltecayolotl as follows: 'Toltecayolotl, from which the Toltec people also derive their name, informs my work. In brief, it is a philosophical idea that *art*, *science*, *citizenship*, and *humour* are, or should be, interconnected, and we must strive to forge unbreakable bonds between them in everything we do.' When I heard this I thought of Armando Silva's 'butterflies' metaphor for *Urban Imaginaries*. The Toltecayolotl as embodied in Zaballa's work in California constitutes the arrival of one of those Monarch butterflies imaginaries from the south. Clearly I welcome with flowers a veritable swarm of Armando's thoughts across the border.

1 Professor of Landscape Architecture at the University of California (Davis). He has published works on social and cultural aspect of tourism, art, architecture, design and town planning.

2 *Urban Imaginaires from Latin America*, Documenta 11, Hatje Cantz, Kassel, 2003, p. 23.

3 *Ibid.*, p. 23.

4 Silva, Armando, 'Global Imaginaries: Fears, Bodies and Doubles', in *The Journal of Culture and Unconscious* (vol. IV, no. 2) San Francisco, 2004, p. 6.

5 *Ibid.*, p. 2.

Citizen, Mythizen
Manuel Delgado[1]

Cornelius Castoriadis was right when, in the prologue to the 1985 edition of *Las encrucijadas del laberinto* (The Crossroads of the Labyrinth), he complained that the concept of the social imaginary was being trivialised, that it had been naturally incorporated into all kinds of discourses, some more or less academic and others popular, in such a way that it had become difficult to recognise in the appropriations any trace of his original notion, central to his theory.[2] This tendency to misuse and the lack of rigour in using the concept of the imaginary has aggravated since then.[3] It is not only a question of the proliferation of meanings which enhance theoretical value but also the way in which the theory itself has been distorted by all sorts of obscure and even banal factors. Thus, on the one hand, there are all the hermeneutic-culturalist readings that have veiled the imaginary in a kind of baffling jargon referring to some unidentifiable abstract entity, impossible to outline theoretically or to locate in the empirical world. On the other hand, there are simplifications which do little more than mechanically define the notion of the imaginary with Marxist 'ideology' or Durkheimian 'collective representation', concepts which are also recurrently simplified.

If we consider the specific field known as urban imaginaries, the landscape is especially desolate. Generally, the imaginaries have ended up by submerging what might have been their conceptual value in an ocean of distortions and opaqueness, forever swinging between the banal and the soteriological. Within the social sciences of the city, however, the category imaginaries – now with the denomination of origin 'urban' – has completely fallen into the hands of so-called 'cultural studies': this apotheosis of credulity claims the autonomy of cultural events and is causing havoc in an already agonising existence. A closer study of the ups and downs of the school immediately reveals a scarcity of serious and reliable theoretical work, difficult to find in the confusion of minor articles produced in suspicious abundance. Carlos Reynoso insists that the methodological contribution of cultural studies has been poor since its beginnings[4] and has been reduced to the search of far-fetched proposals that have nothing in common, many having been contested within the same movement. The result: an eclecticism that, as usual, only serves to disguise the mediocrity of its results. On the other hand, despite the attempt to present itself as something similar to a counter-discipline, cultural studies have ended up proposing new forms of orthodox authoritarianism at the cost of distorting even more the important nucleus of the initial project deriving from the work of Raymond Williams, Richard Hoggart or Stuart Hall, among others. Most particularly within cultural studies, the notion of urban imaginaries has been converted (this is the height of its downfall!) into an instrument serving the symbolic legitimisation of the city's political institutions and also the techno-market promotion of its aesthetic qualities. This is directed at building promoters, middle-classes eager for new and old 'local flavours' and at tourism, all of this in a generalised context of the capitalist re-appropriation of cities and their conversion into mere products of, and for, consumerism.[5]

It is because of this – because of the directions the concept urban imaginaries is taking and the type of people it has eventually served – that it might be convenient to recover those authors who began many years ago to use the concept of the urban imaginaries but surely had no idea what it would change into with time. I refer here to Raymond Ledrut, a pioneering author in this field. He is not usually recognised as being an early and major contributor to the field and his work has little in common with the idealist readings that today monopolise the concept urban imaginaries. It was Ledrut who coined the theoretical category 'social form' in order to refer to the intense and intimate interrelation between social morphology and the order of representations, not in order to stress their mutual dependence but their mutual indiscernibility.

Ledrut wrote:'Banal realism wants to purify society of its imaginaries, but forgets that these are real and form part of real society... These imaginaries are not representations, but frameworks of representation. At each moment, they structure social experience and engender not only behaviours but also real images.'[6]

Indeed, the city is not only an accumulation of building structures or a network of canals and connections, or a society of individuals, segments and institutions. It is not simply the sum of countable quantities or statistics or an organisation or structure of socially established qualities. A city is above all a field of signifiers. It is these signifiers that provide the prime material constituting urban experience, which is exactly what the social scientist takes as his or her object of knowledge. Experience as subjective living and, of equal importance, empirical experimentation as behaviour; emotion and texture; feeling, sensation and agency at the same time. As Ledrut writes:'Signifiers do not exist in a city disunited from the practices which individuals at a certain time and in a certain world carry out... they do not exist in their heads or in things in themselves, they exist in experience: here, in urban experience.'[7]

A society — an urban society, for example — does not consist of an accumulation of layered strata, the top layer containing the ideological constellations and the bottom layer social morphology. A society is a system of relations between human beings, hierarchic relations according to the nature of their functions, each one with a specific weight in social production and reproduction. Therefore, the imaginaries are not mere specular projections such as commonplace interpretations of the Marxist relation between infrastructure and superstructure try to make out. Nor are they ideal modalities of the social system as structural functionalism has tried to claim — although with less theoretical rigour. If we had to pose the case in Marxist terms, the order of signifiers (or at least a good part of their elements) would not necessarily have to be a mere system of simple projections or additional emanations. As Godelier[8] has reminded us, the difference between infrastructure and superstructure is not a difference between levels, either instances or institutions (although it might seem to be so) but, above all, a difference of functions. In the same way, Durkheim's collective representations are not a mirror of social reality but social reality itself, manifested as constructed construct, both deconstructive and reconstructive at any given moment. Infrastructure is, in Marx — let us remember this — a combination of diverse material and social conditions that permit the members of a society to produce and reproduce the material means of their social existence. Such conditions are the specifically ecological and geographical relations of production but also the production forces that are the material and *intellectual* means that members of this same society use after inventing, copying or inheriting them. In the case of the city, a good part of these frameworks of signifiers or imaginaries exist, not as a spectral illusion or mirage of urban society, but as a factor of cohesion, development and prosperity. Thus, also, conflicts exist that tear the city apart and force it to confront itself for much of its time.

The imaginary — identifiable here with Godelier's definition of the *ideatic* or *ideational* part of the real (not ideal) — should not be, nor can ever be, the object of hermeneutics or exegesis, because it is not an occult message or a text in secret code. The urban imaginaries do not represent the city — in the sense that they stand for the city and speak or demonstrate in its name — they *are* the city. A city does not connote, it *is* the connotations it engenders, the connections, oppositions, taxonomies that significantly organise its elements and permit them to be recognised as discrete units — this moment, this place, that silhouette, this absence... in the same way that urban beings, whether inhabitants or users, do not interpret or read the city, but simply live it.

The notion of the imaginary does not challenge the old materialist premise, according to which it is the objective conditions of life that *ultimately* determine what people think of themselves and the world they live in. A foregrounding of the imaginaries and of their importance does not question what Lévi-Strauss, in his polemic with Sartre, called 'the undeniable primacy of infrastructures'. The imaginary identifies itself with this conceptual framework that governs practices, but is not unrelated to *praxis*, in the Marxist meaning of the word. That is like saying that a certain entity is both empirical and intelligible, occurrence and theoretical law. This urban imaginary, like any other imaginary, is not an abstract nebula that floats at large or seeps into individuals' heads. It is not even a code that the organisation of urban reality could depend on. Quite the opposite, in fact, it is what happens to individuals and includes what they dream, desire, plan, or long for. It is what every imaginary feeds on to constitute itself, whilst it in turn constitutes, in the same way as speech determines language, message the code, and life the ideas. No urban imaginary hangs in a void nor springs from a metaphysical nothingness or from a decontextualised universal archetypal order. Rather, as Ledrut claims, it is a language that 'rests definitively on an experience and on a practice'.[9] Or, as another author affirms: 'This imaginary which authorises and defines the conditions of a reading of the city, does not fall from heaven, if I may use the expression. It has its reason for being. All the facts that we have at hand indicate that it is constructed on a base constituted by the conjunction of effective spatial practices which inhabitants make of urban places.'[10] This is what makes of the imaginaries the exact opposite of what all the superficial appropriations have attempted to claim: the imaginaries are not only 'images' but authentic revelations, manifestations. They are not a designation but an incarnation in the same way as the flight of birds permits the seer *to see* what otherwise cannot be seen: the possibility of accessing invisible dimensions of reality and there receiving precise information about the profound, strategic significance of things and events.

Thereby Ledrut – and most other authors who have worked in the field – demands the plural in order to speak, not of the imaginary but of urban imaginaries. In doing so, he warns that this field of signification, urban experience, is a heterogeneous and differentiated system, made of overlappings and crossings of signifiers, not altogether of a harmonious nature, since incompatibilities and clashes are constant. This is what permits Ledrut to point out the immense distance that usually exists between the urbanist's imaginary and the imaginary frameworks that apply or recognise those who are in a certain urban space, anyone from the neighbour to the marauder. Nothing is able to demonstrate that the languages the city dweller uses are compliant variations of the system that a dominant group imposes through its control over the production of urban forms and symbols. Contrary to this, the 'doctrinaires' of urbanism, as Ledrut calls them, can do little else than effect a 'rational' image, an image which can be considered – and is constantly considered – as 'non rational' by the 'non-urbanist', who always works on the spaces being used by beginning from latent elements, things taken for granted, implicit factors … elements which the urbanist and the authority he or she serves, really know nothing about; or barely nothing.[11] The urban imaginaries have no need to identify themselves – although they do identify themselves systematically – with the image of a certain city as projected in the official campaigns or promotional adverts for tourists, investors or even the citizens themselves. These types of appropriated imaginaries, destined for propaganda or publicity, are of a simple nature and, indeed, are caricatures made from topics and clichés aimed at converting the receivers into docile subjects or dependent consumers.

In such cases, one should speak of the 'dominant imaginary', which can be applied to the Marxist notion of dominant ideology, that is, which has never managed to go beyond being the ideology of the dominant, one that does not actually dominate.[12] By paraphrasing the theories which – taking their inspiration from Gramsci – have been written on subaltern cultures, the hegemonic imaginary is such because it is of the hegemonic classes. It is not of the majority classes, however, which have been hegemonised for they have their own imaginaries that are frequently alien, indifferent, even antagonistic and hostile to those who unsuccessfully attempt to subject them.[13] It is not only that there are different imaginaries, but that these plural imaginaries can be – indeed always are – struggling to free themselves from the corseting to which they have been subjected, existing alongside, or behind, and often articulating and negotiating with the institutionalised systems of representation – monuments, official names, urban plans, political speeches, citizen ceremonies – which might be in their interests.

Equally important is the reason why this emphasis on the plural and heterogeneous has been met with opposition, and has even been refuted by common behaviourist theories, working from presuppositions of a strong psycho-biological nature. These suppositions see the image of the city as forming part of the mechanisms of adaptation to urban contexts where questions of legibility would be absolutely basic. From such a perspective – Kevin Lynch is undoubtedly its main representative[14] – certain contexts, either too muddled or confused, would have negative effects whilst implicating perceptual dissonances that would make territorial adaptation difficult, first sensitive and then vital. Urbanist initiatives find their inspiration in such claims and urge the generation of spaces that are transparent, clear and predictable in which an adequate distribution of elements would induce – as in a Skinner box – determinate signifiers and determinate practices, where it would be easy to presuppose that they would undergo a process of de-confliction and pacification. To conceive of the image of the city as a quiet and calming landscape is incompatible with the chronically altered nature of urban experience and the imaginaries associated with it since, as Ledrut points out, 'the conflicts, tensions and inconsistencies which appear in the field of the urban imaginary are in no way less important that the agreements, concordances and structures, whether they are to do with the relations between groups and models or relations which exist inside the individual's very own apprehension of the urban world'.[15]

To talk of the city as a field of signifiers – and even Ledrut recognises this[16] – is to convert the city into a myth; not in the sense of Barthes – who sees the myth as mystification or a falsifying reduction of the real – but in the sense of Lévi-Strauss, where the myth is an intelligent instance in which the three levels where the world expresses itself to humans – the Real, the Symbolic and the Imaginary – coexist by mixing with each other. In the city, we see the same superposition of instances, the Real and the Imaginary, accompanied immediately by the work of the Symbolic – which, on the other hand, is nothing more than that, a task or production – a task which is basically no different than that which we have seen myths exercising, intent again and again on playing with the different levels of experience to the point of making them indistinguishable from each other. In this order of things, the city indeed exercises the same work that Lévi-Strauss contemplated in myths, which is to confuse the three levels; the imaginary: understood as the most plausible and executive expression of reality: the symbolic, as the producer of meaning, and the real, which is out there and whose presence we cannot possibly access or even control. Perhaps, as if in relation to the myth, the urban dweller can only live under the illusion that it is really him or her who uses the places of the city as mechanisms of thinking and doing. Probably it is the opposite and, as happens with myths, it may be the places of the city that use humans – those travellers who go from here to there – to communicate with each other and to make society for each other. Indeed, because of this, each citizen is really a *mythizen*, the inhabitant of a myth.

To go out into the street then is like the start of a journey. One that is not unlike the journey taken at the beginning of the twentieth century by Victor Segalen to the Far East. What is the imaginary?, Segalen wonders. What exists before departure and what is caste aside on arrival – in that moment of confrontation with the real – but which then is re-encountered and overlaps with the Real? Or, as he himself writes: 'Unexpected events: I, leaving in search of the Real, was suddenly seized and feel nothing else. Little by little, very delicately, the walls of a previous imaginary loom ahead. Some time later: alternate game. Then, a triumph of the Imaginary for the *memory* and *nostalgia* of the real.'[17] The social imaginaries are then, as Ledrut suggests, 'those collective representations which direct systems of identification and social integration, and which make social invisibility visible'. And what is it that founds and organises the social but cannot be seen, if not the evoked, remembered, invoked, expected, dreamt… desire? What was, but still is? What was there, but has refused to go away? What is already there but still has to arrive? All that announces its birth; all that denies death. A whole lot of remainders: what is about to happen?

To walk along the streets, cross over a plaza, walk through the passage way of the underground, go up and down the stairs of your own home or someone else's home; all this is to walk, cross, walk through, go up or down one or various imaginaries, your own and everyone else's who left, or who there left, their traces. The citizen is then the tireless tenant in transit in a room of echoes in which everything reverberates or is reflected. Each place enters a dialogue with other places in the same way as each moment interpellates another moment and what these other places and moments mean or signify. Each sound and each shadow is like this in the city, suddenly, and moreover, judgement, memory, price or sign, all that which *exists there*, although it may not be there. Not other things, but *all of the other*.

1 Reader in Urban Anthropology at the University of Barcelona; author, amongst others, of *La ira sagrada*, *El animal público* and the recent *Sociedades movedizas*.

2 Castoriadis, Cornelius, *Los dominios del hombre. Las encrucijadas del laberinto*, (The Dominions of Man. The Crossroads of the Labyrinth), Gedisa, Barcelona, 1986, pp. 19-26.

3 There are some exceptions, for example, Abilio Vergara who with academic thoroughness, offers an in-depth analysis of the concept in the first part of *Imaginarios: horizontes plurales* (Imaginaries: Plural Horizons), Conaculta / INAH, Mexico DF. 2001, pp.11-75, or Armando Silva, in the prologue to the third edition of the *Imaginarios urbanos* (Urban Imaginaries), Arango Editores, Bogotá, 2006, pp.18-89.

4 Reynoso, Carlos, *Apogeo y decadencia de los estudios culturales. Una visión antropológica*. Gedisa, Barcelona, 2000.

5 See Adrián Gorelik, '*Imaginarios urbanos e imaginación urbana: Para un recorrido por los lugares comunes de los estudios culturales urbanos*', in *Eure*, XXVIII/83 (May, 2002), pp. 125-136.

6 Ledrut, Raymond, 'Société réel, société imaginaire', in *Cahiers Internationaux de Sociologie*, 82 (1987), pp. 42-45.

7 Ledrut, Raymond, *Les images de la ville*, Anthropos, Paris, 1973, p. 12.

8 This paragraph follows Godelier, Maurice, *Lo ideal y lo material*, Taurus, Madrid, 1989, pp. 165-168.

9 Ledrut, *Les images de la ville, op. cit.*, p. 16.

10 Fauque Richard, 'Perception de la ville et imaginaire urbain', en *Espaces et sociétés*, 16 (noviembre 1975), p. 74.

11 Ledrut, *Les images de la ville, op. cit.*, p. 18.

12 Abercrombie, Nicholas & Turner, Brian S., 'La tesis de la ideología dominante', in *Zona Abierta*, 34/35 (January-June 1985): pp. 151-181.

13 The intuition which associates the urban imaginaries with the concept of popular culture – as a culture of the subaltern classes, in the manner in which anthropology and history of a Gramscian nature – is appropriate, such as is evident from the titles of several important works. See, for example, Rueda Enciso, José Eduardo (ed.), *Los imaginarios y la cultura popular*, Cerec/Coder, Bogotá, 1993.

14 It is easy to infer that Ledrut wanted to contrast his theoretical standpoint with Lynch's homogenising behaviourism that is concerned with legibility, coherence and 'good forms'. The very same title of Ledrut's work – *Les images de la ville* – seems obviously to oppose Lynch's work, *The Image of the City*, in that the former emphasises the plural, and the latter the singular. Lynch's book appeared thirteen years before (cf. *La imagen de la ciudad*, Gustavo Gili, Barcelona, 1998).

15 Ledrut, *Les images de la ville, op. cit.*, p. 29.

16 'La imagen de la ciudad es parecida al mito' (*ibid.*, p. 18).

17 Segalen, Victor, *Viaje al País de lo Real*, José J. de Olañeta, Palma de Mallorca, 1985 [1910], p. 10.

El proyecto *Imaginarios urbanos en América Latina: archivos* y la publicación *Imaginarios urbanos en América Latina: urbanismos ciudadanos* no hubieran sido posibles sin la colaboración de las personas e instituciones siguientes, y de todos aquellos que han preferido mantenerse en el anonimato:

Camila Afanador

María Adelaida López Restrepo

Claudia Parias

Tanja Ristovski Theuretzbacher

William Silva

Pablo Souto

Galería Alcuadrado, Bogotá

Los archivos sobre imaginarios urbanos deben su vida pública a muchos investigadores y entidades que con su participación directa o con sus aportaciones, sus críticas o reconocimientos, han permitido que hoy podamos entenderlos como una nueva forma de urbanismos ciudadanos. Además de varias instituciones académicas o culturales de la región que dieron el impulso inicial, ha habido en los últimos años alguna divulgación pública o soporte para el desarrollo de un campo teórico por parte de:

Convenio Andrés Bello (1998-2006)

Universidad Nacional de Colombia (1998-2004)

Proyecto *One World with Many Faces*, de Alexander Honory, con la producción de Engelbert Theuretzbacher (q.e.p.d.) (1998)

Editorial Taurus (2003-2007)

DOCUMENTA 11, Okwui Enwezor (director), 2002

Caracas Case, Ein Initiativprojekt der Kulturstiftung des Bundes und des Caracas Urban Think Tank, Hubert Klumpner y Afredo Brillembourg (directores), 2003

Bienal de São Paulo, The Danish Arts Agency, Lars Mathisen y Lars Larsem, 2004

Fundación Dare-Dare de Montreal, Jean Francoise Prost (*curator*), 2005

Universidad Internacional de Andalucía (2005-)

Bienal de Venecia, 2006, Ricky Burdett (director)

Proyecto *Sevilla imaginada*, Pedro G. Romero, director, y Joaquín Vázquez, productor (BNV producciones), 2006-2008

Ministerio de Relaciones Exteriores de Colombia, 2007

Universidad Externado de Colombia, proyecto de doctorado en Estudios Sociales (2007-2008)

Y las siguientes instituciones culturales de América Latina: FLACSO, Facultad Latinoamericana de Ciencias, Ecuador; Fundación para la Cultura Urbana de ECONOINVEST, Caracas; PROLAM, Programa de Posgrado de América Latina de la Universidad de São Paulo; Universidad Arcis de Santiago de Chile; Universidad Autónoma Metropolitana de Iztapalapa de México (UAM); Universidad de Buenos Aires (UBA); Universidad Católica Boliviana; Universidad de Lima; Universidad Mayor de San Andrés de La Paz; Universidad de la República de Uruguay; UNESCO de Montevideo.

Imágenes

Cubierta: © *La Nación*, 2007

Interior de cubierta y págs. 1-3: © Oscar Bonilla, 2007

Págs. 4-5: © Miguel Ángel Aguilar, 2007

Págs. 6-7: © José Errázuriz, 2007

Págs. 8-9: © Sady González, 2007

Págs. 10-11: © Diana Bromber, 2007

Págs. 12-13: © Pablo Souto, 2007

Págs. 14-15: © *Buenos Aires imaginada* (Lylian Alburquerque)

Págs. 16-17: © Andrés Manner, 2007

Págs. 18-19: © José Errázuriz, 2007

Págs. 20-21: © Florencia Santiago, 2007

Págs. 22-23: © *La Nación*, 2007

Págs. 24-25: © María Adelaida López Restrepo, 2007

Págs. 26-27: © Hélcio Magalhães, 2007

Págs. 43 y 44: © María Adelaida López Restrepo, 2006

Pág. 45: © Dobrila Djukich de Nery, 2007

Pág. 47 y 53: © *Imaginarios urbanos*, 2007

Págs. 51 y 52: © MAMBO, 2007

Págs. 66-67: © Miguel Ángel Aguilar, 2007

Págs. 68-69: © María Adelaida López Restrepo, 2007

Págs. 70-71: © Hélcio Magalhães, 2007

Pág. 79: © *Caracas-case*, 2007

Pág. 81: © *El Tiempo*, 2007

Pág. 85: © María Adelaida López Restrepo, 2007

Pág. 86: © Dina Bromberg, 2007

Pág. 87: © *Imaginarios urbanos*, 2005

Pág. 110
Superior izq.: © Guillermo Santos, 2007
Superior dcha.: © Camilo George, 2007
Central: © María Adelaida López Restrepo, 2007
Inferior: © Villegas Editores, 2007

Pág. 111
Superior izq.: © *Bogotá imaginada*, 2007
Superior dcha.: © Guillermo Santos, 2007
Central izq.: © *Bogotá imaginada*, 2007
Central dcha.: © Tomás Giraldo, 2007
Inferior: © *El Tiempo*, 2007

Pág. 112
Superior: © Camilo George, 2007
Central izq. y dcha.: © *El Tiempo*, 2007
Inferior izq.: © Camilo George, 2007
Inferior dcha.: © Tomás Giraldo, 2007

Pág. 113
Superior izq.: © *Bogotá imaginada*, 2007
Superior dcha.: © Guillermo Santos, 2007
Central izq.: © María Adelaida López Restrepo, 2007
Inferior izq.: © Camilo George, 2007
Inferior dcha.: © Carolina Rey Gallego, 2007

Pág. 114
Superior: Esteban Maringolo, 2007*
Inferior: © Florencia Santiago, 2007

Pág 115
Superior izq.: ®omiNita, 2007
Superior dcha.: Beatrice Murch, 2007
Central izq.: Beatrice Murch, 2007
Central dcha.: Dan Nevil, 2007
Inferior izq.: © *Viva*, revista de *Clarín*, 2007
Inferior dcha.: Iker, 2007

Pág. 116
Superior izq. y dcha.: © Rafel E. J. Iglesia, 2007
Central superior izq.: © Florencia Santiago, 2007
Central superior dcha.: © Rafel E. J. Iglesia, 2007

Conserve su Sub
y obtenga un
de descue
en Farmacias a